研究生课程：
现实问题与改革策略

汪 霞 刘贵华 等 著

南京大学出版社

图书在版编目(CIP)数据

研究生课程：现实问题与改革策略 / 汪霞等著. ——南京：南京大学出版社，2023.9
 ISBN 978-7-305-28066-5

Ⅰ.①研… Ⅱ.①汪… Ⅲ.①研究生教育—课程改革 Ⅳ.①G643

中国国家版本馆 CIP 数据核字(2024)第 090354 号

出版发行	南京大学出版社
社　　址	南京市汉口路 22 号　　邮　编　210093
书　　名	研究生课程：现实问题与改革策略 YANJIUSHENG KECHENG：XIANSHI WENTI YU GAIGE CELÜE
著　　者	汪　霞　刘贵华　等
责任编辑	束　悦
照　　排	南京南琳图文制作有限公司
印　　刷	江苏凤凰数码印务有限公司
开　　本	787 mm×1092 mm　1/16　印张 15.75　字数 352 千
版　　次	2023 年 9 月第 1 版　印次　2023 年 9 月第 1 次印刷
ISBN	978-7-305-28066-5
定　　价	78.00 元

网址：http://www.njupco.com
官方微博：http://weibo.com/njupco
官方微信：njupress
销售咨询热线：(025) 83594756

* 版权所有，侵权必究
* 凡购买南大版图书，如有印装质量问题，请与所购图书销售部门联系调换

目 录

第一章 "双一流"和"双创"背景下研究生课程如何建设？
　　——课程建设与研究生培养 ……………………………………… 1
　第一节　课程建设之基：研究生教育的发展逻辑 …………………… 2
　　一、知识逻辑——高深专门知识的生产和应用 ………………… 2
　　二、学科逻辑——高深专门知识的形式和平台 ………………… 4
　　三、社会逻辑——高深专门知识生产的模式和背景 …………… 7
　　四、创造逻辑——高深专门知识生产的需求和动力 …………… 9
　　五、研究生教育发展的"钟摆定律" ………………………………… 11
　第二节　学科建设、专业建设与课程建设 …………………………… 13
　　一、学科建设 ………………………………………………………… 13
　　二、专业建设 ………………………………………………………… 15
　　三、课程建设 ………………………………………………………… 17
　　四、学科建设、专业建设、课程建设与研究生培养 …………… 19
　第三节　课程建设与研究生学习 ……………………………………… 22
　　一、研究生学习中处于尴尬地位的课程 ………………………… 22
　　二、通过课程建设提升研究生学习质量 ………………………… 23
　第四节　课程建设与研究生科研 ……………………………………… 26
　　一、研究生科研中处于脱节状态的课程 ………………………… 26
　　二、通过课程建设融合研究生的教学与科研 …………………… 27
　第五节　课程建设与研究生创新创业 ………………………………… 31
　　一、研究生创新创业中处于真空状态的课程 …………………… 31
　　二、通过课程建设助推研究生的创新创业 ……………………… 32

第二章　研究生课程为什么不受重视？
——研究生课程的特点与本质 ································ 37

第一节　研究生课程的本质和作用 ································ 37
一、研究生课程的本质 ································ 38
二、研究生课程的作用 ································ 41

第二节　研究生课程的现状与问题 ································ 44
一、研究生课程的实施过程与研究生科研能力培养脱节 ································ 45
二、研究生课程内容缺乏层级性和前沿性 ································ 46
三、研究生课程结构中不同模块课程设置比例失衡 ································ 47
四、研究生课程评估体系不完善 ································ 48
五、研究生课程建设缺乏系统性和协调性 ································ 49
六、研究生课程的地位和重要性未得到足够的重视 ································ 50

第三节　影响研究生课程建设的因素分析 ································ 51
一、对研究生教育本质认识上存在偏差 ································ 52
二、重科学研究轻课程教学传统观念的影响 ································ 53
三、研究生教育的师资力量亟需加强 ································ 53
四、缺乏科学合理的课程评估体系 ································ 54
五、课程建设缺少资金投入和制度支持 ································ 56

第三章　研究生课程为何缺乏层次性？
——研究生课程的目标与设计 ································ 57

第一节　本科生、硕士生和博士生课程为何会趋同 ································ 57
一、研究生课程缺乏层次性的表现 ································ 57
二、研究生课程趋同的原因分析 ································ 59
三、研究生课程如何克服趋同性 ································ 61

第二节　研究生课程的目标到底是什么 ································ 62
一、研究生课程目标存在的问题 ································ 62
二、研究生课程目标的案例研究 ································ 65
三、如何界定明确的课程目标 ································ 67

第三节　如何加强研究生课程的衔接性、层次性和连贯性设计 ································ 69

一、研究生课程的衔接性设计……………………………………………… 69
　　二、研究生课程的层次性设计……………………………………………… 78
　　三、研究生课程的连贯性设计……………………………………………… 92

第四章　研究生课程为何常因人设课？
——研究生课程的设置与结构…………………………………… 108
第一节　研究生课程设置与结构的传统和现状………………………… 108
　　一、研究生课程设置与结构的传统………………………………………… 109
　　二、研究生课程设置与结构的现状………………………………………… 110
　　三、为何常因人设课：研究生课程设置与结构现状的原因分析………… 117
第二节　国外大学研究生课程设置与结构的经验……………………… 117
　　一、美国大学研究生课程的设置与结构…………………………………… 117
　　二、英国大学研究生课程的设置与结构…………………………………… 125
　　三、国外大学研究生课程设置与结构的特点……………………………… 127
第三节　研究生课程设置与结构优化的策略…………………………… 129
　　一、立足培养目标，确立和优化研究生课程体系………………………… 129
　　二、明确课程标准，强化研究生课程进入、监控、评估和退出机制……… 130
　　三、完善开课条件，提高对授课教师的资格要求………………………… 130
　　四、建立竞争机制，加强课程开设的动态性和选择性…………………… 130
　　五、加大资源投入，激励和支持研究生课程建设………………………… 131

第五章　研究生导师如何指导学生？
——研究生学习的组织与指导…………………………………… 132
第一节　师徒制与导师组制………………………………………………… 132
　　一、研究生学习的基本特点………………………………………………… 132
　　二、研究生导师的指导：师徒制…………………………………………… 134
　　三、研究生导师的指导：导师组制………………………………………… 139
第二节　学术学位研究生的指导………………………………………… 142
　　一、对学术学位研究生课程学习的指导…………………………………… 143
　　二、对学术学位研究生科学研究的指导…………………………………… 149

三、对学术学位研究生学位论文的指导 …………………………… 154

　第三节　专业学位研究生的指导 ………………………………………… 159
　　一、对专业学位研究生课程学习的指导 …………………………… 159
　　二、对专业学位研究生科学研究和教育实践的指导 ……………… 165
　　三、对专业学位研究生学位论文的指导 …………………………… 169

第六章　如何保障研究生课程学习的质量？
　　　　——研究生课程的考核与评价 …………………………………… 175
　第一节　研究生课程学习质量的内涵与评价 …………………………… 176
　　一、研究生课程学习质量的内涵 …………………………………… 176
　　二、研究生课程学习质量的评价 …………………………………… 177
　第二节　研究生课程学习过程的质量监控 ……………………………… 183
　　一、研究生课程学习过程质量监控的内涵与功能 ………………… 184
　　二、研究生课程学习过程质量监控案例 …………………………… 185
　第三节　研究生课程学习结果的质量考核和评价 ……………………… 188
　　一、研究生课程学习结果质量考核的内涵与方式 ………………… 188
　　二、国外研究生课程学习结果质量考核案例 ……………………… 191
　第四节　我国研究生课程学习质量考核和评价存在问题及改进策略 …… 191
　　一、研究生课程学习质量考核和评价存在的主要问题 …………… 192
　　二、研究生课程学习质量考核的改进策略 ………………………… 193

第七章　研究生课程如何应对"互联网＋"的挑战？
　　　　——"互联网＋"时代研究生课程的重建 …………………………… 194
　第一节　"互联网＋"时代研究生课程设计的新思路 …………………… 194
　　一、课程目标凸显创新能力 ………………………………………… 195
　　二、课程设置强调意义建构 ………………………………………… 195
　　三、课程实施关注学习情境 ………………………………………… 195
　第二节　"互联网＋"时代研究生课程资源的重组 ……………………… 196
　　一、课程资源从专有走向共享 ……………………………………… 196
　　二、课程资源获取突破时间和空间界限 …………………………… 197

第三节 "互联网+"时代研究生课堂教学模式的转变 … 198
一、教学方式实现教学流程的重构 … 198
二、学习方式强调自组织学习 … 199
三、评价方式从单一走向多维 … 199

第四节 "互联网+"时代研究生课程的改革策略 … 200
一、树立"互联网+课程"深度融合的理念 … 200
二、打造泛在学习资源共享平台 … 201
三、建立多路径师生学习共同体 … 202
四、建立在线开放课程（MOOC）认可机制 … 202

第八章 21世纪如何进行研究生课程改革？
——研究生课程的问题与变革 … 204

第一节 高质量的博士生教育还需要完善哪些课程学习和学业管理制度 … 205
一、建立课程开设的准入和退出制度 … 206
二、建立跨学科课程修读制度 … 206
三、建立专业游学或轮转学习制度 … 207
四、建立职业发展能力提升制度 … 208
五、建立逐级分流考核与淘汰制度 … 208
六、建立多元化学术创新成果评价制度 … 210

第二节 专业学位硕士研究生需要什么样的课程学习环境 … 211
一、专业学位硕士研究生课程学习环境的价值 … 211
二、专业学位硕士研究生课程学习环境的现状与问题 … 212
三、专业学位硕士研究生课程学习环境的构建 … 216

第三节 硕士研究生有什么样的在线课程学习经历 … 218
一、在线学习平台使用情况 … 218
二、在线课程教学实施情况 … 223
三、在线课程学习收获 … 234
四、在线课程满意度评价 … 235

后 记 … 241

第一章 "双一流"和"双创"背景下研究生课程如何建设？
——课程建设与研究生培养

研究生教育作为国民教育体系的最高端，作为国家创新体系的重要组成部分，担负着高层次人才尤其是拔尖创新人才培养的重任。自1978年恢复高考以来，我国研究生教育经历了跨越式的发展，实现了自主培养高层次人才的战略目标，我国成为具有全球影响的研究生教育大国。然而，当前我国研究生教育的质量，与其肩负的重要科技、经济和社会使命相比，与国际高水平研究生教育相比，仍然存在明显差距。2015年，国务院印发《统筹推进世界一流大学和一流学科建设总体方案》；2020年，教育部、国家发展改革委、财政部印发《关于加快新时代研究生教育改革发展的意见》；习近平总书记对研究生教育工作作出重要指示，要求推动研究生教育适应党和国家事业发展需要，坚持"四为"方针，瞄准科技前沿和关键领域，深入推进学科专业调整，提升导师队伍水平，完善人才培养体系，加快培养国家急需的高层次人才[①]。党和国家对研究生教育的高度重视和明确指示为我国未来研究生教育的发展勾画了新的蓝图。同时，我国经济发展已经进入了新常态，经济发展方式必须从根本上向创新驱动转型，对高端创新创业型人才的需求更为迫切。学科建设、专业建设和课程建设作为高校内涵建设的核心内容，与国家高层次、创新型人才的培养息息相关；其中，课程建设是学科建设和专业建设的重要载体和抓手，是研究生教育改革微观层面的着力点，也是当前国际高等教育改革与发展的重要趋势。如何从课程建设入手，切实提高研究生的培养质量，为加快"双一流"建设、为支撑创新驱动发展、为实现中华民族伟大复兴作出新的更大贡献，将是未来一段时间研究生教育改革与发展的重要任务。

---

① 中华人民共和国中央人民政府. 习近平对研究生教育工作作出重要指示[EB/OL].(2020-07-29)[2022-09-20]. http://www.gov.cn/xinwen/2020-07/29/content_5531011.htm.

第一节　课程建设之基：研究生教育的发展逻辑

在知识经济时代，研究生教育规模扩张是一种普遍的国际现象，近十年来我国研究生的招生规模也在快速增长。根据教育部公布的《全国教育事业发展统计公报》，2021年，我国研究生招生数达到117.65万人。其中，硕士招生数为105.07万人，博士招生数为12.58万人。[①] 与2012年相比，我国研究生招生规模增长了99.51%。其中，硕士招生数增长了101.55%，博士招生数增长了83.92%。当前，我国研究生教育的规模和增速都居于世界前列。经过40多年发展，研究生教育正面临着规模快速增长但质量未能实现同步增长、内涵发展重视不够、人才培养创新不足等突出问题。2020年教育部等部委联合下发了《关于加快新时代研究生教育改革发展的意见》，从总体上要求"到2025年，基本建成规模结构更加优化、体制机制更加完善、培养质量显著提升、服务需求贡献卓著、国际影响力不断扩大的高水平研究生教育体系。到2035年，初步建成具有中国特色的研究生教育强国"。在从增量式发展向内涵式发展的变革过程中，迫切需要回答课程建设之基——研究生教育发展的普遍规律和内在机理到底是什么，迫切需要在反思研究生教育本质和进行实践观照的基础上，探讨研究生教育发展的逻辑，尝试为深化研究生课程改革提供理论依据。

一、知识逻辑——高深专门知识的生产和应用

1. 研究生教育与高深专门知识

研究生教育的核心是高深专门知识的生产和应用，因而知识生产方式和应用方式的变化直接影响研究生教育的目标、内容和组织形式。研究生教育与高深专门知识的关系犹如同一枚硬币的两面，研究生教育是高深专门知识生产的场所和载体，而高深专门知识则是研究生教育的实质和内容。与基础教育和本科教育不同的是，研究生教育始终处于知识发展和转型的最前沿，它对知识变革的敏感性要远远超过其他层次的教育。相对而言，研究生教育面对的是不确定性的原生态知识，而其他层次的教育面对的则是一种经过加工的系统化、结构化知识。知识形态的不同造成了教育方式和方法的差异，因而研究生教育的结构相对自由和松散，而其他层次的教育则相对固定和有序。研究生教育通常没有固定的教材，所学知识也大多是"半成品"，有待科学的证实或证伪，其知识更新的速度也远远超过其他层次的教育。

从高深专门知识的存在形式来看，它通常具有前沿性、不确定性和多变性的特征。高深专门知识处于人类已知和未知的边缘，只有经过系统的教育并站在巨人肩上的人

[①] 中华人民共和国教育部. 2021年全国教育事业发展统计公报[EB/OL]. (2022-09-14)[2022-09-14]. http://www.moe.gov.cn/jyb_sjzl/sjzl_fztjgb/202209/t20220914_660850.html.

才有可能探究高深专门知识。此外,高深专门知识的不确定性和多变性也决定了学习者必须具备抽象性和复杂性的高级认识和思维水平。高深专门知识的这些特征决定了研究生教育"舍我其谁"的地位,研究生教育的过程也就是高深专门知识的生产和应用过程。据统计,2020年,我国高校发表SCI论文42.8万篇,占全国SCI论文的85.4%。[①]研究生教育与高深专门知识的生产和应用已经融为一体,因而科研与教育是研究生教育发展的"双核",在科学探究中进行教育与在教育中实现知识创新天然地联系在一起。

研究生教育发展的知识逻辑体现在两个方面。一方面,高深专门知识的发展推动研究生教育的发展。研究生教育的发展取决于人类现有的最高认识水平,中世纪的神学知识与现代社会的大科学(big science)知识都使研究生教育呈现出不同的发展形态。另一方面,研究生教育的发展又促进高深专门知识的创造和应用。衡量研究生教育发展水平的重要标志是它在知识创新方面的贡献,纯粹以传授知识为导向的研究生教育必然会遭遇合理化危机。在高等教育大众化阶段,饱受诟病的研究生教育"本科化"现象的根源就在于它没有促进知识的创新。研究生教育与高深专门知识的良性互动推动着人类教育水平和知识水平的不断提升。

2. 知识逻辑的表现形式

知识具有内在的发展逻辑,它在知识与认识者、知识与认识对象、知识与认识方式,以及知识与社会的关系中生成,并处于动态变化之中。从知识与认识者的关系来说,它揭示的是"谁的知识"的问题,即谁拥有知识,并有权支配知识。在原始社会,巫师是高深知识的拥有者,因而知识呈现出神秘性和超验性的特征;在中世纪,牧师是高深知识的拥有者,因而知识呈现出先验性和终极性的特征。"谁的知识"占据支配地位通常是由整个社会的权力结构所决定的。从知识与认识对象的关系来说,它揭示的是"什么知识最有价值"的问题。从原始社会的神学知识到古代的形而上学知识,再到近现代的实证主义知识,知识类型的转变引发了研究生教育内容的相应转变。从知识与认识方式的关系来说,它揭示的是"何种研究方法最有效"的问题。从原始的经验型研究方法,到古代的抽象思辨型研究方法,再到近现代的实证主义研究方法,每个时期占主导地位的研究方法的演变都推动了教育科研方式的转变。从知识与社会的关系来说,它揭示的是"知识是如何在社会中生成的"问题。古代社会将理性视为永恒的存在,高深专门知识的生成需要依靠"回忆"或"心灵转向";现代社会将实证和经验作为重要的知识生成方式,而后现代社会则强调多元知识观。知识生成方式的转变引发研究生教育方式的转型。

---

① 中华人民共和国科学技术部. 2020年我国高等学校R&D活动统计分析[EB/OL].[2022-10-25]. https://www.most.gov.cn/xxgk/xinxifenlei/fdzdgknr/kjtjbg/kjtj2022/202209/P020220920398199429981.pdf.

3. 知识逻辑与研究生教育的发展

历史从哪里开始,逻辑就从哪里开始。世界研究生教育经历了学徒式、专业式和协作式培养模式的嬗变,①而推动研究生教育发展的便是知识范式的转型。研究生教育最早形成于19世纪上半期德国的大学。德国研究生教育吸取了中世纪行会中师傅带徒弟的教育形式,由此形成了"学徒式"的研究生培养模式。从学徒式背后的知识逻辑来看,它强调的是师傅个体的知识,此种知识存在于师傅对徒弟潜移默化的影响中,是一种如何从事科研的缄默知识。从研究方法来说,此种模式依靠的是研究生个人的体验和感悟;从社会的支配模式上看,这个时期的学者通常拥有很大的权力,他们的知识权威地位不容否定(见表1-1)。专业式研究生培养模式形成于19世纪后期的美国,以约翰·霍普金斯大学的成立为标志。在专业式培养模式下,知识的拥有者已经从师傅个体转变为非人格化的专业团体,原本零散的个体性专家知识汇聚成整个专业的集体性知识。与此相应,知识的形式也从缄默知识正式化和专业化为显性知识,其表征形式是研究生教育的专业课程内容。在研究方法上,专业式研究生教育也逐渐摆脱了过去经验性的学习方式,开始强调科学化和专业化的研究方法。从欧美各国研究生教育课程中对研究方法的强调便可以看出此种转变。在社会关系上,专业式研究生教育强调的是研究生的社会化过程,即通过学科知识的规训使他们成为专业的科研工作者(见表1-1)。协作式研究生教育形成于20世纪50年代,以美国斯坦福大学建立的硅谷为重要标志。协作式研究生教育模式背后的知识主体从专业团体转变为由大学、政府和企业构成的多元主体,知识的生成不再单纯由学术团体所决定,因而知识的形式也表征为囊括各方利益的综合性知识。在研究方法上,专业性的研究方法和经验性的研究方法同时受到人们的重视,在学术探究上每种方法都是一种不可替代的独特视角。从协作式培养模式背后的社会关系来看,知识呈现出去中心化的倾向,在学术权威崩塌之后,知识的生产和应用已经弥散到社会的各个角落(见表1-1)。

表1-1 研究生教育发展的知识逻辑

类型	谁的知识	什么知识	如何认知	支配规则
学徒式	师傅个人	缄默知识	经验性	学者即权威
专业式	专业团体	显性知识	专业性	学科即规训
协作式	多元主体	综合知识	系统性	知识去中心化

二、学科逻辑——高深专门知识的形式和平台

1. 研究生教育与学科

学科是一个历史范畴,是在一定历史时期以一定的措辞建构起来的规范化的知识

---

① 李盛兵.世界三种主要研究生教育模式之比较研究[J].教育研究,1996(02):12-17.

形式。① 作为一种知识的分类形式,学科通常是为了研究的方便和解决实际问题的需要而形成的,它是知识体系和规训方法的统一体。② 一方面,学科为人类的知识创新和发展提供重要的基础和结构;另一方面,它又是人类知识生产的产物,是知识主体社会建构的结果。学科与研究生教育具有天然的内在联系,学科是研究生教育的形式,而研究生教育又是学科生产和再生产的主要途径。现代大学是以学科为基础建立起来的社会组织。作为知识的组织形式,学科的每次重大变化都会带来研究生教育领域的相应变革。1987 年,全世界有 8 530 个可认定的知识领域,到 21 世纪初,学科种类已有 9 000 多种。③ 学科种类的分化和综合不断催生出新的研究生教育专业。

研究生教育以知识的生产和创新为使命,而知识又以学科作为自己的存在形式。一方面,研究生和导师都在学科的框架中进行科学探究活动,学科视角是他们探究未知领域时无法摆脱的"有色眼镜"。德国著名社会学家曼海姆(Karl Mannheim)指出:"视角表示一个人观察事物的方式,他所观察到的东西以及他怎样在思想中构建这种东西。"④在对同一问题的研究中,不同学科的研究生关注的是不同的维度。目前,研究生教育中暴露出来的"专业视野过窄"问题,主要是学科逻辑的规约所致。因此,学科具有双重规训的作用,它不仅规训着新知识的生产过程,而且也规训着从事知识生产的学术共同体。另一方面,学科知识的生产和新学科的出现又依赖研究生教育的发展。研究生教育在推进知识创新和新兴学科的诞生方面都发挥了关键作用。因此,学科逻辑在研究生教育中具有基础性的地位,它是研究生教育的存在形式和活动平台。

2. 学科逻辑的表现形式

现代意义上的学科得以产生主要源于两方面的推动:一是不断增加的科学抽象,特别是对事物的数学化和概念化的增加;二是科学方法的广泛应用。⑤ 由于人类的求知本性,研究者倾向于追问事物的本质和本源是什么,由此不断将个体经验和社会事实进行抽象,并用数字和概念进行表征。在个体经验不断抽象的过程中,具体领域的学科知识应运而生。同时,随着科学方法的广泛应用和学科知识的不断积累,学科内部也出现了自我增殖的过程,学科的交叉和移植催生出许多新的学科。

学科是研究生教育的组织形式,其内在逻辑涉及学科的研究领域、表征形式、评判标准、生成方式和组织结构等方面。学科的研究领域揭示的是"学什么"的问题。按照法国哲学家福柯(Michel Foucault)的观点,在不同的历史条件下,什么知识能够进入研究者的视野通常会受到社会关系的制约。从中世纪神学的崇高地位,到近现代自然科学的霸权地位,背后都有社会权力的运作。学科的表征形式揭示的是"知识如何组织"

---

① 万力维. 学科:原指、延指、隐指[J]. 现代大学教育,2005(02):16-19.
② 刘贵华. 泛"学科"论[J]. 现代大学教育,2002(02):75-79.
③ 刘小宝. 论"跨学科"的谱系[D]. 中国科学技术大学,2013:30,28.
④ 曼海姆. 意识形态与乌托邦[M]. 商务印书馆,2000:277.
⑤ 刘小宝. 论"跨学科"的谱系[D]. 中国科学技术大学,2013:30,28.

的问题。学科实际上是知识的一套编码体系,同样的知识在不同的学科体系中可能处于不同的位置,而支配学科形式规则的通常是社会的精英阶层。在本质主义思维范式下,学科通常按照知识的内在逻辑层层递进、分门别类地进行编排,而在反本质主义思维范式下,学科的表征形式就会转变为散布于各个问题的扁平化组织形式。学科的评判标准揭示的是"知识准入"的问题。在学科的发展过程中,学科标准通常扮演"守门人"的角色,即接受或拒斥新知识的进入,又整合或规训内部已有知识。学科的生成方式揭示的是"学科如何发展"的问题。学科处于一种动态的发展过程中,在学科的基本范式不变的情况下,会不断有新知识的进入和旧知识的淘汰。自然科学在实证主义的研究范式下,不仅知识总量急剧增加,而且涌现大量新兴学科。学科的组织结构揭示的是"在何种架构下运作"的问题,组织结构既是学科进行知识产生的制度保障,又是学科长期实践的制度化产物。从专业式研究生院的兴起到围绕重大问题建立的跨学科研究中心,学科组织结构的变化直接引发了研究生教育形式的转变。

3. 学科逻辑与研究生教育发展

学科逻辑经历了前学科、学科化和超学科三个发展阶段,此种逻辑也推动着研究生教育的深刻转型。在前学科阶段,研究生教育关注的是抽象概念和永恒原则,所有的知识都可以归结到哲学和神学的旗帜之下,学科的表征形式表现出原始的统一,这种研究生教育尤其以中世纪的神学院为代表。这一时期的研究生教育按照抽象性的原则对知识进行区别和分类,将世俗性知识排斥在学科体系之外,而学科的发展也更多地依赖理性思辨的方式。这一时期,研究生教育的组织形式是本科教育和研究生教育尚未分化的大学院系(见表1-2)。在学科化阶段,研究生教育关注的是科学事实,在本质主义和实证主义思维的支配下,原本的哲学知识已经分化为种类繁多的自然科学和人文社会科学知识,学科的表征形式表现出分门别类、不断细化的趋势。学科的评判标准也更多地强调科学性和实证性,理工科研究生教育在这一时期的迅速发展便是例证。这一时期的研究生教育更多地强调专业知识的习得和专业能力的养成,是一种从知识到实践的培养方式,而研究生教育的组织形式是大学的专业研究生院(见表1-2)。在超学科阶段,研究生教育关注的是具体的问题,原本条块分隔的不同学科知识开始汇聚到同一实践问题的旗帜之下,学科的边界变得更加模糊,其表征形式表现出高度融合的趋势。评判学科知识的标准开始转变为实践性和实用性,在知识的生成上也更多地以问题为导向。此种研究生教育的组织形式是各种跨学科研究中心和研究项目(见表1-2)。2012年,我国启动的"2011计划"就是以国家急需的重大问题为指向,突破高校内部以及与外部的体制机制壁垒,改变研究生教育和科研"分散、封闭、低效"的现状,释放人才、资源等创新要素的活力。研究生教育发展越来越强调跨学科和超学科的研究。

表1-2 研究生教育发展的学科逻辑

类型	研究领域	表征形式	学科标准	生成方式	组织结构
前学科	永恒原则	原始统一	抽象性	理性思辨	大学院系
学科化	科学事实	分门别类	科学性	知识习得	研究生院
超学科	具体问题	高度整合	实践性	问题导向	研究中心

三、社会逻辑——高深专门知识生产的模式和背景

1. 研究生教育与社会

研究生教育是社会活动的一部分,它经历了从社会的边缘走向中心的发展历程。社会价值取向和结构功能的变化会引发研究生教育的相应变革。中世纪的研究生教育处于与世隔绝的超然状态,成为知识精英自娱自乐的工具。现代的研究生教育与社会的关系则变得更加密切,大学、政府、企业和社会以一种相互嵌入的网络化存在方式获得各自的发展。社会的生产方式决定着研究生教育的发展模式和组织形式,社会的发展是研究生教育发展的重要动力。美国学者丹尼尔·贝尔(Daniel Bell)就指出,从工业社会向后工业社会的转变主要表现为以下三个方面:一是"轴心原则"的转变,它主要表现为社会对科学日益增长的依赖性;二是经济形态的转变,它主要表现为商品制造经济转变为服务经济;三是阶层结构的转变,它主要表现为出现了技术和专业人员的新阶层。[1] 半个多世纪之后的2012年,《华尔街日报》更是在《科技变革即将引领新的经济繁荣》一文中大胆预测:"我们再次处于三场宏大技术变革的开端,它们可能足以匹敌20世纪的那场变革,这三场变革的震中都在美国,它们分别是大数据、智能制造和无线网络革命。"[2] 这种社会发展的趋势要求研究生教育在发展目标、功能定位和培养模式等方面做出相应调整。

2. 社会逻辑的表现形式

社会逻辑主要是探求行动背后的社会意义和支配原则,研究生教育作为一种人类实践活动,它首先需要回答自己的"价值取向"问题。研究生教育哲学中同样存在认识论和政治论之争,因而在不同的社会背景下出现了"为学术而学术"以及"为市场而学习"的研究生教育模式。学术学位和专业学位研究生教育的争论,也反映了它们各自在"价值取向"上的不同社会逻辑。其次,研究生教育需要回答自己的"结构功能"问题。从研究生教育作为一种社会的特权,到研究生教育的分流筛选功能,不同的社会结构功能决定了研究生教育的形式和结果。再次,研究生教育需要回答自己的"行动模式"问题,行动受制于特定的社会结构,因而英国著名社会学家吉登斯(Anthony Giddens)提

---

[1] 丹尼尔·贝尔. 后工业社会[M]. 科学普及出版社,1985:2.
[2] Mills, M. P., Ottino, J. M. 科技变革即将引领新的经济繁荣[EB/OL]. (2012-02-22)[2022-10-29]. http://cn.wsj.com/gb/20120222/opn074317.asp.

出了"结构化行动"的概念,既强调了结构对于行动的制约性,又强调了结构的生成性。不同的社会结构下会出现不同的行动模式。在分工明确、追求效率的工业生产模式下,研究生教育就会摒弃以人格陶冶、学术旨趣为追求的传统培养模式,转而强调研究生教育的标准化和批量化生产模式。最后,研究生教育的社会逻辑需要关注"教育与生活世界的关系"问题。从研究生教育与生活世界的分隔到二者的高度融合,研究生教育也从"出世"的学术探究,转变为"入世"的学术探究。美国1995年发布的《重塑科学家和工程师的研究生教育》就指出,研究生需要具备与非专业人士沟通复杂思想的能力以及有效的团队合作能力。①

3. 社会逻辑与研究生教育的发展

根据贝尔的观点,人类社会经历了前工业社会、工业社会和后工业社会的转变。在此种社会逻辑下,研究生教育也出现了相应的变化。在前工业社会中,研究生教育的价值取向以追求对事物的理性认识为目标。研究者期望把握世界最普遍、最一般的规律,因而把哲学作为毕生的追求。从结构功能上看,此时的研究生教育主要是上层精英阶层的特权,研究生教育的主要功能是将他们的社会地位合法化,并发挥法国社会学家布迪厄(Pierre Bourdieu)所说的"区隔"(distinction)功能,将他们与普通下层民众的区别固定化。从行动模式上说,此时的研究生教育是一种田园式的教育方式,以精神的陶冶和真理的追求为主要内容,因而在社会关系上表现出对生活世界的超脱(见表1-3)。在工业社会中,研究生教育的价值取向以追求专业知识为目标,主要是培养"以学术为业"的学者。研究生教育在结构功能上发挥筛选的作用,研究生教育通常被作为学术行业的"入场券"。从行动模式上说,研究生教育复制了工业化社会的普遍模式,采用福特制的方式对研究生教育的内容、方式和评价等进行标准化处理,以提高研究生培养的效率。在研究生教育与生活世界的关系上,仍然存在知识与实践的分离,研究生教育成为知识生产工厂(见表1-3)。在后工业社会,知识已经渗透到社会生活的各个角落,研究生教育不再以外在的功利性追求为目标,而是转向个体的生活体验和人格发展。个人在研究生教育中实现自我的发展。从结构功能上说,科学探究已经成为人们的生活方式,不再是特定阶层和特定行业的特权。在此种背景下,研究生教育更多地发挥"成人"的功能。在行动模式上,这一阶段的研究生教育具有体验性、过程性、不可还原性的特点,因而具有"传记性"的特征。② 从研究生教育与生活世界的关系来说,以具体问题为导向的探究模式实现二者的融合(见表1-3)。

---

① Committee on Science, Engineering, and Public Policy. Reshaping the graduate education of scientists and engineers[M]. Washington, D. C.: National Academy Press,1995:4.
② 熊和平. 课程:从"圈养"到"游牧"再到"传记"[J]. 比较教育研究,2004(11):52-56.

表 1-3 研究生教育发展的社会逻辑

类型	价值取向	结构功能	行动模式	社会关系
前工业社会	理性认识	区隔	田园式	超脱
工业社会	专业知识	筛选	福特制	分离
后工业社会	个体发展	"成人"	传记性	融合

四、创造逻辑——高深专门知识生产的需求和动力

1. 研究生教育与知识创造

好奇心是人类与生俱来的秉性,从古希腊的"爱智慧"到现代的科学探测工程,人类对于未知领域的渴求和探究推动着人类认识水平不断提高。研究生教育的主要任务是探究不确定的知识领域,而"不确定性"对于人类行为来说意味着超越和创造。诚如米塞斯(Ludwig Mises)所言:"从行为人看来,未来总是一个谜。如果人知道未来,他就无须选择,也不用行动。他就像一具自动机,只对刺激起反应,而没有他自己的任何意志。"[①]外在的不确定性与人的"未完成性"是相辅相成的,它们为人的自由探究创造了先决条件。研究生教育的发展与变革归根结底受到了人的创造本能的驱使,因而研究生教育的逻辑起点就是人类的求知本能。如果人类的本性和所处的环境如动物一样是"规定性"的,他们就不可能去探究未知领域,因而也就不可能有研究生教育。

追求自我实现是个体发展的最高需求。接受研究生教育的人通常是心智比较成熟的成年人,他们的个体需求更多地表现在自我价值的实现上。他们倾向于对事物做出自己独立的判断,创造出属于自己的产品,这也体现了马克思所说的人的本质观。在马克思主义看来,实践是人的存在方式,人在社会中实践并通过社会实践创造了人本身。实践作为主观见之于客观的活动,它通过主体本质力量的对象化,创造出一个超出事物现实、更适合自身生存和发展需要的新世界。[②] 个体发展的这种内在需求和本质规定性决定了研究生教育不可能以传授人类已知的基础性知识为主要目标,而是要充分发掘个体创新的潜能,实现个体价值的最大化。正如泰勒(Anne Taylor)所说:"最优秀的研究生首先会把科研项目作为展示自身生活的平台。他们所做的任何研究都成为一种象征,所包含的意义超过了生活本身。"[③]

2. 创造逻辑的表现形式

创造是个体在占有人类知识资源的基础上,通过主体的对象化活动生成新事物的

---

① Von Mises, L. Human Action: A Treatise on Economics[M]. Aubum, Alabama: The Ludwig von Mises Institute, 1998. 105.
② 杨奎. 对象性超越与自我超越:主体社会实践的价值归宿[J]. 中国人民大学学报,2008(01):72-77.
③ Taylor, A. R. Becoming Observers and Specialists[A]. In J. Katz and R. T. Hartnett (Eds.)Scholars in the Making[C]. Cambridge: Ballinger, 1976: 127-40.

社会实践活动,它涉及行动者、行动方式、人际关系和制度环境四个要素。从行动者来说,主体的独立性和能动性是创造活动的首要因素。过于依赖教师的学生很难形成自己独特的看法,这就是研究生教育为何要强调独立从事研究的重要性。此外,个体创造的水平也有层次之分,考夫曼(James Kaufman)等人就提出了四种创造力模型,即学习过程中的"微创造"(mini-c)、日常生活中的"小创造"(little-c)、专业领域中的"真创造"(pro-c)和杰出人才的"大创造"(big-c)。[1] 研究生的创造更多地体现在专业领域的创造,以及为"大创造"奠定基础的创造性活动。从行动方式上来说,创造需要对原有的生产要素进行重组,因而它包含了一个内化、解构和建构的过程。行动者需要在充分理解原有规则和结构的基础上,解构原有的体系,从而创造性地构建出新的事物。从体现研究生学术创造的学位论文来说,它的创作也经历了对学科规范的内化、对现有研究的综述、对论文结构的构建以及对创新成果的呈现等几个阶段。从人际关系来说,作为一种实践活动的创造是在人与人之间的关系中进行的,这是人类实践活动的本质特征。个体在进行创造活动时需要有外部的变革促进者,但是外部的力量又不能越俎代庖,保持创造者与外部促进者之间必要的张力是创造成果的重要条件。有研究者指出:"大部分研究生都把与导师的关系作为影响自己教育质量的唯一最重要因素,然而许多研究生也声称这是自己研究生教育经历中唯一最令人失望的方面。"[2] 从制度环境来说,创造是在原有的行动框架中进行的规则重建活动,制度环境对个体行动的约束是影响创造的关键因素。开放的制度环境就比保守的制度环境更有利于创造。

3. 创造逻辑与研究生教育发展

从研究生个体的教育经历来看,通常经历了模仿、改造和创新三个阶段,这是创造逻辑对研究生教育阶段做出的本质性规定。在研究生教育的初期,学生处于模仿阶段,他们此时对于研究生教育的规则体系和导师还处于依附状态。在面对不确定的专业知识领域时,他们只能从此种依附状态中规避各种风险。他们的学习方式更多是内化专业领域的规则,所做的创造也只是学习过程中的"微创造"。从人际关系上说,导师的指导是一个关键的因素,但此时的指导方式是一种韦伯所说的魅力型(charismatic)领导,学生对学术规则的内化更多地借助于对导师行为方式的模仿。从制度环境上说,这一阶段的学生与外部环境处于一种黏着状态,制度环境被视为一种理所当然的内在假设,并作为一种无意识作用于自己的行动(见表1-4)。在研究生教育的中期,学生处于改造阶段,此时他们的主体性逐渐彰显,并开始与原有的规则体系分离。在学习方式上,研究生开始按照自己的思想和观点对现有的学科知识进行整合。这一阶段的导师指导依靠的是长期专业化实践形成的规则和习俗,因而是一种传统型的领导。从制度环境

---

[1] Kaufman, J. C., Beghetto, R. A. Beyond big and little: The four c model of creativity[J]. Review of General Psychology, 2009(1): 1-12.

[2] Bargar, R. R., Mayo-Chamberlain, J. Advisor and advisee issues in doctoral education[J]. Journal of higher education, 1983(4): 407-432.

上说,研究生在实践反思的基础上开始从既定的环境中抽离出来,并以新的视角审视原有的学科构架(见表1-4)。在研究生教育的后期,学生处于创新阶段,他们此时已经形成了独立的思想和观点,学习方式也以知识建构为导向。从导师指导来说,此时的研究生与导师结成了科研同伴的关系,因而此种指导是一种法理型的领导。从制度环境上说,此时的研究生常常处于松散的结构中,他们可以自由地进行知识和结构的重建(见表1-4)。从研究生的教育经历来说,创造逻辑要求导师为学生提供个别化和人性化的制度环境。2009年,英国发布的《博士生训练与发展准则》就鼓励双导师制或导师小组制,尤其是从事跨学科研究的博士生,导师可以是跨系或跨部门的联合。①

表1-4 研究生教育发展的创造逻辑

类型	主体特征	学习方式	指导方式	制度环境
模仿	依附	内化	魅力型	黏着
改造	分离	整合	传统型	抽离
创新	独立	建构	法理型	松散

五、研究生教育发展的"钟摆定律"

知识逻辑、学科逻辑、社会逻辑和创造逻辑作为研究生教育发展的内在逻辑,并不是相互独立的运作系统,而是相互嵌套成一种结构化的网络体系。四种逻辑具有内在的延续性和发展的不同步性,从一个阶段到另一个阶段并不是范式的彻底转型,而是范式的拓展和重建。重视协作式研究生教育,并不否定学徒式研究生教育;而前学科时期的范式也可能会出现在后工业社会中。

知识是研究生教育的对象和内容,学科是研究生教育的形式和结构,社会是研究生教育的背景和根基。在研究生教育的发展过程中,这三种逻辑在不同时期处于不同的地位。在研究生教育发展的初期,知识逻辑是一种显性结构,而学科逻辑和社会逻辑则是一种隐性结构,研究生教育是为了探究真理而存在,而发展的动力主要来自知识的变革。在研究生教育发展的正式化阶段,学科逻辑是一种显性结构,而知识逻辑和社会逻辑则是一种隐性结构,研究生教育主要是为了培养专门的知识生产者而存在,而发展的动力主要来自学科类别和范式的转变。在研究生教育发展的社会化阶段,社会逻辑是一种显性结构,而知识逻辑和学科逻辑则是一种隐性结构,研究生教育主要是为了社会发展而存在,而发展的动力主要来自社会需求的变化。因此,研究生教育经历了一个从学科知识驱动到社会创新驱动的发展过程。

研究生教育的发展是一个动态的过程,它遵循由学科、知识、社会和创造四种逻辑组成的"钟摆定律"(见图1-1)。知识逻辑和学科逻辑可以归结为学术逻辑,在研究生

---

① 沈文钦,王东芳.从欧洲模式到美国模式:欧洲博士生培养模式改革的趋势[J].外国教育研究,2010,37(08):69-74.

教育的发展过程中,学术逻辑和社会逻辑的交替运动是研究生教育发展的原动力,而作为学术逻辑和社会逻辑"支点"的是不断变化的社会实践问题(即创造逻辑的驱动),因而创造逻辑是研究生教育发展的原点和动力。当学术研究脱离社会需求时,研究生教育就会从学术逻辑一端慢慢移动到社会逻辑一端,然而当学术研究过于社会化时,研究生教育又会慢慢向学术逻辑一端运动,最终达到动态的平衡。每次动态平衡的实现都会推进作为支点的社会实践问题的解决,而这从根本上说都是由创造逻辑推动的。

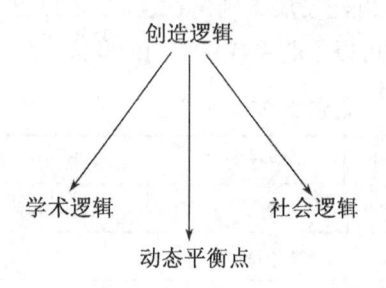

图 1-1 研究生教育发展逻辑的钟摆定律　　图 1-2 研究生教育发展的双螺旋模型

学术逻辑和社会逻辑的钟摆运动是在创造逻辑的推动下解决具体问题的过程。创造逻辑的核心是由知识创新和应用组成的 DNA 双螺旋模型(见图 1-2)。创新从本源上说是将新的事物引入原有结构的过程中,创新的判断标准不仅要看它的新颖性,而且要看它给实践带来的变化。① 这就是说创新是一个新知识提出和运用的过程。研究生教育也正是在知识生产和运用的过程中获得不断发展,因此研究生教育不仅要强调知识的原创性,而且要强调学术的可转化性,并以转化的成果作为进一步推进知识创新的基础。

研究生教育是一种专业教育,但同时又是一种学术探究活动。深化研究生教育改革需要把握研究生教育发展的规律,依据知识逻辑、学科逻辑和社会逻辑的内在要求动态调整研究生教育的内容、结构和模式。在内容调整上,需要扩充学术的概念和范围,按照美国学者博耶(Ernest Boyer)提出的"发现的学术、整合的学术、应用的学术和教学的学术"②合理确定研究生教育的内容,探索实践性知识和缄默知识外显化的有效途径。在结构调整上,需要准确把握学科分化和整合的趋势,强调学科逻辑和问题逻辑的辩证统一,既要重视学科框架在探究问题时的基础性,又要破除学科壁垒,围绕具体实践问题构建知识体系。在模式调整上,需要根据社会结构和生产方式的变革构建研究生教育发展的模式,保持研究生教育与社会需求之间必要的张力。研究生教育的发展归根到底受制于创造逻辑,它既是研究生教育存在的合法性基础,又是研究生教育发展的第一推动力。创造逻辑要求研究生教育以具体的问题为导向,以知识的创新和应用为核心,这对于学术学位和专业学位研究生教育来说都是如此。

---

① Zaltman G, Nan L. On the Nature of Innovations[J]. American Behavioral Scientist, 1971, 14(5).
② 江萍,丁国勇. 再议"教与学学术":博耶之后[J]. 黑龙江高教研究,2018,36(07):34-37.

第二节 学科建设、专业建设与课程建设

学科、专业和课程是实现大学职能的三个基本要素,大学的建设与发展都是紧密围绕这三者展开,可以说学科建设、专业建设和课程建设就是大学建设的三大基础。其中学科建设是龙头部分,大学通过学科建设增强科研实力,提高人才培养质量;而专业建设则是学科发展与社会需求的结合点,将学科发展水平最终以培养专业人才的形式体现出来。学科建设为专业建设提供理论支撑,专业建设为学科建设提供实践场所,而课程建设作为中介,实现了两者的良性互动,完成了知识发展到社会需求的过渡。[①] 研究生教育作为高层次人才培养的最高阶段,也是大学建设的重要组成部分,因此学科建设、专业建设与课程建设同时也是研究生教育中的三个重要方面。课程学习是保障研究生教育质量的必要环节,在研究生培养过程中起到基础性的支撑作用,所以在实际培养过程中提升研究生教育质量的重要落脚点是课程建设。

一、学科建设

1. 学科

学科一词的英文是 discipline,拉丁文是 disciplina,兼有知识(知识体系)及权力(纪律)之义,后逐步演变为指称各门知识,尤其是医学、法律和神学这些新型大学里的"高等部门"。学科是大学承载教学、科研和社会服务三大功能的基本单元。学科一般是指在整个科学体系中学术相对独立、理论相对完整的科学分支,同时学科又是教学科目和专业设置的基础。

随着学科的纵向分化及其在大学的建制化,近代学科概念作为"知识形态""组织形态"和"文化形态"的三重涵义日益明显。[②] 首先,学科被视为一种系统化的知识体系。从知识的角度来看,学科是指对同类问题所进行的专门的科学研究,从而实现知识的新旧更替。学科活动不断导致某学科内现有知识体系的系统化和再系统化。[③] 其次,学科被视为由规范化、专门化知识群体结成的学界的或学术的组织。从组织的角度来看,"学科是由一群学者以及学者们依赖于一定的物质基础,围绕知识创造、传递、融合与应用的活动所组成的组织系统,是一个实际存在的具有组织形态的学术实体"。再者,学科隐含的规训和控制意蕴,本质上是指不同学科受其研究对象、研究方法、发展背景和理论基础的影响,在学科发展过程中形成的本学科特有的思维方式、行为规范和习惯传统,目的在于形成一种知识传统或思想传统,以便新人被培养成这项学术事业的继承

[①] 王建华.论学科、课程与专业建设的相关性[J].学位与研究生教育,2004(01):21-24.
[②] 宣勇.论大学学科组织[J].科学学与科学技术管理,2002(05):30-33.
[③] 刘仲林.现代交叉科学[M].浙江教育出版社,1998:30-31.

者,即学科的"文化形态"。[①]

2. 学科建设的内涵与内容

"学科建设"是一个具有中国特色的词汇,西方并没有一个直接对应的概念。学科是学科建设的核心,学科的"三重形态"决定了学科建设包含三个层次:其一是作为知识体系的学科的不断发展、完善与创新。系统、独立、规范的知识体系是一门学科之所以成为学科的标志,是学科取得独立地位的基准。其二是作为不同学科要素构成的组织的建设,即作为知识生产组织的学科建设,是学科组织发展的载体。其三是伴随着学科知识生产活动和组织建设而沉淀和构建的学术文化。因此,从实践层面来看,学科建设实质上包括扩展学科知识体系、提升学科组织的知识生产能力、构建适宜学科发展的学术文化。

使用学科建设这个范畴时,人们通常是从操作层面来使用的,比如学科建设的原则、学科建设的功能、学科建设的内容、学科建设的条件等。于是大学的学科建设便可定义为大学作为学科建设的主体,根据社会发展的需要和学科发展的规律,以及高等教育的特点,结合大学自身的实际,通过采取必要的措施和手段,促进学科发展和学科水平提高的一种社会实践活动。此时学科被视为包含学术队伍、学生和学科基地三个要素的学术组织系统,因此大学要提高学科水平的具体举措可以概括为以下三个方面:一是打造一支高水平的学术队伍,二是培养高层次创新人才(尤其是研究生层次),三是改善科学研究条件。

大学的学科建设具体可分为宏观层面和微观层面两个部分。在宏观层面,学科建设注重优化学科结构。大学根据自身的发展目标和定位进行办学思路谋划和资源配置,开展学科规划和重点建设工作,提升学科发展水平,促进知识的传播、生产和应用,实现学校发展目标,既要注重知识体系的前瞻性和完整性,也要注重不同学科之间的相互支撑、发挥学科群的系统功能。在微观层面,学科建设主要是内涵建设,突出提升学科水平,包括凝练学科方向和学科领域、构建学术队伍、搭建研究平台、开展科学研究、培养高层次人才、促进学术交流等方面。

3. 学科建设的重要性

学科建设是一种知识、组织和文化之间互动的过程,就像血液、躯体和灵魂一样。大学的学科建设应以提升学科组织的知识生产能力为根本目的,因为增进和完善知识体系是大学一切学科建设活动的终极使命。因此,学科建设就是大学建设的核心,是构筑大学核心竞争力,使之跻身世界一流的关键突破口。改善学科结构和提升学科水平是大学学科建设宏观和微观层面的具体目标,也是"双一流"建设大学应当具备的能力。

作为大学存在和发展的基础,合理的学科结构是大学高水平发展的表现形式之一,通过优势学科的高峰引领作用,带动关联学科形成学科群的高原高地,同时扶持一般学

[①] 万力维. 学科:原指、延指、隐指[J]. 现代大学教育,2005(02):16-19.

科和弱势学科不断提升水平,使得一流大学发展保持其学科结构的生态平衡,实现不同学科的协调发展。学科发展水平则是衡量大学是否具备一流的研究水平和高端人才培养质量的硬指标,一流学科所代表的知识储备、科研实力、培养体系等都为学术发展和人才培养奠定了坚实的基础。一流学科的先进水平表现为三个维度——学术卓越性、社会需求性、跨学科跨领域性。[1] 学术卓越性表现为学科具备深厚扎实且具有世界领先水平的基础,并且在其领域具有较高的学术起点和威望;社会需求性表现为学科能够满足国家或地区的重大战略需求,促进人类社会、经济和生活发展;跨学科跨领域性表现为学科能够进行理论与技术创新,是学科前沿知识的突破口和生长点。合理的结构保障学科的可持续发展,先进的水平强化学科的自我生命力,一流学科的建设需要从广度和深度两个层面和谐发展,打造一流的学科组织,实现一流的学科产出。

二、专业建设

1. 专业

专业是与人才培养方案有关的教育管理概念,是学校根据学科发展和社会职业分工而确定的人才培养方案或培养计划的基本单位,大体相当于《国际教育标准分类法》的课程计划(program)或美国学校的主修(major),其划分依据主要是社会职业分工、学科分类、科学技术和文化发展状况及经济建设与社会发展需要。总体看来,对于专业的描述具有广义、狭义之分。广义上来看,专业是根据社会需要,基于一些职业特定的劳动特点而形成的专门化知识领域。最初指律师、医生、教师,而后推广到各种学术性或者职业性的行业。狭义的专业是指高等教育系统中依据学科分类和社会分工需要进行人才培养的基本单位,此时专业与人才培养紧密联系,演变为实体性的组织。

从人才培养过程来看,专业是沟通高校职能与社会需求的平台。在高校内部,专业是为学科承担人才培养职能而设置的;在社会内部,专业是为了满足从事某类或某种社会职业的专门人才接受相应训练的需求而设置的。因此,从人才培养供给与人才培养需求上看,专业是人才培养供给与需求的一个结合点。[2] 从专业形成的过程来看,专业是按照社会对不同领域和岗位的专门人才的需要对学科进行选择与组织,形成的一种课程体系。[3] 不同领域专门人才所从事的实际工作,需要什么样的知识结构作基础,专业就组织相关的学科来满足。专业以学科为依托,但并不是学科"树状分支结构"中的哪一个"分支",有时某个专业需要若干个学科支撑。同时,专业根据人才培养的内在规

---

[1] 周光礼."双一流"建设中的学术突破——论大学学科、专业、课程一体化建设[J].教育研究,2016,37(05):72-76.

[2] 梁传杰,刘双乐.学科建设与专业建设的比较研究[J].河北工程大学学报(社会科学版),2007,24(1):111-112,122.

[3] 张云鹏,张爱霞,赵家妹.学科建设与专业建设若干问题[J].河北理工大学学报(社会科学版),2009(1):85-87.

律,为满足专门人才对知识、能力、素质结构的需求,构建与之相适应的专业培养计划和课程体系,组织力量对学生进行严格、科学的培训。

2. 专业建设的内涵与内容

专业建设是高校根据教育教学规律和经济社会发展对人才的需求,采取必要的措施和手段,培养符合社会发展需要的各类高级专门人才的实践过程。专业建设的根本目标是形成完善的专业教育体系,培养符合经济社会需要的高级专门人才。高校的专业建设实则是人才培养方案的实践指向与现实检验。通过专业建设的工作实践,人才培养方案才能得到执行,专业人才培养才真正变成了现实。如果说人才培养方案是"规划蓝图"的话,那么专业建设就是"实践操作"。

专业建设以人才培养为核心,其内容几乎囊括人才培养的各个重要环节,具体包括:确定专业人才培养目标、制定人才培养方案、构建课程与教学体系、培养师资队伍、完善人才培养设施以及健全人才培养制度等。其中人才培养目标的确定是专业建设的前提,确保人才培养不脱离社会经济发展对专业人才能力与素质的需求;人才培养方案的制定是专业建设的首要环节,为人才培养的高质量进行指明方向;课程与教学是人才培养的基本途径,是传授专门化知识的活动系统;师资队伍建设、培养设施的完善和人才培养制度的健全都是专业建设的重要保障,从高校的硬件和软件方面确保并监督培养过程高效有序地进行。因此,专业建设即是增强人才社会适应性,提高人才培养质量的基础性工作。

专业建设也可分为宏观和微观建设两个层面。就学校层面而言,专业建设主要考虑优化专业结构,包括专业设置、专业布局、专业调整、建设重点专业与扶持弱势专业等宏观层面问题,构建融合高校办学特色和满足社会需求的人才培养体系。而就具体某一专业而言,专业建设注重提升专业水平,主要包括追踪社会需求,制定专业培养目标与规格,制订专业教学计划,进行课程建设、教材建设、实训基地建设、教学方法革新等内容,以提高人才培养质量为目标。①

3. 专业建设的重要性

以人才培养为目标,以学科基础为依托,以社会需求为导向——这是高校专业建设的三大特征。可以说,高校是通过专业建设在满足社会需求的前提下,以现有的学科发展为基础,实现人才培养职能的实践场所。不同于学科建设对于知识发展的推进,专业建设的成果就是高层次的人才输出。从学术发展来说,一流大学建设的着力点应该落在学科建设上,而从人才培养来看,一流人才的打造则需要依托专业建设的平台。专业建设的水平反映了高校人才培养的质量和适应经济社会发展需求的程度,也反映了高等学校对社会发展的引领作用,是学校生存和发展的基础,也是高等学校有别于研究机

---

① 刘海燕,曾晓虹. 学科与专业、学科建设与专业建设关系辨析[J]. 高等教育研究学报,2007(04):29-31.

构的重要标志。

一流大学和一流学科建设不能缺失一流人才的培养,"双一流"建设背景下的专业建设就是以打造一流人才为己任,融合优势教育教学资源、构建科学完善的教育教学体系来实现培养满足社会需求的高层次专业人才的目标,其主要任务为优化专业结构和提升专业水平。专业结构是高校在人才培养过程中形成的专业设置体系,其是否合理直接关系到学校所培养的人才能否满足社会发展的需要。因此,合理的专业结构需要通过及时调整优化来实现人才培养与社会需求的供求匹配。专业水平则是高校人才培养质量的直接体现,具体到师资队伍的优劣、课程与教学质量的高低、专业办学基础设施的好坏,这些要素形成一个统一的整体,是人才培养质量提升的必要条件。任何一个要素的缺位都会严重制约专业教育质量的提高,导致专业发展水平与社会经济发展水平不相适应,从而在根本上影响高层次人才的培养质量。

高水平的专业一般具有以下两个特征——善用优势资源和注重协同融合,专业建设的关注点也在于此。说到底,专业建设的核心是人才培养。为了培养适应社会需求的高层次人才,对于资源的高效利用至关重要。优质资源是人才培养的根本和基础,师资队伍、课程体系、教育教学资源等各类软硬件的水平直接决定了人才培养质量的高低。另外,由于社会对于创新创业型人才的需求日益迫切,单一学科内的资源已无法满足人才培养的需要,因此注重协同融合也是符合社会需求,提升人才培养质量的突破口。高校通过专业建设,联系整合多方优势资源的力量并加以合理利用,方能使得人才培养获得事半功倍的效果。

三、课程建设

1. 课程

课程的英文单词"curriculum"来源于拉丁语,意为"学习的进程",现指学校的课程,即教学的内容和计划。课程本身有广义、狭义之分。广义指所有学科(教学科目)的总和,或指学校为实现培养目标,使学生在教师指导下参与一切可以组织化实施的教育教学活动的总和;狭义指学生通过修习而获得某种能力的单门教学科目。无论是广义上还是狭义上,课程作为学科知识的载体、人才培养的最基本单元,是教育教学的核心内容,是促进人才发展的重要手段,也是保障人才培养质量的重要环节。

课程对人的发展具有定向作用。课程不是随机地进入人才培养过程中的,而是根据人才培养的需要,从学科知识中有目的地选择一部分"最有价值的知识",按照一定的逻辑关系和结构形成的教学内容。这种知识的联结和结构的形成使课程具有了明确的目的性。[①] 因此课程便成为培养各类专门人才最有效的途径。同时,课程作为联系学科和专业的中介,成为高校实现科学研究和人才培养两大职能的最基本形式。一方面,

---

[①] 杨同毅. 大学课程的生态角色、作用与课程建设[J]. 中国大学教学,2010(06):21-23.

课程的元素选自学科知识,学科为课程源源不断地提供构建材料,便于课程按照教育学规律对学科知识进行传播、改造和拓展,反之,课程也会促进学科的发展——学科也要根据课程建设要求来强化学科研究方向;另一方面,专业可以理解为课程的组合形式,即课程是构成专业的基本要素,是支撑着专业发展的重要手段,反之,学校基于社会发展对专业知识结构的要求来编制课程,使得专业的人才培养功能得以实现。

2. 课程建设的内涵与内容

无论是学科建设还是专业建设,两者发展的结果最终都要落实到人才的培养上。课程建设作为联系学科建设和专业建设的纽带,是实现两者共同目标的中介。因此,高校的课程建设可以理解为在已有学科发展的基础上,根据专业人才培养的需要,努力提高教育教学质量而进行的教学改革的综合过程。

课程建设是高校根据人才培养目标落实在教学微观层面的一系列举措,主要内容包括:教学队伍的打造、课程内容的构建、教学方法手段的改进、教学设施的匹配以及课程质量的管理。[①] 打造优秀的课程教学队伍是课程建设的先导,一流的课程必须有强大的师资队伍支撑;课程教学内容的建设是课程建设的核心和主体,也是衡量课程建设的主要标准;教学方式方法的改进是实现课程建设的主要途径,以确保课程教学内容的正确实施;教学设施的匹配和课程质量的管理分别是课程建设的物质保障和组织保障。课程建设的各项内容相互联系,共同促进课程建设目标的实现。

从可操作的层面来看,课程建设也可分为宏观和微观两个层次。宏观层面的课程建设以课程体系为基准或以课程群为组合单位进行整体性建设,需要考虑课程之间的关联性、融合性、互补性,通过课程结构的调整优化使得课程群的整体结构和内在联系服从人才培养的各类要求。课程体系建设一般是建立在专业教育的基础上,是专业建设的核心部分,以实现相应的专业人才培养目标为指向。而微观层面即是单门课程的建设(如精品课程),即提升课程与教学的质量。需要考虑知识本身的内在逻辑结构,通过确定合理的课程目标、形成饱满的课程内容、施以恰当的教学手法以及利用科学的评价手段来实现课程教学效果的提升。

3. 课程建设的重要性

课程建设是高校提高办学水平的内涵建设,是提高高等教育质量的核心环节,是教育教学改革的最终落脚点。课程作为人才培养的依托和凭借,其建设的水平和成效直接关系到人才培养的规格和质量,关系着学校能否培养出高层次创新人才,进而影响到高等学校的生存和发展。可以说课程建设是高校办学过程中最基本的工作之一。课程建设如此重要,主要体现在三个方面——社会发展的要求、提高高等教育质量的要求以及落实高校办学自主权的要求。[②]

---

① 夏晓烨,段相林.课程建设的内涵、目标及相互关联[J].中国大学教学,2007(09):59-60.
② 刘献君.大学课程建设的发展趋势[J].高等教育研究,2014,35(02):62-69.

首先,当今社会的飞速发展对于人才的需求已经日新月异,在教育过程中,"大学在应对社会发展提出的新要求时,往往以课程为突破口,注重通过改革大学的课程、增设新的课程、改革大学课程结构,来增加新的智能,满足社会的需求,进而达到改革高等教育的目的"[1]。其次,高等教育质量决定人才培养质量,而人才培养的主要形式是课程教学,每一门课程教学的质量积累形成一个专业人才培养的质量,因此高等教育的质量提升离不开课程建设。再者,大学逐步取得了办学自主权的同时,课程建设的若干问题都需要高校进行自我研究,以保证教育教学质量。

四、学科建设、专业建设、课程建设与研究生培养

研究生教育作为高等教育的最顶端,承担着培养高层次人才的重要责任,代表着高等教育的最高质量。学科建设、专业建设和课程建设作为高等教育发展的三大核心任务,其根本目标都是强化人才培养。"双一流"和"双创"背景下,社会对于研究生培养提出了更高的要求,因此提升研究生人才培养的质量也需要从三大建设入手。

1. 研究生人才培养的内涵与特点

研究生教育是教育结构中最高层次的教育,研究生教育水平是国家科学研究潜力的重要标志。威廉·洪堡(Wilhelm von Humboldt)将研究功能引入大学、创建研究型大学以后,"形成了从事高深知识的专门研究、将研究与教学结合的以学科为基础的理念和制度"。这种与科研紧密结合的、以推进知识创新为目的的高层次教育即现代意义上的研究生培养。当今社会对所需人才已提出更高的要求,研究生作为顶尖人才的后备力量,其培养过程应当体现出明显的时代特征。随着"双一流"建设帷幕的逐渐拉开以及创新创业教育的不断深化,研究生教育开始向着培养更高层次创新人才的目标奋进。

研究生(特别是博士研究生)培养的目标是以创新型人才为主,要求研究生不仅要掌握扎实宽广的学科基础知识和系统深入的专门理论,能够独立和创造性地从事科学研究工作,而且还要具备从事较大型科研、技术开发项目或解决和探索我国经济、社会发展问题的能力。为了应对职业发展的需求,研究生还应当具备创新能力、创业精神以及国际化素养。另外,在追求自我发展的过程中,研究生也需要具有较高的文化素养和思想品德,善于清晰表述观点的能力和思辨能力。[2] 因此,当前的研究生培养不仅需强化研究生的知识结构和科研素养,更需培养较强的全球化职业竞争力,以及进一步促进"品德"的塑造。由此可见,研究生培养过程需要坚实的学术基础、优质的培养资源以及有效的操作手段共同支持,而学科建设、专业建设和课程建设三者正是从这三个方面为研究生教育质量的提升保驾护航。

---

[1] 郭德红.美国大学课程思想的历史演进[M].中央编译出版社,2007:2.
[2] 赵婉清.关于我国研究生课程建设的几点思考[J].黑龙江高教研究,2004(08):134-135.

2. 学科建设与研究生培养

学科建设是高校的一项具有战略意义的基本建设工作。学科作为大学的细胞,沿承了大学的两大核心职能——学术突破与人才培养。大学在学科建设中寻求的学术突破是指大学如何在学科平台上创造性地进行科研和教学活动。[①] 兼顾学术发展和人才培养的一流学科建设就是建立该领域内国际一流的研究制度和训练制度。[②] 研究制度在于学术创新和知识探索;训练制度则是高层次专业人才培养,研究生的培养过程刚好顺应两种制度的发展,所以其本身就是学科建设的一项重要内容。

学科建设对研究生培养具有推动和支撑作用,体现为三个方面。第一,学科建设为研究生教育提供依托平台,我国各类各级研究生教育都是以学科为单位划分的,高校获得某个学科的学位授权点,即意味着获得开展本学科研究生教育的资格。第二,学科建设为研究生培养创造基本载体和环境,大学在学科建设中形成了稳定、有特色、高水平的研究方向,构建了结构合理的学术队伍,建立了高层次的研究交流平台等,这些都是研究生培养的必备要素。第三,学科建设为研究生培养提供研究生教育的内容与方向,科学研究是研究生培养的主要特征,学科建设中凝练的学科生长点就是研究生在培养过程中寻求突破的研究方向。

可见,学科建设是研究生教育发展的基础,高校只有搞好学科建设,使其成为高层次人才培养的基地和促进国家发展的知识创新与技术创新的基地,解决国家经济建设和社会发展中的重大问题,才能在实施科教兴国战略中发挥重大作用。[③] 因此,离开了学科建设创造的良好条件,研究生培养就成了无本之木,难以培养出高质量的人才。

3. 专业建设与研究生培养

高等教育本质上是一种基于高层次人才培养的专业教育,受教育者通过接受某一个专业的培养,获得相关领域的先进知识和能力,便于在社会分工中找到适合自己的定位。研究生教育作为高等教育体系的最终阶段,是学科领域高度集中化的专业教育,目的是培养拔尖创新的专业人才。

高校通过专业建设将学科发展成果进行转化,为人才培养提供优质资源,对研究生培养具有保障和调控作用,保证人才培养的高效进行。第一,专业建设可将科研队伍转化为师资队伍,借助科研水平提升,实现教学水平强化,提高人才培养质量。第二,专业建设将科研资源与教育资源融合,依托科教协同将科研成果与教学内容有机结合,为研究生培养提供优质教育资源。第三,专业建设将科研平台和实践教学平台进行共享,创

---

① 周光礼. "双一流"建设中的学术突破——论大学学科、专业、课程一体化建设[J]. 教育研究,2016,37(05):72-76.
② 王建华. 论学科、课程与专业建设的相关性[J]. 学位与研究生教育,2004(01):21-24.
③ 陈钟颀,朱因远,张文修. 高等学校学科建设的几点思考[J]. 学位与研究生教育,2002(11):1-3.

造培养研究生科研素养和实践能力的环境。①

虽然作为研究生培养的基本单元,学科本身就具备了科学研究和人才培养两大职能,但是在高等教育发展的过程中,学科有一种为追求自身发展而专注于学术研究,逐渐淡化人才培养功能的倾向,并且这种倾向在高水平大学中愈发严重。② 因此,专业建设在研究生教育中不可或缺,为实现高层次专业人才的培养提供必要的保障。高校必须加强专业建设,引导优质学科资源转化为人才培养资源,使研究生人才培养质量得以提升,满足国家和区域发展的需要,形成良好的社会声誉。

4. 课程建设与研究生培养

课程建设作为学科建设和专业建设的结合点,是直接快速提升研究生培养质量的着力点,在研究生培养过程中具有举足轻重的地位。课程建设通过整合科学研究和人才培养的资源使课程成为研究生培养的有机载体。第一,通过课程建设落实研究生培养。学科建设和专业建设分别为研究生培养提供知识储备和人才培养资源,而实现研究生培养目标最直接的手段是课程。第二,通过课程建设帮助研究生实现角色过渡。研究生与本科生培养具有较大的差异性,人才培养目标中需要融入科研能力和专业素养,合理的课程体系有利于研究生在培养过程中实现角色转变。第三,通过课程建设实现研究生培养的变革创新。随着社会对于各类高层次创新人才需求的不断加大,研究生培养也应当适应各种创新型人才的发展方向,课程建设为研究生人才培养的创新提供了平台和抓手。

然而,在当前创新型国家建设的新形势下,我国的研究生课程体系已不能完全适应培养拔尖创新人才的要求。高校过度追求科研水平的提升而忽视了课程在研究生培养中的重要基础作用,继承性的研究生课程模式又无法满足学生综合素质的提升和创新创业能力培养的要求,研究生课程已成为人才培养质量的"重灾区"。在北京理工大学学位与研究生教育研究中心发布的《中国研究生教育质量报告(2014)》中,关于课程教学整体满意度的调查,研究生选择"非常满意"的仅有25.2%,且"985高校"最低,仅为23.8%。③ 为此,教育部颁发《关于改进和加强研究生课程建设的意见》以指导高校对研究生课程进行改善。

课程一直以来都是促进研究生学习、科研和创新创业的基本途径之一,为了适应当前研究生培养质量提升的要求,课程建设应当注重课程知识的基础性、前沿性、应用性。基础性知识需要系统的课程学习,前沿性知识需要探究性学习,应用性知识需要强化实践和创新创业。加强研究生课程建设是全面提高研究生教育质量的重要基础,对于建

---

① 李小年,方学礼. 地方高水平大学专业建设和学科建设协同发展研究[J]. 国家教育行政学院学报,2015(06):13-16.
② 冯向东. 学科、专业建设与人才培养[J]. 高等教育研究,2002(03):67-71.
③ 研究生教育质量报告编研组. 中国研究生质量年度报告(2014)[M]. 中国科学技术出版社,2015:73.

设人力资源强国和研究生教育强国,促进研究生教育与经济、社会协调发展,实现国家持续快速发展和提高国际核心竞争力具有十分重要的意义。在"双一流"和"双创"背景下,研究生课程建设将是我国未来研究生教育改革的一个重要方向,应当瞄准"世界一流、国家急需",以课程设置调整为重点,课程内容更新为突破口,从根本上提高研究生人才培养质量。

第三节 课程建设与研究生学习

课程学习作为研究生培养的主要形式之一,帮助研究生获取学科专业知识,构建学科知识体系,在研究生度过角色转型期中具有重要作用。然而,当前的研究生培养急于让研究生从事科研,而忽视课程学习的基础作用,使得课程仅仅作为获取学分的手段而存在。

一、研究生学习中处于尴尬地位的课程

研究生的培养过程主要通过课程学习与科研训练两种形式实现。课程学习是研究生获取学科基础理论和专业系统知识的基本途径,目的在于发展研究生运用适当的原理和方法认识、理解、质疑、批判、反思和修正本学科领域中最前沿知识的能力,发展学生通过获取知识理解创新的能力。而科研训练则是研究生在课程学习的基础上,经过导师指导,自主研究体验创新的过程。[①] 可以说课程学习是研究生接受科研训练的前提和基础,帮助研究生完成角色转型的过渡。在英国,对于研究生的培养是基于科研训练还是课程学习的争论已持续很久,但大多数研究生都支持课程教学的重要作用。因此英国高校决定在其研究生培养中设置系统的课程以保证研究生教学质量。[②]

但是我国的研究生培养一直受传统观念影响,认为培养过程就应当以科学研究为主,甚至以学位论文作为研究生培养质量的唯一标准,为此论文发表也成了培养期间研究生需要完成的主要任务。"重科研训练,轻课程学习"的通病已经影响到研究生培养的各阶段。在整个培养过程中,不仅是教师,包括研究生本身都过多地关注科研训练,而轻视学科基础课程的学习,许多基础课程仅仅被研究生视为完成学分任务的渠道。另外,目前高校开设的研究生课程自身就存在较多的问题,如课程目标与培养目标脱节,课程内容存在趋同现象,缺乏衔接性、层次性和连贯性;课程实施方法陈旧,缺乏师生互动;课程评价体系不够完善,研究生学习状况无法做到实时监控。研究生在此类课程的学习中无法梳理知识体系,形成学科观念。因此,课程学习,特别是学科基础类课

---

① 郭海燕,石中英,王远,等.北京师范大学研究生课程建设的措施与反思[J].学位与研究生教育,2009(11):27-31.

② 汪霞.世界一流大学研究生培养体系模式和课程体系研究[M].南京大学出版社,2015:132.

程几乎不受师生的重视,从而无法发挥其过渡和引领作用,在培养环节中处于尴尬地位。

二、通过课程建设提升研究生学习质量

研究生学科专业理论的学习是研究生培养的起点,也是进行科研实践的基础,帮助研究生构建自身科学合理的知识结构。因此,高校应当通过课程设置明确课程在研究生培养中的基础性作用,强调对于学科基础知识的学习,加强课程内容知识体系的连贯性,并通过多元的评价方式监控研究生课程学习的质量。

1. 课程设置:确立课程在研究生学习中的基础性作用

研究生培养是研究生发生角色转变的动态过程。在这个过程中,研究生需要由被动接受知识的阶段进入主动探索求新的阶段。在培养初期,刚脱离本科阶段的研究生无法快速摆脱"学习者"而进入"研究者"的角色,短时间内迫使研究生直接进行科学探究、接触科研任务很容易造成角色转型的不适应,形成培养障碍。而合理的课程设置可以帮助研究生实现角色过渡,引导其从课程学习中逐渐由"学而不究"转变为"学而为究"。

因此,研究生在培养初期需要课程进行引导,以适应不同于本科的学习要求。课程设置中应当强调课程,尤其是学科基础类课程在研究生学习过程中的重要支撑作用。根据学科发展规律和专业人才培养要求,选择合适的课程来满足研究生对学科专业知识补给的需求,帮助学生度过从学习者转变为研究生的阶段。世界高水平大学一直都将专业基础课程作为研究生课程体系中的基石,是专业的核心课程和主攻课程,主要包括基础理论课程和学科专业课程两种,为研究生培养提供系统、深厚的基础理论知识,同时又能够反映出专业的学术特色。例如美国麻省理工学院设置了一定数量的核心课程,要求研究生掌握所修领域的核心基础知识。英国研究型硕士的课程设置中也包含一定数量的基础课程和具有较强专业性的高级课程。[1] 日本高校同样强调基础课程的学习,在其课程设置中学科的基础课程占60%以上。[2]

2. 课程目标:强化学科基础知识的学习

掌握扎实的学科基础理论,是知识创新的前提与基本保障。研究生培养初期的主要目标就是初步培养运用适当的原理和方法认识、理解、质疑、批判、反思和修正本学科领域知识的能力,为今后的深入培养做好铺垫。倘若研究生没有经历过充分且系统的课程学习就"匆忙上阵"进行科研,势必因为科研进程不顺利而产生挫败感及畏惧感。这个阶段中研究生的主要任务就是通过课程学习打下坚实的理论功底,弥补知识裂隙。

---

[1] 汪霞.世界一流大学研究生培养体系模式和课程体系研究[M].南京大学出版社,2015:90.
[2] 王文利,林巍.日本科技发展战略的转型及其对研究生教育的影响[J].外国教育研究,2008(04):50-54.

明确的课程学习目标可以使研究生清晰把握课程学习的方向与结果,同时也便于教师进行课程规划。

学科基础课程的作用(尤其是硕士层面)正是帮助研究生夯实理论基础,丰富知识储备,为随后的深入培养做好铺垫。因此,学科基础课程的目标应当关注研究生对学科基础知识的学习能力,要求其能够厘清学科知识脉络,了解学科各大研究领域的基本理论,强化研究方向的专门化知识,获取系统坚实的学科基础知识从而胜任今后的科研任务。英国著名学府剑桥大学对其研究生课程的审查中就规定,课程必须提供给研究生全面的学科基础知识。[①]

3. 课程内容:加强知识体系的贯通性

随着研究生入学口径的扩大,跨学科跨专业报考人数的增多,高校教师在研究生课程教学中往往会遇到困境——研究生对于学科专业知识的掌握程度和理解能力参差不齐,同时又不熟悉当前的教学方式。即使是学科专业对口的生源,也由于本科阶段处于不同高校,之前开设的课程科目、课程内容以及课程深度都五花八门,因此很难融入课程的教与学过程中。[②] 研究生由于起点不一而难以适应当前的课程学习,使得培养难度大大增加。另外,就目前来看,研究生课程的内容本身就存在不少问题:有些与本科课程内容趋同,有些在内容安排上缺乏学科内在逻辑性,有些又因为深度过大而难以形成衔接等。这些都会成为研究生学习的障碍。课程内容作为课程的核心要素,是研究生学习质量的根本保障,如何构建完备的课程内容是课程建设中最为重要的一环。

不同于本科阶段,研究生课程根据学科知识发展脉络以及研究生知识掌握能力的加强,其内容应当追求更广的知识覆盖面和更深的知识深度,对学科专业知识进一步深化。因此,课程内容需要注重学科知识体系的贯通与过渡,是在前一阶段课程学习的基础上经过筛选凝练的。同时又要注意内容跨度不宜过大而脱离研究生能力范围,形成知识鸿沟,使研究生学习无法完成有序衔接与平稳过渡。总体上说,课程内容应当囊括本学科知识体系的核心内容,并体现出知识发展的层次性,做到上下贯通,前后衔接,便于研究生对学科知识的有序掌握,同时了解学科构建历史,摸清学科发展脉络,形成学科专业观念。美国开创研究生教育历史的约翰·霍普金斯大学十分强调研究生专业基础知识和概念的学习,相关基础核心课程在课程体系中占据了相当的比例,要求研究生在培养的第一阶段有序地掌握学科基础知识,为下一步课程学习打下基础。[③]

4. 课程实施:运用以学为中心的方式方法

研究生作为今后能够在某一学科领域独立探索研究的专业人员,必须对学科知识有着全面的了解。然而由于学科知识体系的过于庞大,研究生在短时间内无法深入掌

---

① 汪霞.世界一流大学研究生培养体系模式和课程体系研究[M].南京大学出版社,2015:121.

② 李春俭.研究生课程内容应顺应学科发展和国家需求——以高级植物营养学课程建设为例[J].高等农业教育,2011(08):70-72.

③ 汪霞.世界一流大学研究生培养体系模式和课程体系研究[M].南京大学出版社,2015:121.

握所有内容。此时,研究生培养便需要以课程的形式对学科知识进行选取加工,便于研究生从复杂的知识体系中汲取最为核心的内容。另外,此时的研究生正处于角色转型的前期,课程学习是较易于他们接受的知识传递模式,相较于其他知识获取途径,课程学习可以帮助研究生最快速最便捷地对本学科的知识体系进行梳理。虽然各高校的研究生课程已开始注意改革传统的教学模式,以丰富的课堂形式进行教学,但在具体实施过程中,各种教学方式仍旧是以教为主,忽视研究生的学习参与。

学科基础课程的教学作为夯实专业基础的关键途径,课程实施过程应当针对研究生个体差异和学科差异,遵循以生为本,以学为中心,采取不同的教学策略,不断革新教学方法并合理运用,保持课程教学的动态性和生长性,促进研究生自主、合作和研究性学习。教学过程中特别要注意研究生的学习体验,有针对性地帮助研究生尽快填补知识理论空档,适应学科教学方法,激发研究生的学习主动性。另外,在不干扰课程教学计划整体性的同时,也需要尊重研究生学习的个体化需求,课程服务于学生,教服务于学并引导学,调动研究生学习和研究的积极性。例如复旦大学已经开设暑期集中式授课(Fudan Intensive Summer Teaching,FIST)来强化研究生的学科基础。[1]

5. 课程评价:实施对学习的多元评价

学科核心课程和专业课程仍然具有较强的基础性,课程的学习质量依旧需要进行全程细致的监控,而固化单一的课程评价方式却难以达到这一目的。在多数课程中,评价方法缺乏多元性,期末考试或课程论文成为最为普遍的手段之一。即使部分课程中加入了对平时学习的考察,教师也只能根据回忆研究生的出席或发言情况,做出简单评判,具有较强的主观性。另外,由于课程知识体系具有较强的连贯性,研究生前期对课程内容的掌握情况很大程度上会影响到后期的学习效果,教师仅仅依靠简单的终结性评价无法实时掌握研究生的学习情况,从而无法对课程内容和进度进行适当调整。因此,当前的课程评价往往只能对课程实施效果进行"片面诊断",无法获取充分依据对课程进行"全面改进"。

课程评价作为研究生专业学习质量的核心保障措施,同时发挥对课程教学实施效果的诊断和调整作用。考虑到研究生群体和学科类型的多样性,研究生专业基础课程的评价应当注重全过程、多维度。由于研究生课程的学习是一个连续渐进的过程,加上研究生学习的个体化特征愈发明显,因此,课程评价需要以生为本,采取增值评估,对学习情况进行全程关注。另外,由于不同学科知识体系的差异性,课程目标和实施方法也不尽相同。不同学科类型的课程应当遵循各自的学习特征,选择适合的测量工具从多个角度评价研究生课程的学习质量。

---

[1] 田丹.对学术型学位硕士研究生课程建设的探讨[J].教育教学论坛,2016(33):233-234.

第四节 课程建设与研究生科研

从人才输出角度来看,研究生的培养过程可视为将出众的学习者转化为高层次科研人才的过程。而课程便是帮助研究生实现从学习跨越到科研的高架桥,对研究生科研素养的塑造具有很大的促进作用。然而高校中一直以来对于教学与科研的争执已渗透进研究生的培养过程,重科研轻教学已成为一种常态——课程教学并不能与研究生科研能力的培养挂钩,而处于脱节状态。正因为缺乏课程对研究生科研素养的引导作用,研究生无法快速进入角色以适应随后实际的科研活动。因此,研究生培养需要设计与构建一种既满足学习需求,又能有效提高其科研能力的课程教学模式,使研究生在课程学习阶段就接受科学系统的科研训练。这一点是当前提高研究生教育质量的当务之急,也是一条便捷有效的可行之路。

一、研究生科研中处于脱节状态的课程

研究生科研能力的培养离不开"教学、学习、科研"三者的有机统一,即要真正提高科研能力,一方面需要让研究生通过参与课题研究实践而得到训练,但另一方面将科研能力的培养渗透到课程学习的全过程也不可或缺。课程学习与科研训练的整合不仅体现了研究生学习的"研究性"特征,提升课程学习的功效;同时,二者的整合有助于形成完整的科研训练体系,从而达到纯粹通过课题研究无法获得的培养效果。[1]

然而相当一部分高校在研究生培养中并没有意识到课程学习的重要性,特别是对于课程学习与课题研究的时间分配问题。有的导师认为研究生在培养过程中完全可以通过科研实践活动,根据自身需要对知识空缺进行弥补,系统、专门的课程学习反而会延缓研究生的科研训练进程。实际上,研究生在被要求参加课题研究时,繁重的科研任务使得他们无暇顾及较为系统有序的课程学习,自然也无法体验到课程学习对自身科研创新能力发展所能带来的提升效用。同时研究生的科研能力却远没有达到其应有的水平——不善于发现问题,不善于明确地表述和界定问题,不善于根据问题和现实条件寻求合适的科研方案;不善于实施科研方案;不善于评估或验证科研成果的正确性。[2]因此"低水平重复"一直是研究生群体被广为诟病的现象。研究生在具体的研究实践中大量"引用与借鉴"别人的成果,不善于从新的视角思考先前研究的局限性,从而无法提出新观点和新见解,不能对研究领域发展的内在规律进行深入研究,对研究成果也缺乏必要的验证。造成这一现象的主要原因就是研究生缺乏与学科前沿知识的接触以及科

---

[1] 罗尧成.论研究生课程学习与科研训练整合的三个维度——基于30位新进校博士青年教师的调查启迪[J].学位与研究生教育,2010(11):57-61.

[2] 章晓莉.基于科研能力培养的研究生课程教学改革的思考[J].教育探索,2010(07):36-38.

研技巧的系统训练。

大多数研究生课程虽然重视了理论基础和科研方法的训练,但仍然表现出陈旧滞后的特征,方法训练空泛,缺乏系统性和针对性,无法使研究生快速掌握本学科的科研套路,也无法通过科研实践案例来加深体会。同时,课程缺乏学科前沿知识的引领,无法实现与国际先进水平接轨,不能够反映出学科领域内的最新动向。《中国研究生教育质量年度报告(2014)》中统计的研究生对于通过课程能够了解学科前沿的满意率只有60.7%。[1] 这一数据在2015年稍有上升,但也仍然只有63.9%。[2] 专业领域的热点重点、高新技术不能及时反映在课程中,造成研究生对前沿领域存在盲区,也就无法实现培养其"原生性创新"的能力。一流大学和一流学科建设中,倘若不能持续诞生对学科发展有贡献能力的学术创新人才,这种双一流建设是没有生命力且不可持续发展的。

二、通过课程建设融合研究生的教学与科研

研究生课程在强调巩固学科基础知识的前提下,应当丰富课程结构,坚持科研导向;加强模拟训练,以学科前沿知识和科研技巧为依托,将课程学习与科学研究紧密联系;寓教于研,寓研于课,利用探究式学习的方法强化研究生的科研素养,将科研方法、科研能力和科研精神的培养融入课程体系和课程教学,实现研究生科学知识、研究能力和实践素养的全面发展。

1. 课程设置:丰富课程类型、完善课程结构

研究方法是科研创新的基础,前沿进展是科研创新的方向,两者对于研究生科研素养的塑造具有根本性的作用。为了达到培养科研创新能力的目的,研究生必须掌握扎实专业的科研技能并不断完善知识结构、更新知识储备,这在很大程度上依赖于专门化的研究生课程体系与课程设置。美国高校尤其注重研究生的科研水平,特别是博士研究生需要做出高质量的原创性研究,对其科研能力要求更高,方法论课程在其课程设置中占有较大比例。英国帝国理工学院特别注重开设各类专项科研技能课程,包括研究技能发展课程、个人科研效能课程、统计课程、写作技巧课程、信息课程等。德国柏林自由大学在研究生研究阶段专门开设了两个必修模块课程——"科学专业化"模块和"方法论项目规划"模块。日本高校在几乎每个学科都开设了前沿进展和研究讨论课,使研究生有充分的机会接触最前沿的科研动态。[3] 为了保障研究生的学习质量,部分世界一流大学还单独设置了语言类课程,一般要求研究生精通一门外语,有的甚至要求博士生精通一门以上的外语,并将语言考核作为获取学位的前置条件。

---

[1] 研究生教育质量报告编研组.中国研究生教育质量年度报告(2014)[M].中国科学技术出版社,2015.

[2] 研究生教育质量报告编研组.中国研究生教育质量年度报告(2015)[M].中国科学技术出版社,2016.

[3] 汪霞.世界一流大学研究生培养体系模式和课程体系研究[M].南京大学出版社,2015:213.

通过这类课程的学习,研究生可以快速构建利于创新的知识体系,形成清晰的研究思路,培养优良的科研品质。但在《中国研究生教育质量年度报告(2014)》中,研究生对于学习科研方法课程的满意度仅有 61.7%。① 由于课程学习在研究生科研能力培养方面得不到足够的重视,因此相应课程在我国许多高校的研究生课程设置中没有获得正确定位,未能很好地融合到研究生的科研能力培养中去。例如文献检索类课程的重要性长期被忽视,大多数高校将其定性为公共选修课。② 另外,文献写作课程与专业英语类课程也无法引起大多数高校的重视,这些课程在世界一流大学中都是必修科目。与此同时,前沿性课程也是课程设置中较为匮乏的一类,研究生无法从课程学习中了解到专业领域类的最新研究方法和进展方向。因此,我国高校应当在保证学科基础课程不缺失的情况下,以科研实用性课程作为落脚点,增加研究方法类课程和学科前沿类课程的比例,丰富课程类型,完善课程结构。科研实用性课程必须与专业或研究方向紧密结合,突出国际化特征,通过课程内容的设计和教学方式的创新,把国际前沿的知识、方法、技能融合到课程中,培养研究生具备适应国际研究前沿的观念、视野和技能。

2. 课程目标:强调对研究生科研技巧的引导

部分研究生在毕业之后,缺乏真正的科研素养,不具备搜集信息和处理信息的能力,也不能独立进行科学研究,缺乏逻辑思维和创新能力。③ 这些都是研究人员完善知识、发展学术不可或缺的基础能力。匮乏的学术交流和合作能力则易使得研究生的科研独木难支,举步维艰。课程学习的过程是掌握知识的过程,科学研究的过程是运用知识的过程,学习与研究在研究生阶段已经具有了高度的趋同性,以学促研,为研而学,两者本身就是不可分割的综合体。研究生又是同时具备学习和研究能力的统一体,若将学习与研究割裂开来,培养目标将无法达成。

研究生培养的主要目的在于使其具备拓展学科、增进知识的能力,对研究生来说,将科研体验融入课程学习中是培养研究生科研能力的有效途径。可以说,课程能否将研究生引向科研前沿,直接关系到研究生科研创新能力的高低和科研创新成果的大小。并且课程对于前沿性的要求也需要更加深入多元,研究生除了拥有前沿热点的知识和理论以及学科前沿敏感性之外,还需要在学科生长点上寻求突破并将研究成果进行推广,这就需要国际领先的研究方法和研究工具以及各类科研衍生能力的支撑。因此,课程目标应当定位成指导研究生有效地发现、识别、获取、分析、评价、管理、利用各类前沿信息资源,同时加强研究生对学科前沿的把握和理解能力,能够快速掌握与前沿理论和技术发展相适应的新方法新技巧,具有快速切入前沿领域的学术交流技巧,从而能够取

---

① 研究生教育质量报告编研组.中国研究生教育质量年度报告(2014)[M].中国科学技术出版社,2015.
② 袁辉.基于学术与科研能力培养的研究生课程改革设计[J].农业图书情报学刊,2014,26(10):130-134.
③ 田丹.对学术型学位硕士研究生课程建设的探讨[J].教育教学论坛,2016(33):233-234.

得创新性学术成果。

3. 课程内容：关注前沿知识和科研方法

在本科以及之前的学习阶段，因为不需要对知识发展做出贡献，学生以被动接受课程内容的灌输为主。而进入研究生阶段之后，研究者的特征已开始突显，学生需要具备各类科研素养和前沿信息对知识进行改造并升级，完成学习者向研究者的转变。科研过程中如果没有前沿知识作为基础，研究者只能进行"无米之炊"；而缺乏必要的科研技巧与素养，学科知识也无"用武之地"。科研要有所创新，就需要研究生通过课程学习始终保持对学术前沿信息、动态与趋势的敏感，并通过科学有效的方法进行研究，才能避免低水平的重复性研究。所以，内容重复、难度区分不大、前沿性内容匮乏的"本科化"课程内容已无法满足研究生培养的需要。[1] 国外一流大学研究生课程都含有相当数量的研究方法和前沿知识的相关内容。英国高校的研究方法必修课程的内容主要分为两块——研究理论和概念、研究过程与技能，目的是让研究生了解科学研究的具体内涵和操作技巧。德国高校每一年都会开设研究方法类课程，并邀请多位教师联合授课，从不同视角讲授前沿研究方法。另外，也会开设一系列的专业写作课程加强研究生科研论文的写作能力。[2] 美国斯坦福大学专门开设了跨学科的研究生前沿课程"数字化人文学科导论：概念、技术、工具"（Introduction to Digital Humanities：Concepts，Technologies，Tools），该课程旨在探索数字化人文学科的含义以及新类型的有关人文学科研究、学术和出版物的技术和工具。[3]

科研方法的优劣，能够直接决定一项科学研究的质量。研究方法是科研能力的核心要素。前沿性内容，主要是指专业领域内的热点、难点、重点以及尚存争议的问题和研究发展的新动向，具有较强的理论性和导向性。两者作为研究生科研训练的主要对象和工具，均与科研能力的培养紧紧相扣——学科前沿知识通过科研实践被掌握，而科研技巧的熟练以学科前沿知识为依托。因此，课程内容在增加学科前沿知识的同时，需要以问题为导向，涵盖多个方面的科研方法和技巧，在形式结构上体现对实现科研训练的支撑作用，着力解决研究生在科研训练中的薄弱环节。课程内容还可与科研项目有机衔接，不断更新课程知识，把当前国内外最新的研究成果融进教学中，介绍国际上最新的研究成果和研究进展，提高课程的国际化程度。

4. 课程实施：运用以学习促进科研的方式方法

洪堡提出："科学并不是学生通过机械的学习就可以掌握的知识混合体。我们对这

---

[1] 杨春梅,陶红.论研究生课程学习与科研训练的整合[J].学位与研究生教育,2008(03):9-12.

[2] 汪霞.世界一流大学研究生培养体系模式和课程体系研究[M].南京大学出版社,2015:132,191-192.

[3] Stanford University. Stanford Bulletin Explore Courses[EB/OL]. (2016-09-29)[2022-11-28]. http://explorecourses.stanford.edu/search?view=catalog&filter-coursestatus-Active=on&page=0&catalog=&q=COMPLIT228D.

个世界的理解必然是不完全的,探求知识这一持久的事业也必须让学生参与进来,只有这样他们才能既理解探求的过程,也理解探究的结果。"研究生科研素养的塑造并不能一蹴而就,而是一个逐渐养成、多次修正的过程。培养初期,研究生并不具备完善的科研能力,需要通过课程学习来引导科研能力的培养。研究生课程教学的根本任务之一就是解读某一学科在发展过程中,科学研究者是如何从许多特殊的科学现象或实践问题中抽象出具有普遍方法论意义的基本概念和基本原理的,以及这些概念和原理又是如何推广应用到更多问题的解决中的。

课堂教学的稳定性和延续性是培养研究生科研能力的最主要方式,研究生对课堂教学内容、形式、效果有很高的预期。① 但是,长久以来,教师投入研究生课程教学的精力有限,"本科化"倾向十分严重的单向灌输式教学使得研究生无法从课程学习中获得真正的提升。虽然出于对传统模式的矫正,许多课程开始使用"教师讲授+学生展示"这一比较常见的教学模式,然而大多数情况下效果并不理想——只不过由教师灌输转换成了另一名学生灌输。② 这种模式下,知识呈现形态封闭而抽象,无法与研究生个人产生共鸣,激发他们的探究动机、兴趣和热情。这种没有科研体验的课程学习是缺乏活力的学习,最多不过是知识的简单堆积,是一种被动学习。

事实上,采取"发现问题—获取知识—解决问题"的路径,比较符合研究生培养的内在规律性要求。教师在教学中,有意识地以探索性问题为中心安排教学过程,激发研究生去思考、设计、探究和总结,带领其进入研究情境,了解就此问题后续深入研究的切入点和基本思路。整个教学过程自始至终由研究生自主完成,教师只是能力的引导者,而非知识灌输的工具。这种自主学习的过程中,研究生也部分实现了研究者的身份。

因此,课程实施的过程需要强调以"问题"为导向,进行"探究性"学习,利用课程不断进行科研进程的模拟,帮助研究生快速适应研究流程和强度。在拓宽学科知识基础、强化学科专业训练的基础上,也在课程教学方式中渗透"探究"元素,激发研究生探究问题的志趣,引导其参与科学研究的意识,培养批判性思维能力和创造性思维能力,增强学生"以学术为志业"的使命感。此外,将科研素养有机完整地纳入教学体系之中,在教授学生科学知识及方法的同时,引导研究生形成求真务实的科研精神和认真严谨的科研态度。

5. 课程评价:实施对科研能力养成的多元评价

在研究生教育过程中,科研活动的开展情况、研究生科研能力的训练状况、研究生科研所达到的水平等,是衡量研究生核心教育质量的主要标准。同时,不同于理论基础类课程偏重学科基础知识的掌握程度,培养研究生科研素养的前沿性课程评价的重点

---

① 原芳.基于科研能力培养的研究生课程改革思考[J].青海师范大学学报(哲学社会科学版),2012,34(06):156-158.

② 杨春梅.PBL:研究生课程学习与科研训练整合的有效机制[J].学位与研究生教育,2014(07):28-33.

应当落于研究生科研能力的养成度——不仅需要考察研究生理解学科前沿知识、把握学科发展动向能力,还需要检验研究生科学研究方法的运用、科研训练的参与以及科研水平的程度等。

鉴于培养科研能力的过程性以及衡量科研能力的复杂性,单一的评价方式远不能满足判断研究生科研能力的需要。在课程科研训练参与方面,可以通过过程性评价很好地把握研究生科研实践过程中的表现,教师对研究生科研活动的各个环节实施监控,对研究生参与科研活动的积极性和自主性、科研思路的形成或科研方案的设计等进行评价,以及时纠正研究生在科研活动中的错误。对于科研水平的判断可以通过提交完整科研成果的形式对研究生的科研能力做出一个整体诊断,使得研究生对于自身科研能力的提升有宏观性的认识。而针对科研方法的考核可以通过具体项目操作演示或是理论测试等多种形式进行评价,帮助研究生有针对性地调整学习策略。此外,不同学科根据各自学科特点,也需要灵活运用各种评价方式方法,多方位准确衡量研究生的科研能力。

第五节 课程建设与研究生创新创业

随着知识生产模式以及国家发展对高级人才需求结构的转变,符合当前时代背景的研究生在拥有科学创造能力的同时,还应当具备能够促进经济和社会发展的知识转化能力。这种理念下的科学成果转化不光是以理论和知识创新作为唯一标准,而是依靠构成有序结构的要素——技术、操作、实践技能和默会知识发挥各自不同的作用来实现。[①] 同时,开展研究生创新创业教育是服务于创新型国家建设的重要举措。课程建设又是创新创业教育的枢纽与核心,课程教学体系的构建直接决定着培养目标的达成度,以及创新创业教育向纵深发展的生存空间和社会价值。[②] 因此,研究生培养中创新创业能力的塑造显得尤为重要,作为人才培养的主要腹地,高校需要积极做出应对,将研究生创新创业能力的培养融入课程,构建科学的创新创业课程体系。

一、研究生创新创业中处于真空状态的课程

在这个学位与工作不对等的时代,社会对于研究生的要求不仅是求职者,而且是成功的企业家和就业的创造者。[③] 研究生培养需要在学科发展和人才培养中更加关注创

---

① 刘红.专业学位研究生课程建设:知识生产新模式的视角[J].中国高教研究,2015(03):36-40.
② 王占仁."广谱式"创新创业教育体系建设论析[J].教育发展研究,2012,32(03):54-58.
③ 王依然,朱向峰.创新创业教育:推进研究生就业的有力途径[J].北京教育(高教),2015(02):38-39.

新创业教育,从而带动研究生就业竞争力的提升。但是长久以来,由于高校自身定位与市场经济发展两者目标诉求的差异性,研究生培养与创新创业教育之间存在错位,研究生创新创业教育出现真空状态。研究生课程以学科为基础,重视专业的知识传授和技能培养,忽视创新创业技能和意识的塑造,无法同时满足人才培养和创新创业教育的需要。研究生通过课程学习在获得大量的学科前沿知识和科研技能训练的同时,却缺乏了对例如市场、企业、营销等一系列实践操作问题的真正了解。

正因为多数高校缺乏相应的课程体系对研究生创新创业能力的培养进行补充,研究生在创新创业实践过程中盲目尝试,屡屡碰壁。即使部分高校开设了少量研究生创新创业教育课程,但大多与学科专业课程相脱节,仅仅从商业和管理学角度讲授创新创业的程序性知识。[①] 另外,课程基本上采用选修课的形式,对授课对象没有明确的限定和区分——既不考查研究生创新创业知识的基础,也不关注其是否有创新创业的潜质和实践经历,更不了解其在创新创业方面是否有特殊的学习需求。马永斌等调查研究了 2013—2015 年度国内 9 所双创教育试点大学以及 10 所普通大学的课程开设状况,发现我国高校的双创教育课程缺乏系统设计,在课程安排、教授方式以及实践模式等方面面临着重大挑战。[②] 因此,研究生创新创业能力的培养需要从基本的课程建设入手,挖掘和充实各类专业课程的创新创业教育资源,在传授理论知识的过程中加强创新创业能力的塑造,将专业教育与创新创业教育有机融合。

二、通过课程建设助推研究生的创新创业

2015 年 5 月正式发布的《关于深化高等学校创新创业教育改革的实施意见》中明确要求高校要根据人才培养定位和创新创业教育目标要求,调整专业课程设置,面向全体学生开设创新创业方面的必修课和选修课,建设依次递进、有机衔接、科学合理的创新创业教育课程群。此外,课程应强调学科知识的应用和转化,以跨学科知识作为主要内容,利用项目式模拟进行实践教学,最终实施多维评价对研究生创新创业能力的培养进行把关。

1. 课程设置:将研究生的创新创业能力培养嵌入课程

由于对创新创业教育存在误解,当前我国基于培养创新创业能力的研究生课程设置只重形式,不重内涵——单纯依靠商学院或管理学院现有的相关课程,或只是在现有专业课程体系的基础上添加若干门创业学课程。从严格的意义上讲,大多只能算是有关市场运作的培训课程或商业课程,或者只关注创新创业内容的单个方面,与高校原有

---

① 黄晓波,李鑫,任皓. 基于感知创业价值的研究生创业教育实证研究[J]. 学位与研究生教育,2012(07):60-64.
② 马永斌,柏喆. 创新创业教育课程生态系统的构建途径——基于清华大学创业教育的案例分析[J]. 高等工程教育研究,2016(05):137-140,150.

的人才培养模式处于各自独立的体系,并不是以培养大学生创新创业素质为宗旨。①众所周知,依靠单一学科的教育方式不能够培养出符合现实要求的创新型创业者。国外高校纷纷对人才需求的转型做出积极应对,通过课程设置的改革加强研究生创新创业能力的培养。据统计,美国23%的高校在研究生教育阶段开设了企业创业课程。②德国慕尼黑工业大学与产业界紧密联系,不断调整课程设置,在其课程体系中增设"软技能"类课程和"转换能力培训",能够使研究生轻松融入企业环境。澳大利亚皇家墨尔本理工大学则随时根据全球市场变化调整课程设置。③

基于创新创业的研究生应用性课程主要有两种课程形式——项目式创新创业课程和融入创新创业的内嵌式(embedded)专业课程。前者是专门开设的创新创业课程,紧紧围绕职业需求,真实模拟创新创业的各个环节,突出案例分析和项目实践,让研究生形成"创新创业仿真实践"的学习模式。而后者则是在专业知识的基础上融入创新创业的相关理论,以跨学科专业课程的形式,在保证学科深度的同时,寻求不同知识体系的相互渗透,反映前沿热点在社会现实中的实际需求,使研究生在学习过程中培养科研能力的同时提高创新创业意识。我国高校作为培养创新创业人才的主要温床,应主动适应社会对于人才的需求趋势,根据不同学历和能力层次的培养要求,有针对性地开设相应的应用性课程,将研究生创新创业的能力融入其中,构建层次分明、有机联系的课程体系。

2. 课程目标:明确学科知识的应用与转化

快速发展的多样化经济对高层次人才的需求居高不下,迫使社会对创新创业类型和层次的要求也随之不断提高,高校的创新创业教育在面临"大众化"的同时也要应对"尖端化"的新挑战。研究生拥有深厚的前沿知识和专业技能,是创新创业"拔尖人才"的最大潜在群体,这使得研究生的创新创业教育不同于传统的生存型创业,而多为进阶的创新型创业。然而,多数高校在没有厘清研究生创新创业教育核心理念的同时,也无法对其定位做出正确判断。因此即使开设了相关课程,也因为缺乏明确的课程目标使得课程效果大打折扣,无法在研究生创新创业能力的培养中发挥重要作用。

研究生创新创业教育的关注点应偏向于对前沿知识的应用与转化,而不在于对知识进行更深层次的探索。探索前沿知识的最终目的也是能够更好地加以运用来解决实际问题,发展出来的知识也应该是可以应用的(applicable)知识。只有将研究成果转化进现实应用当中,才能体现出前沿知识的价值,因此知识成果的转化能力也是高层次人才适应社会发展需求的重要标志。虽然研究生具有深厚的理论基础,但缺乏知识应用

---

① 夏人青,罗志敏.论高校人才培养框架下的创业教育目标——兼论高校创业教育课程的设置[J].复旦教育论坛,2010,8(06):56-60.

② 沈东华.美国高校创业教育课程设置及其启示[J].中国高教研究,2014(11):69-72.

③ 汪霞.世界一流大学研究生培养体系模式和课程体系研究[M].南京大学出版社,2015:90,262,311-316.

与转化的技巧和经验才是提升创新创业能力的主要障碍。因此,基于培养创新创业能力的研究生课程目标应当关注引导研究生将学科理论应用到具体的创新创业实践中去,并以此强化创新创业实践能力。研究生在知识学习的基础上,掌握更多的创新创业知识以及更多的创新创业技巧,同时获得更多有关创新创业的实践经验和感性认识,从而对学科知识进行系统加工,形成新思想、新概念、新知识、新方法,并创造性地应用于解决现实复杂问题,最终实现前沿研究成果面向产业的高效转化。

3. 课程内容:加强学科知识的跨界性

随着知识生产模式的嬗变,无论是作为科研训练的场所还是前沿知识的来源,单一学科已经无法立于垄断地位为研究生提供足够的教育资源。另外,无论是重大科学前沿问题的攻坚,还是解决产业所面临的技术难关,依靠单一学科知识无法顺利解决,都需要多学科的交叉与集成。[①] 多数社会现实重大问题都具有较强的跨学科性,而这些实际问题恰恰也是创新创业的用武之地——通过多学科知识跨界合作,寻求解决方法。为了适应这一趋势,跨学科能力已成为未来研究生培养的重要目标之一,跨学科性也是研究生课程的重要特征。美国与欧洲高校创新创业教育的组织形式上都已呈现出明显的"跨学科"倾向,意在通过整合不同院系甚至不同高校的优势资源,共建研究生拔尖人才培养项目。澳大利亚皇家墨尔本理工大学的研究生课程在内容方面注重学科知识相互渗透,理论与实践相结合,并根据研究生的反馈不断优化,使学生具备必要的创新创业能力和跨学科视野。[②]

具有跨学科性的课程内容有助于研究生形成广博的知识网络,并能从整体上把握知识间的纵横联系,充分发挥知识间的相互启发和促进作用,进而创新思维,产生新知识,在研究生创新创业能力的培养上发挥重要作用。一方面,研究生通过课程学习接触不同学科的知识和研究范式,打破固定的思维模式,从新的视角发现和分析事物的内在规律,实现创新和突破,有利于培养研究生创新创业的思维方式;另一方面,跨学科领域研究可将不同学科领域的原理和方法相互应用,以完善、改进和产生科研创新方法,实现前沿知识的跨领域转化,从而提高研究生的创新创业能力。因此,在基于培养研究生创新创业能力的课程中,需要注重课程内容的跨界性,将多学科知识相互渗透与有机融合,而不是简单地重叠相加和机械拼凑。同时将专业课程与创新创业能力的培养结合起来,打造一个多层次的"跨院校、跨学科、跨专业"课程体系,便于研究生系统学习,让研究生在学科交叉节点找到解决现实问题的突破口,能够将前沿知识成功转化为创新创业成果。

---

① 宗晓华,洪银兴.创新范式转型与中国大学-企业协同创新机制的深化[J].高等教育研究,2013,34(07):1-9.

② 汪霞.世界一流大学研究生培养体系模式和课程体系研究[M].南京大学出版社,2015:311-316.

4. 课程实施:运用学习与实践相结合的方式方法

由于课程跨学科性要求的提高,课程架构打破了传统的学科本位,不再追求单一学科体系的逻辑严密性、高深性和系统性。另外,在如今知识生产模式变更的背景下,高层次人才需要的不仅仅是理性和智慧,更多需要的是将理智转入符合社会实践的应用之中。创新创业教育本身就具有很强的实践性,只有引导研究生亲自参与到具体的创新创业实践中去,才能获取更多的实践技巧和感性体验,切实做到学以致用。而目前高校的创新创业教育课程在教学过程中往往缺乏实践环节,即使有相应的内容也常常不能够真正落实。首先,高校中具备创新创业专业背景的教师数量较少,而且缺乏创新创业实践经验和体验,只能就理论讲理论。其次,由于课程内容的跨学科性,教学任务往往分属于不同的院系与部门,相互之间的沟通和联系不够紧密。再者,不同层次的研究生对于课程的理解能力以及学习需求存在着较大的差异,教学实施进度和效果常常会受到影响。这就使得研究生在课程学习中无法将所学到的理论知识很好地应用到具体的实践活动中去,既不利于加深研究生对创新创业理论知识的理解,也不利于研究生创新创业实践能力的训练和提升。

课程的设计与实施需要根据应用情境,以社会需求为主线,按照创新创业能力素养来进行,突出研究生学习方式的实践性。这种情况下,课程教学更加需要一种具有"情境模拟"和"多方协作"的互动环境。[①] 采用各种实践环节仿真的项目式模拟可以使研究生将学科知识和研究兴趣拓展到应用情境的实际问题和任务中,将其与未来自身的职业发展形成联系,有条件的课程甚至可以形成创新创业模拟成果。鉴于课程内容的跨学科性,研究生依靠自身的知识储备和实践能力无法独立完成项目式任务,学习过程需要多学科的协同参与。研究生形成实践团队,开展项目模拟攻坚活动,在课程学习中交流合作,产生思想火花,相互学习,促进个体发展。课程指导需要多个具有共同价值取向的主体进行,例如专业教师、产业专家、政府官员、行业领袖等。除了高校以外,科研院所、企业行业、协会机构以及政府部门都能够提供广泛的课程实践平台。美国高校创新创业教育课程的教学方法就涵盖了创新创业实战模拟的各个方面,包括创业小组讨论、创业计划书撰写、个案研究、企业家演讲、可行性研究、定点观察、小企业中心、计算机模拟等。[②] 因此,理想的课程实施方式为项目式实践,团队式合作,导师组指导,多平台情境,直接将课程教学的场所变为研究生创新创业训练的孵化器。

5. 课程评价:实施对参与实践的多维评价

通过传统的课程评价方式来衡量研究生创新创业的能力往往难以实现,其主要原因在于课程一直以来都是坚持学科内部的纯学术导向,评价主体只有学科专家,评价内

[①] 董俊虹,董芳,王润孝.国内外高校研究生课程设置比较研究[J].学位与研究生教育,2009(05):61-64.

[②] 高志刚,战燕,王刚.论高校创新创业教育课程教学体系构建[J].黑龙江高教研究,2016(03):93-95.

容只有学科理论,评价方式过于单一,评价结果没有反馈。① 因此,研究生无法通过课程评价对自身创新创业能力的提升做出准确判断,在实际开展的创新创业活动中仍然存在大量的低水平重复,无法实现基于创新的高层次创业实践。据《中国研究生教育质量年度报告(2014)》中的统计来看,研究生对于课程在提升自身就业竞争力方面的作用评价相对较低,只有55.9%,而对于提升实践能力方面的满意率仅有50.6%,在提高创新能力方面则低至49.7%。② 可见,传统的评价方式在衡量研究生创新创业能力时已显得捉襟见肘。

课程的评价方式需要注重对研究生创新创业能力进行多维度考查。第一,评价主体要多元化,应当包括导师、学科专家、行业领袖以及其他社会利益相关者,使得评价结果更为真实客观。第二,评价内容需要全面,仅仅考查研究生的理论掌握是不够的,还需考查研究生解决实际问题、沟通交往以及团队协作等易于知识成果转化的各项能力。第三,评价方式需要多层次,不能片面依赖考试、论文写作等传统的课程学习效果评价手段,还需关注学生在课程学习中模拟实践环节的参与度以及模拟成果的实用性。评价结果需要积极反馈,对于研究生在创新创业模拟实践中出现的问题要予以及时纠正,消除研究生的疑惑及畏惧感,同时对于优秀的创新创业课程作品,应当鼓励研究生继续深挖开发,真正转化为满足社会需求的创新创业成果。

---

① 曹海艳,罗尧成,孙跃东.知识生产模式转型与研究生课程教学改革思考[J].中国高教研究,2010(08):48-50.
② 研究生教育质量报告编研组.中国研究生教育质量年度报告(2014)[M].中国科学技术出版社,2015.

第二章 研究生课程为什么不受重视?
——研究生课程的特点与本质

"研究生"这一提法似乎从称谓上就给出了一个"不言自明"的存在理由,研究生就是做研究的学生,无非就是学习如何研究,是跟着导师的学生"学徒"。由于"研究"成分的无形拔高,对课程与教学的关注度自然就会下降。但在这种观念上的"众所周知""习以为常"之外,中国传统的"师傅带徒弟""师承""学派"的教育观念,也使得研究生课程被广泛认为是师承授业中的一种个性化行为,进而被认为是一种即将展开真实研究的"过渡性"阶段。从而,相比于"研究"(无论是研究的过程,抑或研究的结果),"课程"在研究生教育阶段一直未受到重视。那么,这种"习以为常"究竟会产生什么样的问题,问题背后还隐藏着什么更加深刻的原因,研究生课程的特点和本质究竟是什么,这些将是本章拟着重探讨的内容。笔者认为,这种基础性的现状梳理、问题剖析、本质挖掘,对构建更加理性的研究生教育体系、培养更高质量的研究生人才,进而推进知识创新和学科创新,具有正本清源、夯实基础之功用。

第一节 研究生课程的本质和作用

我们为什么要重视研究生课程?它在研究生教育中能够发挥怎样的作用?这需要我们首先回到对研究生课程本质的探讨上。周泉兴、王琪曾通过对研究生教育发展的历史、现实和哲学进行考察后认为,研究生教育的本质在于科研能力的培养,这是"不随研究生教育的培养层次、培养类型、培养形式变化而改变的稳定属性"。[①] 这一本质特点也必然反映到研究生教育的核心要素之一——研究生课程上。具体来说,我们可以从学术性、探究性、创新性和创生性这四个方面对研究生课程的本质进行诠释。

---

① 周泉兴,王琪.研究生教育的本质:历史、现实和哲学的考察[J].中国高教研究,2009(02):38-40.

一、研究生课程的本质

1. 学术性

研究生教育的学术性是指以理性、学术和知识等为目标追求的一种倾向。它不同于以追求知识的技术性和应用性为特征的职业性，而是"主要通过高深学术研究，增进人类科学文化知识，达到认识客观世界的目的"[1]。也就是说，研究生教育的学术性要求研究生具有从事科学研究的基本能力和态度。因此，研究生课程建设中的一系列工作，如课程目标设置、课程内容选择、课程教学方式方法使用等等，都需要围绕着"学术性"这一本质而展开。当然，面对研究生培养的多元化发展，也有研究者指出专业学位研究生与学术学位研究生的趋同问题，认为专业学位研究生应增强职业性、淡化学术性，建立符合自身特点的学术价值标准。[2] 事实上，虽然专业学位研究生更多地面向实践和应用，但这并不意味着专业学位研究生教育学术性的消失，而是学术内涵发生了变化。美国卡内基教学促进基金会前主席厄内斯特·博耶（Ernest L. Boyer）曾对学术进行了深入的研究和详细的讨论，把学术分为"发现的学术（scholarship of discovery）""整合的学术（scholarship of integration）""应用的学术（scholarship of application）"以及"教学学术（scholarship of teaching）"四种类型。[3] 学术内涵的拓展意味着，即便专业学位研究生增加了知识的应用性要求，但这绝不是知识的简单应用，而是为了避免理论和实践的脱节，将高深知识创造性地应用于解决实际的问题。有研究者认为，对于专业学位本质属性的认识应当采取"融合"的观点，即专业学位研究生必须以具有学术基础的职业性作为其本质特征。[4] 所以说，虽然研究生教育从目标到内容发生了一些新的变化，却并不脱离"学术性"这一本质，这也是研究生课程应当坚持并在实践中予以贯彻落实的。

2. 探究性

美国加州大学洛杉矶分校教授伯顿·克拉克（Burton R. Clark）曾说，"在高层次（教育），教师不是为学生而存在，教师和学生都有正当理由共同探求知识"[5]。研究生阶段的教育显然不再是纯粹地传授已有知识，而要帮助研究生学会如何进行学术研究。

---

[1] 曾红权,彭齐东,贺浩华.从冲突到融合——谈研究生教育的学术性与职业性[J].中国高教研究,2009(10):32-34.

[2] 于东红,杜希民,周燕来.从自我迷失到本性回归——我国专业学位研究生教育存在的问题及对策探析[J].中国高教研究,2009(12):49-51.

[3] 欧内斯特·L.博耶.关于美国教育改革的演讲[M].涂艳国,方彤,译.教育科学出版社,2003:74-78.

[4] 李伟,同广芬.专业学位研究生教育的理论定位与实践路径——基于对其本质属性的考察[J].研究生教育研究,2022(05):76-81,97.

[5] 伯顿·克拉克.探究的场所——现代大学的科研和研究生教育[M].王承绪,译.浙江教育出版社,2001:19.

具体到课程学习上,研究生不仅从中获得基础理论和专业知识,"而且是在复杂深入的理论专业知识学习过程中,激发有意义的学习动机,发挥潜在的高层次思维能力,辩证地、全方位地分析与探索复杂问题"[1]。学习科学的研究进展已经表明,学习是人类的基本功能和习性,人生来就是一个灵活的学习者、主动获取知识和技能的行动者,这在每个人成长的早期阶段就已经开始。[2] 关于这一点最直接的证据,莫过于脑科学领域的相关研究结论:"对意义的探寻(赋予我们的经历以意义)以及随之产生的对作用于我们环境的需要,都是自动化的。对意义的探寻是生存定向的,是人脑的基本能力。"[3]

对研究生教育而言,这就要求我们所提供的一切学习环境要能够满足学生对于新奇、探究和挑战的兴趣和渴望,我们的课堂也要变得激动人心和富有意义。研究生课程应当侧重于为研究生创造利于探究的学习环境,需要采取探究的方法把教学、学习和研究结合在一起,围绕高深知识、前沿知识与跨学科知识加强课程的探究性。[4] 教师可以采用情境模拟法、案例教学法、问题式教学法等促进学生的积极参与,提高教学质量。[5] 还有研究者指出,即便是研究生的公共课程,也理应承载起学术探究的使命,否则"仅学科专业课程追求学术探究性,而公共课程却背道而驰地强调记忆、灌输,那就是肢解研究生课程的学术整体性"。[6] 故而,不论对于学术学位研究生还是专业学位研究生,进行知识的探索、问题的探究都应当成为一项习以为常的工作。

3. 创新性

创新性显然是研究生教育的内在要求,应该说是其最本质的特征。作为国家创新体系的主力军,研究生群体不仅是知识承载与创新的主体,还被寄托着教育创新、技术创新、管理创新和制度创新等一系列创新发展的希望。有调查显示,在最能体现博士生培养质量的指标中,无论是博士生、已毕业博士生,还是博士生导师和研究生教育负责人,对"创新能力"的选择比例都非常高。[7] 因此,研究生课程建设从理念到实施应当回归研究生创新能力培养这一本质,我们应当给研究生课程的创新性特征以充分的重视。正如学术性一样,关于创新性这一概念的内涵与以往相比也发生了一些显著的变化。

---

[1] 葛治波.提高研究生科研、创新能力的切入点:抓好研究生课程教学[J].扬州大学学报(高教研究版),2005(04):66-68.

[2] 约翰·D.布兰思福特,等.人是如何学习的[M].程可拉,等,译.华东师范大学出版社,2002:90-118.

[3] 雷纳特·N.凯恩,杰弗里·凯恩.创设联结:教学与人脑[M].吕林海,译.华东师范大学出版社,2004:72-73.

[4] 胡莉芳.教育性与研究性——一流大学研究生课程建设的内在逻辑[J].清华大学教育研究,2022,43(01):62-69.

[5] 薛永基,回慧娴,吴成亮.基于参与式教学的研究生课程组织与实践——以农村公共管理课程为例[J].学位与研究生教育,2021(05):21-26.

[6] 于忠海,赵玮芳.研究生课程"研究性"弱化归因及其改进理念和策略[J].学位与研究生教育,2011(04):34-38.

[7] 陈洪捷,等.博士质量概念、评价与趋势[M].北京大学出版社,2010:41-42.

以博士学位论文的创新性为例,传统的观念对博士学位论文的评价十分注重知识的发现和创造,并且这种创造主要发生在单一学科范围内,但如今关于应用的创新以及跨学科领域的探索发现也得到了越来越多的关注。英国社会学家迈克尔·吉本斯(Michael Gibbons)等人谈论的知识生产模式新变化即已表明,在知识生产的情境、问题解决的情境、知识生产的主体和场所、知识生产的问责与反思,以及质量评价观上,"知识生产模式Ⅱ"都与"知识生产模式Ⅰ"不同。① 而相比于缺少实用目的的"知识生产模式Ⅰ","模式Ⅱ"中的知识生产是更大范围内多种因素作用的结果,并且在实际问题的解决过程中,知识的生产与应用、学科间的交叉合作密不可分。因此,即便是研究生培养学位类型越来越多样化,但研究生教育应当坚持创新性这一本质并未改变,所不同的只是不同学位类型研究生的创新旨趣可能存在差异。② 所以,我们应当认识到研究生课程同样的创新性本质,使研究生课程能真正促进学生创新能力的提高。

4. 创生性

研究生课程所涉及的是高深知识,而高深知识往往总是不断生成的,所以研究生课程不能一成不变,而应当始终处于创生过程之中。课程的创生性来自课程实施领域的相关研究,教育界目前普遍认同的课程实施取向是"忠实取向""相互适应取向"和"创生取向"。③ 具体而言,"忠实取向"是指课程实施的过程即是忠实地执行课程计划的过程,衡量课程实施成功与否的基本标准,显然也就是课程实施过程对预定课程计划实现的程度;"相互适应取向"则认为,课程实施过程是课程计划与具体的实践情境在课程目标、课程内容、课程实施方法、课程组织模式等诸方面相互调整、改变与适应的过程;"创生取向"则是指真正的课程应当是教师和学生联合创造的教育经验,课程实施的本质是在具体的教育情境中创生新的教育经验的过程,而既有的课程计划只不过是供经验创生过程选择的工具而已。可见,"创生取向"已经不再单纯依赖于既定的课程计划,而是"教师根据本地本校的实际情况、自己的知识经验和能力优势、学生的兴趣爱好和发展水平等,在整个课程运作过程中通过批判反思来实现对课程目标、课程内容、课程资源、课程意义和课程理论持续、主动的变革、建构和创造"。④ "创生取向"显然对课程实施提出了更高的要求,这需要师生双方进行更多创造性的发挥,在具体实践中实现真正的教学相长。应当说,研究生课程的创生性这一特征与其学术性、探究性和创新性特征具有一脉相承的天然联系。正因为在知识的传递之外,研究生课程更多的是为了提高学生的科学研究能力和学术素养而存在的,所以"强调课程实施过程中的动态生成,注重

---

① 迈克尔·吉本斯,等.知识生产的新模式:当代社会科学与研究的动力学[M].陈洪捷,沈文钦,等,译.北京大学出版社,2011:3.
② 李伟,闫广芬.专业学位研究生培养模式的理论探析与实践转向——基于分类观的视角[J].研究生教育研究,2021(05):51-57.
③ 叶飞."课程创生取向"中教师角色的分析[J].教学与管理,2009(16):20-22.
④ 李小红.论教师的课程创生[J].高等教育研究,2005(11):92-96.

师生间的深入互动和合作创造"这一创生性特点,亦是它的又一本质特征。

二、研究生课程的作用

作为融课程目标、结构、实施、评价诸多要素于一体的课程综合结构及其动态运行系统的研究生课程体系,是研究生培养单位为达到研究生培养目标而设计的。它在一定的价值理念指导下使课程的各构成要素相互配合和衔接,为研究生培养目标的顺利实现提供保障。来自研究生视角的调查结果也显示了研究生课程的重要性:南京大学课题组于2013年开展了"学术学位研究生课程体系建设支持计划"项目,该项目最终获得来自6所985高校和2所211高校的调查数据,关于课程设置的问题,在校研究生选择"不需要课程学习"的比例仅有2.4%。[①] 那么,这种不同于本科教育阶段、带有"学术性、探究性、创新性和创生性"特征的研究生课程将对学生的发展具有怎样的作用和价值?下文,我们将从研究生从事学术研究活动所需的知识、方法、志趣、能力、学术道德等方面进行阐释。

1. 为研究生提供专业研究所必需的理论素养

研究生既然以学术研究和科学创新为使命,那么必然要站在巨人的肩膀上。因此,他们需要对学科发展的历史、基本理论、学术前沿和最新研究成果等有充分的学习和了解,这样才有可能做出真正的科学创新和学术贡献。

承载了系统性知识和前沿性进展的研究生课程,正是为了向学生提供专业研究所必需的知识基础和理论素养所设置的。以专业基础课和专业前沿性课程的设置为例,专业基础课为研究生提供了基本的专业知识,促进研究生形成全面系统的知识结构,从而为他们今后从事学术研究、提高科技创新能力创造基础性条件;专业前沿课程的学习则使研究生更多地接触到专业领域的学术前沿,了解最新的研究成果。实际上,最新的前沿性知识正是研究生学术创新的重要基础,每一个重大创新或重大发现都需要建立在前人的研究成果基础之上。研究生越能把握专业领域的最新研究成果,就越有可能形成有价值的研究问题,从而就越有可能继续在学术发展的道路上做出真正的创造性贡献。

另外我们应该看到,随着研究生规模的不断扩大、知识生产模式的新变化、专业学位研究生的出现,研究生课程在这方面所发挥的作用已越发突出。一方面,从研究生规模扩大的角度,招生规模的扩大在一定程度上意味着生源质量的下降,许多"新手"研究生可能需要更多的知识学习,这需要通过具有系统性、规范化特点的研究生课程来实现研究生理论素养的积淀。另一方面,从知识生产模式变化的视角,知识生产模式变化为研究生教育带来的重要转变之一就在于知识生产的情境性和应用性要求的提升,研究生在知识内容上也突破了以往单一学科的、纯理论性的知识需求,开始要求更多跨学科

[①] 南京大学"学术学位研究生课程体系建设课题组". 在校学术学位研究生课程学习调查报告[R]. 南京大学,2013:13.

知识、实践性知识。所以,能够满足研究生越来越多跨学科知识的需求、拓展学生的知识基础、丰富学生的学术视野的跨学科课程,以及能够为学生提供丰富实践知识、积累实践经验的实践类课程得到前所未有的关注和重视。以人工智能领域为例,目前正在发生的人工智能革命正打通不同学科之间的壁垒,造成学科边界弱化、模糊,甚至原有学科体系的彻底"坍塌",形成了各类更加细分的学科或研究领域。[①] 在这种情况下,研究生课程为学生专业领域知识的习得、理论水平的提升所发挥的作用只会有增无减。

2. 帮助研究生开阔学术视野、培养学术志趣

进行学术研究不只需要深厚的专业理论基础,还需要有宽阔的学术视野和学术志趣的支撑。宽阔的学术视野意味着研究者不会仅仅将目光集中在狭窄的专业领域内,而是会对其他专业领域或吸收其理论知识框架,或结合其研究成果发现,或借鉴其成熟研究方法,从而使自己的相关研究能够更具创新性价值。实际上,学术研究中所出现的许多新的生长点,往往是在不同学科的彼此交叉和不同领域的相互渗透过程中得以产生的。即便是实际问题的解决,也往往会涉及诸多学科领域的综合性知识。而研究生课程能够为学生提供这方面的积累和准备。

"志趣"的概念内涵被相关研究者界定为能够统摄古典的志向与现代的兴趣之间教育思想张力的一种动机因素。[②] 学术志趣这一概念亦因此包含了学术志向和学术兴趣两个方面。通常情况下,人们对学术兴趣相对较为熟悉,比如在研究中要充分照顾学生的研究兴趣,让他们自主选择自己感兴趣的领域和问题进行研究探索。但兴趣因素常常在研究者初入学术研究道路时发挥较大的作用,长远来看,仅凭兴趣远不足以保证学术研究者在学术道路上的长期发展。因为在很多情况下,潜心于学术研究还需要有强大的志向,正所谓"板凳要坐十年冷,文章不写半句空"。研究生课程亦能够培养学生的学术志趣,比如推动学科知识发展的重要人物介绍、里程碑事件、与高水平教师的沟通交流等,学生在课程实施过程中会逐渐形成对学术志趣的认同和理解。为此,授课教师的一个重要任务即是调动研究生的兴趣,增强研究生从事科学研究的信心。[③]

3. 为研究生提供专业研究所必需的方法素养

研究生要做出学术创新,除了有坚实的理论素养,还需要掌握一套规范的研究程序和方法,甚至可以毫不夸张地说,掌握了科学的研究方法就等于找到了一把打开未知世界的钥匙。这也是为什么国外一些顶尖大学非常重视研究方法课程。有人研究哈佛大学博士研究生研究方法训练课程后发现,哈佛大学博士生导师非常注重操作方案,堪称细致入微,学生经过长期的方法训练,普遍具备了较强的实践操作能力和解决问题能

---

① 刘进,吕文晶.人工智能时代应深化研究生课程的学科融合——基于对MIT新工程教育改革的借鉴[J].学位与研究生教育,2021(08):40-45.
② 陆一,史静寰.志趣:大学拔尖创新人才培养的基础[J].教育研究,2014,35(03):48-54.
③ 陈建兵.研究生课程中教师应起到怎样的作用[J].高等工程教育研究,2015(04):116-120.

力。① 那么具体来说,研究生课程到底能给学生带来研究方法上的哪些准备?

首先,通过对研究方法概论的学习,研究生才能明白什么是真正规范、科学的研究。由于"学术研究"对初入"研究"领域的研究生而言还是一个比较模糊的概念,因此通过研究方法概论性课程学习后,他们才能具体了解如何开展一项研究工作,从而将转述、猜测等简单性工作提升到研究、发现的层次。其次,研究方法课程能够帮助学生顺利地进入研究。从发现研究问题到解决问题,必然要经历选择恰当的研究方法的环节,那么掌握了系统研究方法的学生便能更加顺利地选择合适的研究方法,使得研究工作得以顺利开展。最后,通过对具体方法的深入学习,可以让学生掌握数据资料分析处理的具体方法技术。在实际的研究工作中,研究者往往要面对着大量的数据资料,如何有效地处理利用这些资料成为一项极其重要的工作。而无论是对文本资料还是定量数据资料,往往会有一套严格规范的分析方法,这就需要相关研究方法课程为学生顺利地掌握数据分析处理的方法和技术提供支持。让人感到欣慰的是,国内研究生培养单位对研究方法类课程的重要性认识正逐渐提高,各类方法课程也正在得到越来越多的重视。虽然达到国际一流标准还有很长的一段路要走,但研究生培养单位对方法类课程的重视将使研究生课程在学生方法素养的提升上发挥越来越重要的作用。

4. 为研究生提供师生互动的渠道以领悟学术研究的道与德

在为学生提供专业研究所需要的理论知识和方法训练外,研究生课程还为研究生提供了与学识渊博的教师进行交流的重要渠道。虽然在研究生教育阶段,学生具有更多的独立性,需要更加主动地对待自己的学业,但他们仍不能完全脱离教师的帮助和指导。不过在现实层面,研究生阶段的师生互动并不经常发生,这一方面由于教师的科研工作仍是其在高校生存和发展的立身之本,他们不得不深入自己的研究项目中,另一方面从研究生的角度来说,他们的求学动机各异,也并非总能认清自己的将来发展方向。因此,研究生课程的存在对教师和研究生而言既是一个重要的沟通桥梁,也是一个重要的制度保证。

在研究生的课程学习中与教师的互动和交流,学生从中究竟能收获什么?可以说,研究生从中不只获得了系统的理论知识和方法训练,也能够通过和老师的近距离面对面交流领略到一位学者的学术追求和治学风范,从而领悟学术研究的"道与德"。学术研究中的"道与德"反映了学者们的学术品质修养,它是在长期学术活动中形成的非常重要的行为规范,并通过学术共同体的共同坚守代代传承下去。"研究生作为学术共同体的新成员,他们的求学过程就是对特定学科中治学'道'与'德'的学习、熟悉、掌握的过程,也是一个学术品质的修养过程。"②正所谓"学高为师、身正为范",教师的一言一行将在课程的实施过程中对研究生的成长和发展产生潜移默化的影响。研究生课程的开设无疑给研究生提供了更多和教师的交流机会,它为学生与不同治学风格、不同研究

---

① 李新翔.哈佛大学博士研究生科研训练方式研究[D].山东师范大学,2011.
② 陈平.论导师负责制与研究生学术品质培养[J].学位与研究生教育,2007(01):62-65.

旨趣的专业学术领域教师的交流互动搭建了平台。在师生不断的交流和互动中,研究生的学术能力得以提升,学术志趣也能得到培养和发展。

5. 为研究生科研水平和学术能力的提升提供保障

作为研究生教育的重要载体,研究生课程对研究生培养目标的实现起着重要的桥梁作用。研究生课程在设置之初即具有知识系统性、思想广博性、成果前沿性、问题复杂性等一系列"研究"的特点,这决定了它在研究生科研水平和学术能力发展上的关键地位。一方面,研究生课程能为学生将来从事科学研究带来坚实的知识基础、宽广的学术视野,甚至激发他们浓厚的学术兴趣,这些都是研究生能够成为一名合格研究者的基础性前提要素。即便是对更强调重大学术创新的博士生而言,在真正有价值的创新越来越困难的情况下,他们亦需要为今后的学术长远发展不断进行各种知识储备和经验积累。而无论是前沿性课程还是研究方法类课程,研究生通过对它们的修习将直接决定自己的学术研究能力和发展水平。另一方面,在课程实施过程中,教师和学生还可以通过灵活多样的教学方法,创造性地进行探索、研究,在思维的交流、碰撞中使创造性思维能力得到不断发展。研究生课程的存在无疑为教师和学生提供了一个非常好的共同探究场所,它具有课程目标、课程内容安排、课程实施计划、课程评价等一系列组织实施规范,在师生的互动和努力下,为学生科研水平和学术能力的提升提供强有力的保障。

不过,也有研究者指出,由于对研究生课程建设的重要性认识不足,在研究生课程教学中也存在着重"专"轻"博"、重"讲授"轻"讨论"、重"理论研究"轻"能力培养"等一系列问题。[①] 而这是我们应当加以改善的。倘若将研究生课程改革最终落脚到科研水平和学术能力的培养上,无疑能促进研究生课程学习和科研训练的整合,学生必然将因此受益匪浅。

第二节 研究生课程的现状与问题

应当说,经过几十年的不断发展,我国的研究生教育工作确实取得了很多可喜的成就。但与此同时,一些不容忽视的现实问题也在具体的实践工作中渐渐凸显出来。特别是在研究生教育的微观层面,如研究生课程建设、课堂教学、项目学术训练等等,其实际的实施成效如何保障,这些问题亟待研究和解决。正如前文所述,研究生课程作为研究生教育中关键的一环,在为研究生提供扎实的专业理论知识和研究方法知识、开拓学术视野、提升科研能力、培养学术志趣等方面具有不可替代的重要作用。为此,若想真正提升研究生课程质量、发挥其应有的功用,就要首先对目前研究生课程建设中实际存在的问题切脉问诊,厘清其中关键问题之所在,以便能够对症下药。本节,我们将通过

---

① 章晓莉.基于科研能力培养的研究生课程教学改革的思考[J].教育探索,2010(07):36-38.

对研究生课程以及研究生教育的相关研究进行梳理,围绕课程基本要素诸方面论述研究生课程的现状与问题。

一、研究生课程的实施过程与研究生科研能力培养脱节

研究生课程的实施过程与研究生科研能力培养脱节是指研究生课程在实施中未能实现提升研究生科研能力的目的。这主要表现在以下两个方面。

第一,研究生课程教学过程中某种程度上还存在着"教师讲、学生听"的传统课堂教学模式,学生在这种模式下往往只能被动地接受知识,其思维能力难以得到发展和提高。有不少教师既没有认真思考研究生课程的根本目的是什么,也缺少积极改进教学方式方法的动力。从研究生的实际反映来看,这一担忧不无道理。如高芳祎对我国研究生课程与教学改革效果的调查显示,在对目前教学方式的选择上,硕士生和博士生选择"以讲授为主"的比例分别高达46.9%和61.0%,与此形成鲜明对比的是"喜欢讲授式"的选择比例:选择喜欢讲授式教学方式的硕士生和博士生比例分别只有6.4%和8.4%。[①]诚然,研究生授课教师大都学识丰富、具有较高的学术研究水平,他们在研究生培养工作中具有相当的权威,但在课堂教学中若未能采取恰当的教学方法,研究生从中的收获也就十分有限。特别是就学术水平的核心——创新能力的培养而言,如果把课堂变成一个单向知识传授的场所,因缺少与他人的互动交流,研究生便很难进行审辨性思考,其质疑精神和创新思维也就无法得到激发。

第二,研究生课程在实施过程中缺乏实践和应用,导致研究生的研究能力难以在实践中得到锻炼和提高。比如有些研究方法课程在实际的教学过程中仅仅停留在理论和技术的学习上,而没有让学生进行实际问题的解决,没有在实践中训练研究方法,学生便只能停留在"闭门造车"的水平,我们通常所说的"学以致用"也就无从谈起。实际上,随着专业学位研究生的出现,学生对实践与应用的要求正变得越来越高,他们不只是要学习专业理论知识和研究方法,同时还有解决现实问题的需要。这就给教师的教学提出了相应的挑战:如何才能在课程实施过程中做到理论与实践紧密结合、提升研究生解决实际问题的能力?教师应当对该问题进行认真思考并努力在教学工作中予以贯彻落实。

为何会出现研究生课程实施与研究生科研能力培养相脱节的现象?这与教师、学生以及评价制度等因素关系密切。首先,教师对教学创新的意识不够。很多教师其实自身就是在一个讲授式课堂中成长起来的,他们因而也习惯于传统的讲授式的教学方法,并且也往往缺少将理论应用于实际的实践经验。其次,学生的学习主动性欠缺。有些学生并不是为了学术研究的目的而进入研究生阶段的学习,而是抱着提升学历、方便就业等不同目的。这样一来他们必然对科学研究无太大兴趣,从而影响了他们知识追

---

① 高芳祎. 我国研究生课程与教学改革效果的调查研究[J]. 学位与研究生教育,2012(10):27-31.

求的渴望以及与教师的互动。最后,教师评价制度有失偏颇。目前对高校教师的考核评价仍然是科研导向的。科研成果的多少直接决定了他们的晋升与否、收入多少、荣誉大小等等。相比之下,处于从属地位的教学便难以引起教师们足够的重视和兴趣。也就是说,不利于研究生教学改革的教师评价制度是造成研究课程实施与研究生科研能力培养相脱节的一个重要外部原因。由于研究生教育的本质在于培养研究生的"学术研究"水平,故而,研究生课程实施与科研能力的脱节可以说是研究生课程中亟待解决的重要问题。

二、研究生课程内容缺乏层级性和前沿性

研究生课程内容缺乏层级性和前沿性是指研究生课程内容与低层次教育阶段的教育内容没有明显的梯度区分,并且未能与学科发展的最新进展、前沿问题等联系起来。在对研究生和导师的问卷调查和已有相关研究成果分析的基础上,罗尧成曾指出,硕士研究生课程的"本科化"倾向、博士生课程的"硕士化"倾向,是我国研究生教育课程体系中存在的一个十分突出的问题。[①] 直到近年来,这一问题仍未得到有效解决。高芳祎针对全国范围内研究生培养单位的问卷调查显示,49.2%的教师"非常认同"或"比较认同"目前博士生课程与硕士生课程,或硕士生课程与本科生课程存在低水平重复情况。[②] 由于被调查者是来自一线的教师,他们大多数长期从事研究生教学工作,因而他们对研究生课程内容低水平重复情况的回答可以说具有相当的说服力。近年关于博士生课程的调查显示,博士生课程与硕士生课程的区分度并不高。[③] 此外,其他一些基于学生视角的调查则揭示了研究生课程前沿性的缺失。比如南京大学课题组2013年的"学术学位研究生课程体系建设支持计划"项目,其中关于研究生课程内容评价的分析结果表明,不同学科研究生对课程的前沿性评价仍不太高,在满分5分的情况下,所有学生总体的评价得分仅有3.43分(见表2-1)。[④] 考虑到研究生教育具有天然的"研究"功能,这一结果显然意味着高校研究生课程的知识前沿性还很不乐观。与此同时,专业学位研究生对课程前沿性的评判与全日制研究生的看法具有惊人的一致性。耿有权等人对全国14所重点高校1 400位全日制专业学位研究生的调查表明,有23.5%的学生对"所在专业是否能提供最前沿的知识教育"持否定态度,38.8%的学生认为"不好

---

① 罗尧成.我国研究生教育课程体系存在的主要问题分析[J].学位与研究生教育,2006(06):43-46.

② 高芳祎.我国研究生课程与教学改革效果的调查研究[J].学位与研究生教育,2012(10):27-31.

③ 许丹东,沈文钦,翟月,等.中国博士生的培养现状与问题——基于2021年全国博士毕业生离校反馈调查的分析[J].学位与研究生教育,2022(05):73-80.

④ 南京大学"学术学位研究生课程体系建设课题组".在校学术学位研究生课程学习调查报告[R].南京大学,2013:17.

判断"。① 周文辉、陆晓雨对2013年度研究生教育满意度调查数据进行分析后发现,专业学位硕士研究生对课程前沿性满意度仅为57.2%。② 显然,上述研究的结果说明了如下这样一个毋庸置疑的事实,那就是当前的研究生课程内容整体上而言并没有完全体现出研究生课程体系应有的要求和特色,课程内容缺乏层级性和前沿性。当然,这一问题产生的原因与上述教师的创新意识、学生的学习主动性、评价制度偏颇亦不无关系。

表2-1 不同学科在校研究生对课程内容的评价情况表

评价内容	专业						总体
	文科	理科	工科	商科	医科	其他	
课程内容前沿性	3.62	3.35	3.35	3.67	3.42	3.46	3.43

注:5点量表,很强为5分,很差为1分。
资料来源:南京大学"学术学位研究生课程体系建设课题组"《在校学术学位研究生课程学习调查报告》调查数据。

三、研究生课程结构中不同模块课程设置比例失衡

研究生课程除了在内容上缺乏层级性和前沿性,还存在着设置比例失衡的问题,其主要表现有三:一是外语课和政治课等公共课程在整个课程体系中占了较大比例,二是方法类和实践类课程没有得到足够的重视,三是对跨学科课程的要求和支持十分不足。③④⑤

首先,应该说,在我国当前的形势和语境下,外语课程和政治理论课程显然有其存在的合理性和必要性,但如何合理安排这些公共课程学分比例、如何通过这些课程切实提高研究生外语应用水平和理论思维能力、如何与社会问题和时代发展紧密联系,则需要进一步思考。就课程设置而言,学生认为这类课程的总课时偏多。如郭雅丽等人对来自8所高校共2 700多位硕士研究生的调查研究发现,参与调查的学生在公共基础课程总课时设置情况的选择上,政治理论课程选择"多"和"较多"的比例分别达到

---

① 耿有权,彭维娜,彭志越,等.全日制专业学位研究生培养模式运行状况的调查研究——基于全国14所重点高校问卷数据[J].现代教育管理,2012(01):103-108.
② 周文辉,陆晓雨.专业学位硕士研究生课程教学现状及改革建议——基于研究生教育满意度调查的分析[J].研究生教育研究,2014(06):60-64.
③ 李海生,范国睿.硕士研究生课程设置存在的问题及思考[J].学位与研究生教育,2010(07):59-63.
④ 章英才,王俊,梁文裕.硕士研究生课程体系与创新人才培养[J].高教论坛,2011(12):87-90.
⑤ 李红英.我国硕士研究生课程设置的现状、问题及改进[J].煤炭高等教育,2006(02):76-77,103.

25.90%和37.95%,第一外语的这两项选择比例分别为17.34%和30.52%。[1] 实际上,在相对固定的研究生学习年限和学分要求下,较多的公共课程课时客观上势必会挤占专业课程学习的时间,从而对研究生专业课程的设置产生一定的影响。其次,方法类课程和实践类课程没有得到足够的重视,这可能与教师或研究生教育管理者存在着一定的认识误区有关。传统的观点认为,研究方法的讲授需要融合于专业内容和项目实践中进行,研究生通过对专业内容的学习以及参与科研项目能水到渠成地掌握科学的研究方法。但从实际培养效果看,研究生应用研究方法和技术的素养普遍不足。南京大学课题组的相关调查结果显示,在学术学位研究生所希望加强的研究生课程中,除了"专业前沿课程"外,"研究方法论课程"和"实践类课程"也占有比较高的选择比例(见表2-2)。[2] 最后,研究生课程模块比例失衡还表现在跨学科课程要求和相关支持的缺乏上。国内大学的研究生跨学科课程建设较为薄弱,与国外大学相比更是远远地落后。以美国哈佛大学为例,其跨学科课程和学术前沿课程在研究生课程体系中占有非常大的比重,这对研究生科研创新能力培养产生了重要的作用和影响。[3] 实际上,无论是研究生培养的多元化发展还是知识生产模式的新变化,已经对研究生培养提出了更多、更高的要求。尤其是对专业学位研究生而言,其课程建设的理念、课程体系的构建特别是课程内容的选择,都将随着知识在更广阔的、跨学科的社会和经济情境中被创造而发生变化。[4] 因而,国内研究生课程比例失衡的问题值得我们高度重视。

表 2-2 在校研究生认为需要加强的研究生课程

应该要加强哪一类课程学习	频数	比例/%
专业前沿课程	701	31.0
研究方法论课程	680	30.0
实践类课程	514	22.7
专业基础课程	230	10.2

资料来源:南京大学"学术学位研究生课程体系建设课题组"《在校学术学位研究生课程学习调查报告》调查数据。

四、研究生课程评估体系不完善

研究生课程管理是一项涉及研究生教育管理者、任课教师、导师、研究生等诸多利

---

[1] 郭雅丽,任永泰,邓华玲.硕士研究生课程设置研究[J].研究生教育研究,2013(3):4.
[2] 南京大学"学术学位研究生课程体系建设课题组".在校学术学位研究生课程学习调查报告[R].南京大学,2013:15-16.
[3] 邝继霞,罗尧成,孟媛.美国著名大学研究生课程设置的特点及启示——基于三所高校教育管理学专业课程设置的比较分析[J].当代教育论坛(综合版),2010(03):114-116.
[4] 刘红.专业学位研究生课程建设:知识生产新模式的视角[J].中国高教研究,2015(03):36-40.

益群体的工作,它贯穿于研究生课程设置、开课、选课、实施、评价反馈、学分管理等整个过程。开展研究生课程管理工作、建立长效的课程评估机制,对研究生课程建设具有积极的导向和监督作用。但目前,我国还没有建立针对研究生课程的评估体系,课程评估是目前管理中的一个较为薄弱的环节。再加之以大学排行榜、高校教师评价体制等因素和"重科研、轻教学"的导向性刺激,高校教师对研究生课程的轻视问题势必更加严重。那么,我国研究生课程管理的现状究竟如何,杨玉春、张广斌的相关研究很能说明问题。他们对包括清华大学、北京大学在内60个单位的研究生课程管理办法(规定)的文本分析发现,虽然几乎所有培养单位的文本对课程设置、开课、选课、成绩和学分管理等都作了明确的要求,但在"过程管理"和"课程评估"上大都缺乏关注,对这类文本的关注比例仅分别为11.67%和18.33%(见表2-3)。[①] 可以说,课程管理办法(规定)"重目标轻过程""重制度设计轻检查评估"等现象是普遍存在的。

目前,我国研究生课程建设存在的随意性和不规范现象,正与科学的课程监督和管理制度缺乏密切相关。国家需要制定研究生课程建设的规章制度,明确课程在研究生培养中的地位、作用、运作方式,成立研究生教育指导委员会,把研究生课程设置纳入一个科学、规范和合理的轨道。此外,考虑到硕士和博士的不同、专业学位和学术学位的不同,关于研究生课程质量的评价还需要考虑不同类型学生的差异性,建立分类课程评价标准。[②] 从长远看,解决这一问题需要在国家层面逐步建立研究生课程标准,以指导研究生课程和教学工作。

表2-3 研究生培养单位的研究生课程管理办法(规定)内容要素频数　　单位/%

要素频数	课程设置	师资要求	选课管理	过程管理	课程考核	成绩管理	课程评估	教材建设
有呈现	90.00	20.00	100.00	11.67	100.00	100.00	18.33	10.00
无呈现	10.00	80.00	0.00	88.33	0.00	0.00	81.67	90.00

资料来源:杨玉春,张广斌.研究生课程管理研究:现状·问题·建议[J].学位与研究生教育,2013(05):28-31.

五、研究生课程建设缺乏系统性和协调性

上述研究生课程中的各种问题从一个侧面反映出研究生课程建设上的不足。课程建设是培养人才、提高教学质量的基本手段之一,也是一项投入较多而见效甚慢的基础性工作。无论是从实践工作中观察,还是从相关研究来看,目前课程建设还很不系统和

---

① 杨玉春,张广斌.研究生课程管理研究:现状·问题·建议[J].学位与研究生教育,2013(05):28-31.
② 汪霞.研究生课程层次性设计的改革:分性、分层、分类[J].苏州大学学报(教育科学版),2019,7(04):55-64.

全面。章丽萍等人认为,目前课程建设的不系统、不协调之处主要表现在以下三个方面:一是课程建设"重形式、轻本质",其主要的表现是课程目标模糊不清、内容残缺不全、组织安排随意,研究生课程设置和内容的选择并没有紧紧围绕研究生的培养目标展开;二是重视单门课程建设,忽视课程体系的整合,比如,2012 年的国家"211 工程"三期创新人才培养项目验收中,提到研究生课程建设的高校中有近 80% 都是涉及精品课程、优质课程、核心课程等单门课程的建设,只有少数高校有关于课程体系整合方面的建设;三是课程教学与科学研究的结合不够紧密,研究生课程和科研项目训练并没有很好地整合在一起。① 这些问题无疑会影响课程的整体质量,课程实施的有效性也会大打折扣。遗憾的是,囿于传统观念和现有办学条件,很多高校尚未完全认识到课程建设的重要性,较少采取相应的改革措施和提供持续有力的财政支持,研究生在课程建设中的主体性地位更是几无体现。有调查显示,在导师和专业负责人选择研究生课程方案的参与者中,研究生被选择的比例仅分别占 0.94% 和 3.33%。② 这种学生主体地位的缺失从另一个角度表明了研究生课程建设仍然还有相当长的一段路要走。

除了上述所提及的表现之外,课程建设不具系统性和协调性还表现在缺少研究生课程开发共享平台。建立课程开发共享平台的重要作用在于能够实现课程资源优化、形成学科优势互补,这在课程重要性凸显而目前课程建设基础又较为薄弱的情况下显得尤为必要。研究生教育主管部门应根据学校研究生教育发展的需要,为课程建设和课程开发提供充分的条件、作出更多的努力。当然,在研究生培养的具体实践中,我们还没有完全建立起适应不同类型培养目标的研究生课程体系。比如专业学位研究生的培养和学术学位研究生的培养在课程建设上有何差异?不同学科研究生的课程体系设置如何体现专业特色和学科需求?若要解决这些难题,需要重新审视目前我国研究生教育发展的现状和目标,将社会经济发展需要与研究生教育发展有机统一起来,进一步明确我国硕士和博士研究生培养的目标、规格和定位。研究生培养单位及相关教师也需要根据培养目标不断强化课程意识,切实把课程作为提高硕士、博士研究生培养质量的重要环节和有效手段,努力构筑起适应时代发展、关注前沿、注重实用、开阔视野、突出能力培养的研究生课程体系。

六、研究生课程的地位和重要性未得到足够的重视

当前我国研究生课程存在的系统性不强、重复性太多、深度不够、方式单一等一系列问题,还反映出人们对研究生课程作用和重要性的认识不足。在硕士生阶段,课程的重要地位争议相对较小,特别是目前存在不少跨专业背景硕士生、研究方法要求越来

---

① 章丽萍,金玺,顾建民.研究生课程建设:从理念到方略[J].中国高教研究,2013(07):66-70.
② 杨玉春,张广斌.研究生课程管理研究:现状·问题·建议[J].学位与研究生教育,2013(05):28-31.

高的情况下,研究生导师和学生大都比较认同专业课和方法课对他们专业知识水平和研究水平提升具有非常重要的促进作用。但在博士生教育阶段,关于博士生课程的安排尚存在不同的声音。南京大学课题组2013年的《学位研究生课程体系现状座谈调查报告》表明,虽然大多数教师和管理人员赞同研究生课程教学和科学研究是研究生教育相辅相成的两翼,但也有教师提出研究生阶段不应以课程为主,至少博士生教育不应过于强调课程。[①] 事实上,随着现代学术研究的纵深发展速度加快,直接从事顶尖科研活动所需的学术积累时间被相应地拉长,在博士生教育阶段已无法要求所有博士生必须作出重大的知识贡献,较为合理的认识是博士生的受教育阶段更多地指向于学术素养的养成和熏陶过程。沈文钦、王东芳通过对国外博士生培养情况进行研究后指出,欧洲各国及澳大利亚自20世纪90年代以来纷纷启动的博士培养模式改革,其总体趋势都是由视博士生为独立研究者、没有正式课程的"欧洲模式",转向为需要选修大量课程、接受较为系统学术训练的"美国模式"。[②] 具体来说,这两个"模式"的区别在于:前者更加强调博士生是一个研究者,他们需要在博士生教育阶段进行独立的科学研究,其非常重要的目标之一便是能完成一篇具有知识创新和学术贡献的博士学位论文,在这一模式下对博士培养质量的衡量标准就在于博士学位论文的质量水平;后者则既把博士生视为一个研究者同时也视其为一个学习者,这也意味着博士生在博士教育阶段仍需要进行课程的修习和接受科研的训练,在这一模式下对博士培养质量的衡量标准也就既包括博士学位论文这一结果的质量,也包括博士生学习经历的过程性质量。显然,后一种"模式"将会是欧美等其他国家和目前我国博士生的主流培养模式,这一背景使得研究生课程的重要性更加突出,也凸显出进一步重视研究生课程的地位和深化研究生课程改革的价值。

第三节 影响研究生课程建设的因素分析

加强课程建设、提高课程质量是我国深化研究生教育改革的重要任务。[③] 面对上述研究生课程中存在的诸多问题,我们首先要问的是,这些问题产生的原因是什么,有哪些因素影响了研究生课程建设工作。只有弄明白问题背后的原因,我们才能更加有效地对症下药。概括起来,导致目前研究生课程问题的主要原因可以归纳为以下五个方面。

---

① 南京大学"学术学位研究生课程体系建设课题组". 在校学术学位研究生课程学习调查报告[R]. 南京大学,2013:1.
② 沈文钦,王东芳. 从欧洲模式到美国模式:欧洲博士生培养模式改革的趋势[J]. 外国教育研究,2010,37(08):69-74.
③ 包水梅,谢心怡,唐卫民. 论研究生课程发展的历史脉络与演变机理[J]. 学位与研究生教育,2020(11):44-50.

一、对研究生教育本质认识上存在偏差

对研究生教育本质的认识无疑会影响到研究生教育工作中的方方面面,如研究生课程的设置、课程实施过程、课程评价等等。但受一些因素的影响,不少人对研究生教育的本质认识出现了一定的偏差。这些因素包括社会需求的变化、研究生规模的扩张,以及研究生教育工作自身的一些问题等方面。

第一,社会的不断发展变化使得对高层次应用型人才的需求较之以往更加迫切。而为了适应社会发展的需要,我国研究生培养目标也由原来的高校教师和科研院所的研究人员逐渐扩展到培养各类高层次应用型专门人才。实际上,大量专业学位研究生的出现,也表明了研究生培养的多元化已经是一个不可回避的现实。第二,与研究生多元化培养相应而生的是研究生招生规模的日益扩张。不少学校近年来也纷纷加大了对专业学位研究生的培养力度。但同时我们不难发现,研究生的求学动机也变得复杂起来。有研究表明,虽然对学术研究的追求、自我能力的提升以及精神追求的满足这些原发性动机仍是博士生求学的首要动机,但或为了谋求职业,或受他人影响,或为改善现状,这些功利性动机也已成为不可忽视的重要因素。[①] 张改勤、陈国松对教育学硕士研究生的实证研究发现,以职业追求、经济驱动、获得文凭为主的学习动机可能已成为大部分硕士生的学习动机状况。[②] 第三,研究生教育中的一些自身问题也一直没有得到妥善解决,如教师的"重科研轻教学"倾向,目前仍是影响研究生课程教学质量的一个不容忽视的重要问题。这种倾向势必导致教师始终无法深入地思考研究生课程的地位和作用,亦无法在研究生课程教学中投入更多精力。

上述这些因素的存在无疑影响了教师和学生对研究生教育本质的认识,研究生培养过程中的学术性被忽视,许多研究生开始从事大量与学术无关的实习工作。表现在研究生课程上,便出现了已有研究揭示出的硕士生课程内容本科化、博士生课程内容硕士化,以及研究生在课程学习过程中的弱学术化问题。正如前文所述,在课程实施上,任课教师甚至仍喜欢采用讲授式的教学方式把知识或自己的观点传递给研究生,而非和学生进行讨论、辩难,从而导致研究生课程教学与研究生学术能力培养严重脱节的现象屡见不鲜。事实上,无论研究生规模如何扩大、研究生学位类型如何丰富多元,研究生培养的"研究"本质始终不会改变。这一本质决定了研究生不同于本科生的根本特点,也决定了研究生教育的学术性、创新性追求。因此,在研究生培养多元化、研究生需求愈发多样的情况下,包括研究生群体在内的利益相关者对研究生教育的本质认识偏差成为制约研究生课程建设一个非常重要的因素。

---

① 董志霞,郑晓齐.对非定向博士生求学动机的质性研究[J].学位与研究生教育,2015(01):48-51.

② 张改勤,陈国松.教育学硕士生学习动机的实证研究[J].大学教育科学,2009(02):104-109.

二、重科学研究轻课程教学传统观念的影响

囿于重视科学研究轻视课程教学的传统观念,研究生培养单位并未完全认识到课程建设的重要性,这尤其表现在博士生培养阶段。比如在不少博士生培养单位,博士生教育的重点仍在于完成一篇有价值的博士学位论文,至于课程修习情况如何并不会被过多关注。也正是基于这一认识,博士生教育阶段的知识生产仍是第一要务,其培养质量的衡量标准无疑即是代表了其知识生产水平的博士学位论文。应该说,在早期的博士生教育发展阶段,博士生确实不需要修习任何具体的课程。他们被定位为一个成熟的研究者,只要根据自己的研究旨趣直接从事推动知识发现的科学研究即可。但时至今日,博士生教育领域已悄然发生了诸多变化,而这正是需要我们予以关注和思考的。

从博士生的角度而言,尤其是专业学位博士生已不仅仅需要深厚的理论功底,也提出了实践技能知识方面的要求;从学术创新的内涵上来说,理论创新也不再唱学术创新的"独角戏",知识生产模式的新变化意味着应用的创新逐渐登上学术创新的舞台。而这些丰富的知识需求和各种创新所需的学术素养,都需要在研究生培养中予以充分关注和重视。在没有相应课程支撑的情况下,很难想象高校如何满足数量众多的博士生学术基本素养的发展需求。以上发展变化说明,在博士培养规模不断扩大、学位类型变得丰富多元的情况下,我们已经面临着重新认识博士生教育以及博士生课程地位的新课题。实际上,关于博士生教育更加重视博士学位论文的知识贡献还是课程学习,其实还反映了不同的博士生培养质量观,前者是一种产品质量观,将博士生视为成熟的研究者,对博士培养质量的评价主要看博士学位论文的创新贡献,后者是一种过程质量观,将博士生视为以后开展成熟研究的学习者,对博士培养质量的评价兼顾到培养过程中的学术训练质量。虽然博士生教育到底应该以生产知识为主还是以学术训练为主仍存在分歧,但总的发展方向是,以学术训练为主的过程观受到越来越多的重视已是大势所趋。[1] 即便是传统上非常看重博士学位论文而不重视课程学习的英国和德国,如今也在博士生教育阶段开设大量的专业前沿课、定量研究课、定性研究课以及跨学科课程等。

无论如何,研究生课程在为研究生提供专业研究所必需的理论素养、帮助研究生开拓学术视野和培养学术志趣、为研究生提供专业研究所必需的方法素养等方面所发挥的作用是不可替代的。因此,为了尽力消除我国目前教育领域重视科学研究忽视课程教学的传统观念,我们还需要做大量的工作。

三、研究生教育的师资力量亟需加强

在研究生课程建设中,教师可以说是至关重要的一个影响因素,这不但因为教师是

---

[1] 沈文钦.博士培养质量评价:概念、方法与视角[J].北京大学教育评论,2009,7(02):47-59,189.

课程的设计者、开发者,也因为他们同时也是课程的主要实施者、评价者。所以我们关心的是,我国目前的研究生教育师资力量是否能够保证研究生教育目标的实现,是否能够满足研究生所提出的各方面的教育需求。从已有研究以及我们的实践经验来看,答案并不乐观。

第一,学术型的师资队伍难以胜任应用型研究生的培养工作。为了更好地适应社会对高层次应用型人才的需要,我国已逐渐增加了专业学位研究生的招生比例。相比于学术型研究生,专业学位研究生提出了更多实践应用方面的要求。但问题就在于我们的师资队伍"大都是重理论轻实践,重研究轻应用的学术型教师,应用型教师较少,师资结构比较单一"[①],这就使得对专业学位研究生的培养往往出现与学术学位研究生培养趋同的现象。目前,高校普遍的做法是通过聘请具有实践经验的"兼职导师"来解决学生在实践能力培养上的问题。这种做法虽然能够为研究生实践能力发展提供一定的支持,但如何与研究生培养目标相融合还需要做整体上的考量和设计。施亚玲等人的调查表明,在"双师导师"的实施上还存在着落实不到位以及校内外导师职责不清晰的问题。[②] 第二,单一学科背景的师资队伍难以满足跨学科课程的需求。虽然研究生跨学科课程的要求得到较多的重视,但现实情况是缺少具有跨学科背景的教师。对绝大多数教师而言,他们都是在各自学科环境中成长起来的,因而也就难以给予学生更多的跨学科需求上的支持。即便高校对跨学科课程建设投入了大量资金,但如果不首先解决开设高水平跨学科课程的师资问题,那么跨学科课程就会形同虚设。高校特别需要不同学科背景的教师间进行更多的交流与合作,思考如何为学生提供跨学科教育和支持,共同参与到研究生培养计划的制订中去。第三,"重科研轻教学"背景下的研究生师资队伍力量相对薄弱。实际上,我们不能将研究生教育师资力量不足的问题仅仅理解为高校在职教师数量的不足,更应理解为实际参与研究生课程教学的教师数量不足。当前教师重科研轻教学、社会兼职过多,对教学精力投入不足,以及青年教师的教学积极性不高等问题在大多数高校依然存在,这种不愿意投入课程教学的"师资匮乏"问题显然会对研究生课程建设产生多方面的负面影响。

上述分析提醒我们,我国研究生培养单位师资力量上的这些问题无疑已经制约了研究生课程的建设工作。可以预见的是,在研究生教育不断发展变化的情况下,研究生教育师资不足的问题对研究生课程建设的制约将愈发明显。

四、缺乏科学合理的课程评估体系

研究生课程评估是指对研究生课程的目标、设计、实施等是否实现了研究生教育目

[①] 王筱静.全日制专业学位研究生教育对师资队伍结构的挑战及对策研究[J].学位与研究生教育,2014(03):9-13.

[②] 施亚玲,向兴华,李若英,等.全日制硕士专业学位研究生导师队伍建设现状调查分析[J].学位与研究生教育,2011(12):24-29.

的的一个检查判断过程。这是提高研究生课程质量、保障研究生课程建设工作顺利进行的必要手段之一。不过,相关调查表明我国目前的研究生课程评估体系还有待完善。南京大学针对高校学术学位研究生的调查结果显示,学生对研究生教学质量评估机制完善程度的总体得分为3.5分(满分5分),仅高于一般水平。[1] 有研究者指出,我国有关研究生课程教学的一些管理、评价机制对教师和学生的激励作用不足,从而导致教师缺乏课程教学的积极性、学生对课程投入不足。[2] 这也意味着,虽然课程评估对研究生课程质量具有重要的保障作用,但在具体实践中,一个规范、完善的评价体系并未建立。

毫无疑问,保障研究生课程有效实施需要建立一套科学规范、完善合理的评估体系,它影响到了研究生课程建设的许多环节。而我国研究生课程建设中之所以出现上述诸多问题,很重要的一个原因就是研究生培养主管部门对于研究生课程管理缺乏有效的监管机制,没有合理的课程实施效果检查评估系统。如"研究生课程实施与科研能力培养脱节""研究生课程缺乏层级性和前沿性""研究生课程结构中不同模块课程设置比例失衡""研究生课程建设缺乏系统性和协调性"等问题的出现,即反映出了我国研究生教育在课程评估体系上的缺失。另外,在研究生课程评估背后还隐含有一个价值判断,即将评估视为一个鉴别好坏、优胜劣汰的过程,还是视为发现问题、促进课程发展改善的过程。应当说,通过课程评估来发现问题、解决问题,从而提高研究生课程质量才是我们进行课程评估的根本目的。换言之,研究生课程的基本导向应该是促进课程教学的改善和提高,对教师和学生的能力发展起到促进和提升作用,而非单纯的评定优劣的评估。[3]

那么我国的研究生课程评估体系究竟该如何建立?除了高校通过对自身实际情况的细致调查研究来加以完善,[4]借鉴其他高校的课程评估体系建立经验也是值得尝试的。马健生、时晨晨基于CIPP评估模型对加州大学伯克利分校的研究生课程评估体系研究后发现,其评估体系的核心在于"规范标准""激励绩效""多元全面"和"追求卓越"。[5] 在学科专业差异明显、课程类型不断丰富、研究生学位类型更加多元的背景下,构建这样一个完善合理的研究生课程评估体系显得尤为重要。

---

[1] 南京大学"学术学位研究生课程体系建设课题组".在校学术学位研究生课程学习调查报告[R].南京大学,2013:27.

[2] 杨东晓.课程主体激励视角下的研究生课程质量提升策略研究[J].学位与研究生教育,2020(01):43-47.

[3] 樊华,肖建华,周晓东,等.优化我校研究生课程教学评估方法的基本思路[J].中国高教研究,2005(01):38-41.

[4] 徐岚,方颖,吴圣芳,等.研究生课程内部质量保障体系的构建——以厦门大学研究生课程评估为例[J].学位与研究生教育,2022(06):60-69.

[5] 马健生,时晨晨.规范·绩效·多元·卓越——加州大学伯克利分校研究生课程评估体系的核心[J].外国教育研究,2015,42(05):3-14.

五、课程建设缺少资金投入和制度支持

研究生课程建设的资金投入和制度支持问题是影响研究生课程建设的重要外部因素。第一,资金投入不足影响研究生课程建设的顺利进行。课程建设工作的开展需要大量的资金投入,但其收效却不是短时间内就能快速显现的。目前的现实情况是,在我国几十年来的研究生教育发展历程中,鲜见国家层面的专项资金投入。[①] 再加上相关制度保障的缺失,院校管理者显然更愿意将有限的资金投入科研项目,而不是用在"投入大、收效慢"的研究生课程建设上。也就是说,各研究生培养单位对课程建设的投入完全依赖于相关管理人员对此的认识情况和重视程度。这种局面显然并不利于研究生培养质量的整体提高。第二,相关保障制度的缺失影响了研究生课程建设的质量。除了研究生课程建设资金投入普遍不足,相关制度保障的缺失也是研究生课程建设面临的现实问题,目前我国还缺少合理、规范的研究生课程管理和激励机制。自我国高等教育国家级教学成果奖励工作开展以来,高等教育的教学工作逐渐得到广大教师的重视,但这一奖励活动主要面向本科教育教学工作,所以它对研究生教育教学工作的促进作用十分有限。而研究生课程建设中的课程管理、教学评价和激励等,并没有形成相应的系统、科学和合理的制度保障。在教师评价重科研和研究生课程教学管理和激励机制缺失的双重影响下,也就不难理解为什么高校教师选择将更多的时间和精力投入科学研究而忽视对研究生课程教学的深入思考和探索。故而,课程建设缺少资金投入和制度支持是当前研究生课程建设中亟需打破的瓶颈。

---

① 李海生,范国睿. 硕士研究生课程设置存在的问题及思考[J]. 学位与研究生教育,2010(07):59-63.

第三章 研究生课程为何缺乏层次性？
——研究生课程的目标与设计

研究生教育是一种探究高深专门知识的专业教育，它着重培养的是研究生创造和应用高深知识的能力，因而研究生课程体系既要强调基本的科研训练，又要突出前沿知识的学习，课程知识既要有一定的连贯性，又要体现一定的层次性。与本科教育注重基础能力和通识课程的特征相比，研究生教育更加重视"专业教育"和"高深知识"，这也决定了研究生课程需要与本科生课程具有一定的差异性，需要体现自身的阶段性特征。然而，由于对研究生教育属性和定位的认识存在误区，加之专业化知识形成的壁垒，当前研究生课程既存在缺乏层次性和差异性的问题，又存在"因人设课"的不规范性等问题。提高研究生教育的质量，必须重视研究生课程的衔接性、层次性和连贯性。

第一节 本科生、硕士生和博士生课程为何会趋同

研究生教育与本科生教育是不同层次、不同性质的教育，在高等教育的层次结构中具有不同的功能和定位。研究生教育侧重于专业教育，而本科生教育侧重于基础教育；研究生教育侧重于高深知识的创造和应用，而本科生教育侧重于高深知识的保存和传递；研究生教育强调以科研带动教学，而本科生教育是从教学延伸到科研。然而，由于功能定位的模糊，研究生教育一方面出现"本科化"的倾向，研究生课程的内容、形式、教学方法和开设门数与本科生课程出现了趋同；另一方面，博士生课程在内容上又出现了一定的"硕士化"倾向。研究生课程目标和定位的模糊性，制约了研究生教育质量的提升。

一、研究生课程缺乏层次性的表现

我国研究生课程的设置存在高深专门知识的比重较低、探究性教学的方法应用较少、研究生课程学习的要求较低等问题。正如我国学者谢安邦所说："研究生教育部分课程内容的高深层级性只是体现在对本科生课程内容在横向层面上作平面式的扩展上，而并没有凸显研究生教育在课程内容上的要求和特色。"[1]

---

[1] 谢安邦.构建合理的研究生教育课程体系[J].高等教育研究,2003(05):68-72.

1. 研究生课程的本科化倾向严重

按照课程内容与研究生教育层次相匹配和课程精深度递增的原则,本科生、硕士生和博士生的课程内容之间应是一种螺旋式递增关系。近些年我国尽管作了一定调整,但硕士生课程"本科化"倾向、博士生课程"硕士化"倾向仍较严重。姚利民等对 2 000 多名在校研究生进行的问卷调查显示,有 56.06% 的研究生认为学校对研究生课程教学管理不严格,认为所学课程内容与本科课程内容部分相同或重叠的研究生比例高达 79.71%,说明研究生课程内容与本科重复较多,课程难度小;对课程教学方法研究生也颇有微词,认为讲授法依然是研究生教学的主要方法。[1] 包水梅对我国 10 所原"985 工程"高校博士生课程建设情况的调查显示,博士生课程内容的覆盖面和深度都不足,在专深性上与其他层次的高等教育差距不大,甚至还存在着本科生、硕士生和博士生课程重复的问题,没有凸显其高于硕士生课程内容的水平。超过 40% 的学生认为目前博士生教育中课程内容与本科和硕士阶段的课程内容重复度高,说明博士生的课程内容在深度与广度上与本科和硕士阶段的课程内容差距不大。[2]

2. 研究生课程的学术前沿性不足

作为创造和应用高深专门知识的教与学活动,研究生教育必须面向学术前沿。然而,由于本科化和学科化倾向比较突出,研究生课程在学术前沿性方面与人才培养的目标尚有一定的差距。包水梅的调查显示,超过一半的博士生对课程内容前沿性的评价一般,超过 30% 的博士生认为课程内容的前沿性较弱。在所调研的 10 所高校中,大部分都没有设置专门的前沿性课程以介绍本学科、本领域的最新进展。从调查结果来看,目前博士生课程内容的前沿性严重不足,相当一部分课程内容陈旧浅显,缺乏与社会发展之间的及时对接。[3]《中国研究生教育质量报告(2021)》显示,学术学位研究生对课程前沿性的评价也较低,只有 69.8%(详见表 3-1)。[4] 课程的前沿性、系统性和应用性不高,缩小了与本科生课程的差距,从而使研究生课程在目标和定位上无法体现出自己的特点。

3. 研究生课程的个性化设置欠缺

研究生教育强调的是创造性地发现问题和解决问题,它遵循的是问题发现的逻辑,是一种以问题为导向的学术训练活动。而本科生教育则更多的是知识的传授,它遵循的是学科知识的逻辑。由于内在逻辑的不同,研究生课程与本科生课程应该在形式和内容上具有显著的差异。然而,由于课程观念和课程资源的制约,许多高校的研究生课程仍然沿袭了本科生课程的模式,注重学科化的课程结构和统一化的课程要求,没有很

---

[1] 姚利民,朱黎旻. 研究生培养现状调查与分析[J]. 高等教育研究,2013(11):5.
[2] 包水梅. 中国学术型博士研究生课程建设研究[M]. 科学出版社,2016:103-104.
[3] 包水梅. 中国学术型博士研究生课程建设研究[M]. 科学出版社,2016:104.
[4] 王战军. 中国研究生教育质量报告(2021)[M]. 中国科学技术出版社,2021:103.

好地围绕研究生的研究问题设置相应的课程模块,在所设置的课程类型上也难以满足研究生的需求,江苏省2019年进行的研究生课程学习经历调查显示,研究生提出的需加强的课程类型见图3-1。研究生课程个性化的欠缺不利于创造性的学习和研究。

表3-1 研究生对课程前沿性的评价

选项	比例/%	满意率/%	均值	中位数	标准差
非常满意	29.9				
比较满意	39.9				
一般	21.5	69.8	3.86	4	1.03
不太满意	4.0				
非常不满意	4.7				

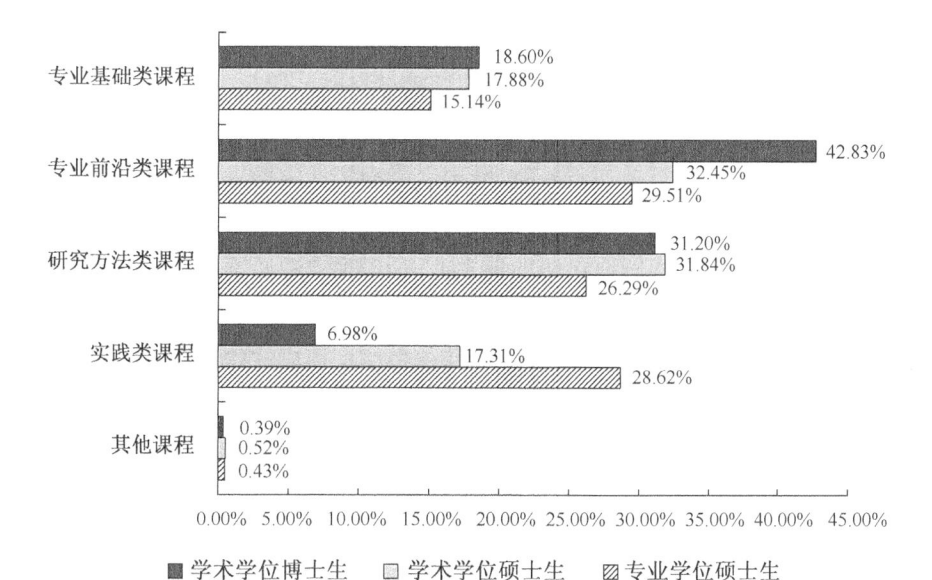

图3-1 研究生认为最应加强学习的课程类型(2019年)

二、研究生课程趋同的原因分析

本科生、硕士生和博士生课程趋同的主要原因在于对研究生教育的独特性认识不够,忽视了研究生教育与本科生教育的本质区别,降低了对于学术探究性的要求,未能为研究生提供个性化的课程结构。

1. 研究生教育的功能定位模糊

研究生教育的功能定位模糊,常常导致研究生课程的本科化倾向。研究生教育与本科生教育承担着不同的功能,在培养目标和课程设置等方面具有各自的特点。在高等教育大众化阶段,不管是学术学位研究生教育还是专业学位研究生教育,都应该凸显

"探究性",着眼于培养高层次专门人才的精英教育,而不能使研究生教育成为本科生教育的延伸。研究生教育功能定位模糊,既与高校扩招带来的研究生教育规模激增相关,也与研究生自身求学动机的多样化有关。一方面,研究生教育的课程、师资等资源不能很好地适应规模扩张带来的就学压力和挑战;另一方面,研究生的求学动机日趋多样化,除了追求学术之外,越来越多的研究生把读研作为改善生活或延缓就业压力的途径。中国教育在线发布的《2022全国研究生招生调查报告》显示,根据对考研动机的调查分析,就业压力成为考生选择考研的最主要因素。近六成的考生因为就业压力大,想增强就业竞争力而选择考研。①

2. 研究生课程的学习要求较低

研究生教育的目的是培养能够独立从事科研活动的高层次人才,它需要遵循高级专门人才的成长规律,因而研究生课程的组织形式和学习要求与本科生相比具有较大差异,研究生课程的学习更加重视独立研读文献和参加课堂讨论,更重视研究成果的学术表达,对课程学习的要求也更高。然而,我国高校研究生课程仍主要沿袭本科生的模式,对课程学习的要求不高。

包水梅的调查显示:"目前,我国高校博士生课程教学中探索性和启发性严重不足:课程教学仍大量使用传统的讲授法,研讨法等能激发学生主动性和探究兴趣的教学方法没有广泛普及。即便在实施研讨法的课堂上,师生互动性亦不强,讨论也往往很难深入。学生很少被要求提前阅读文献、进行讨论准备,课堂上随机的发言往往学术探讨的效果不大。教师对学生的引导性也不足,授课往往注重现成的理论灌输而忽视利用'问题'为线索引发理论提炼和应用过程的探讨,激发学生独立批判思考的作用不强。在课堂教学方面,漫谈式的授课形式并不少见,仍然侧重于传授知识,而缺乏引导学生运用科学思维方法分析事物能力的训练。"②这与欧美知名大学研究生(尤其是博士生)阶段高难度、高强度的学习要求形成了鲜明的对比。

3. 研究生课程的比例结构固化

研究生课程要能够为研究生在某个领域开展研究提供个性化的知识结构,这就要求研究生课程具有一定的灵活性和多样性。然而,目前研究生课程设置的一个突出的问题是外语和政治等公共课程在整个课程体系中占了较大的比例,硕士研究生课程总学分要求一般在32—36,而公共课程学分通常要占总学分数的1/4,加之社会实践、研究生实习等也要计算学分,用于专业课程学习的学时和学分就非常有限。过于统一化和固化的研究生课程结构不利于研究生创新能力的培养。英国的研究生课程设置采取模块制度(modular structure),一门研究生课程被称为一个模块,每个模块有一位课程

---

① 中国教育在线. 2022 全国研究生招生调查报告[EB/OL]. [2011-10-28]. https://www.eol.cn/e_ky/zt/report/2022/detail.html#titel1_pc.

② 包水梅. 中国学术型博士研究生课程建设研究[M]. 科学出版社,2016:105.

组织者,常被称为模块负责人。模块有专业必修、专业选修、公共选修等类型,这些类型的模块多由 10 节课组成,8—10 位教师完成不同节次的授课任务。在研究生课程的开设、修订或撤销等环节中,模块负责人承担模块开设、修订或撤销等申请以及具体论证、运作事务。①

三、研究生课程如何克服趋同性

1. 确立以创新为核心的培养目标

研究生教育是创造和应用高深专门知识的教与学活动,因而不管是学术学位还是专业学位研究生教育,都必须以培养学生的创新能力为核心。创新能力的培养也是研究生教育与本科生教育的本质区别,围绕创新能力设计研究生课程的培养目标可以避免研究生课程与本科生课程的趋同。我国学者罗尧成从人格、知识和能力三个维度提出了研究生培养方案目标设定的原则性框架,认为应该加强研究方法知识、专业理论知识、跨学科知识、学术规范知识的教学,重视研究生的认知加工能力、信息获取与处理能力、交流与合作能力以及探究与创新能力。② 这些知识和能力都是创新人才培养的关键,围绕这些知识和能力确定研究生课程的培养目标,可以有效地避免与本科生教育的低水平重复。

2. 提高研究生课程的学术探究性

基于培养创新人才的目标,研究生课程的组织形式、教学方式和学习要求都要遵循高层次创新人才成长的规律,注重研究生的主动学习和深度学习,增强研究生的实践能力和沟通交流能力。因此,研究生的课程形式与本科生有较大区别。世界著名大学的研究生课程通常采用研讨课或实验课的形式,特别重视学生思维能力和实践能力的培养。

有学者在美国马萨诸塞大学教育学院研究生课堂上的观察显示,在一次长达 1 小时 15 分的课堂上,教授被学生提问打断的次数多达 18 次,教授用来答疑的时间是 39 分 28 秒,占整个课堂时间的 52.37%,课堂 13 名学生中有 9 名举手向教授提问。这些问题都与课堂教学内容紧密相关,区别在于难度不同,角度不同,提法也不同。他们主动积极、热情探索的精神也激发了教师的授课热情,从而形成了课堂上的良性互动。③ 由此可见,国外大学的研究生课程教学非常重视学生思维和创新能力的培养,非常重视课程的学术探究性。

3. 建立个性化的研究生课程体系

研究生课程遵循的是问题发现的逻辑,要能够为研究生探究特定的问题提供必要

---

① 余桂红.英国研究生课程的开设、修订、撤销及启示[J].研究生教育研究,2020(06):90-97.
② 罗尧成.研究生教育课程体系研究[M].广东高等教育出版社,2010:129-134.
③ 高芬.美国高校研究生教学中的"教"与"学"——以美国马萨诸塞大学阿默斯特分校教育学院为例[J].学位与研究生教育,2011(03):73-77.

的条件,因而研究生课程不能过多采用统一化的课程模式,而是要关注每个研究生的个性,能够针对他们的兴趣、动机和知识背景提供个性化的课程体系,从而确保课程内容对研究生科研创新能力培养的有效性。美国大学的研究生课程体系设置比较灵活,能够最大程度上考虑学生的个性需求,有利于创新能力的培养。开放、自由的课程设置理念,充分保证了学生课程体系的个性化。例如,斯坦福大学材料学科设置了硕士课题研究课程(6—9个学分),鼓励研究生跟随导师积极开展科学研究,注重突出学生科研自主性和创造性的培养。麻省理工学院材料学科研究生可以根据自身兴趣选择侧重工程、侧重科学或两者兼具的课程组合。加州理工学院化学与化学工程系规定,学生可以结合自身兴趣,以课程组合的方式自由选课,提升学生的学习主动性和灵活性。这些措施都体现出个性化培养的教育理念。[1]

第二节 研究生课程的目标到底是什么

美国课程论专家舒伯特(W. H. Schubert)将典型的课程目标取向归结为四种:普遍性目标取向、行为目标取向、生成性目标取向、表现性目标取向。[2] 对于研究生课程来说,需要合理确定四种目标取向的关系,突出创新的普遍性目标导向,注重学术探究的生成性和表现性,设计系统的课程目标框架。

一、研究生课程目标存在的问题

1. "学科导向"取代"问题导向"的课程范式

我国当前的研究生课程目标在很大程度上还是"知识本位"性的,对研究生科研能力的培养,科学探究过程和方法的掌握仍重视不够,注重研究生知识的获得,而忽视对其进行思维训练。[3] 因此,在实践层面,我国研究生课程设置比较关注学科和专业层面的课程,而较少考虑为研究生提供基于问题研究的个性化课程体系。同时,研究生课程比较关注学科知识的积累和静态的知识结构,而相对忽略知识的建构性和研究生学习的主动性,从而导致研究生缺乏个性化的知识结构。

研究生课程目标的设置需要遵循"问题导向"的课程范式。这种课程范式使研究生直接参与到近似于科学研究的问题情境中,将课程学习与科研训练很好地结合起来。问题导向的研究生课程体现了学科专业发展的新方向,能够培养学生对学科前沿知识的把握,而问题的不确定性也能更好地促进导师和学生之间的互动,更好地发挥研究生

---

[1] 李宇杰,李俭川,郑春满,等.美国一流高校研究生课程设置特点[J].教育教学论坛,2017(18):5-11.
[2] 张华.论课程目标的确定[J].外国教育资料,2000(01):13-19.
[3] 罗尧成.研究生教育课程体系研究[M].广东高等教育出版社,2010:101.

学习的主动性和自主性。西方发达国家的研究生课程学习比较注重"问题"的把握,通过实际观察和理论思辨发现亟待解决的问题。比如美国管理学专业研究生课程就始终贯穿"问题至上"的内容设置体系,大多数课程并不指定专门教材,教师在课程教学中组织整理各种与专业有关的经典案例,惯用情景教学,要求学生综合运用工具知识并选择相应的研究方法把某个概念、原理、规律带入具体问题情境加以阐释和理解。[①]

2. 学术学位与专业学位课程目标趋同

研究生教育是创新和运用高深专门知识的教与学活动,因而从知识创造和运用的角度而言,研究生教育分为学术学位和专业学位研究生教育。但长期以来,研究生教育以学术学位研究生教育为主,研究生教育的培养目标、课程设置、教学方式以及评价方式都偏重学术学位研究生教育。专业学位研究生教育要培养的是"研究型的专业人员"(researching professionals),而学术学位研究生教育要培养的是"专业型的研究人员"(professional researchers)。由于培养目标不同,学术学位和专业学位研究生教育的课程应该具有较大差异,但在我国目前的研究生课程中,学术学位与专业学位研究生课程呈现出明显的趋同现象。

从理论上说,学术学位和专业学位研究生教育的价值取向不同,按照自身逻辑构建起来的课程目标应该区别明显,但在实践过程中,专业学位研究生教育似乎迷失了初衷,失去了特色。"我国专业学位博士生教育存在对学术型博士生及国外专业学位博士生培养模式的依赖现象。Shulman 和 Neumann 等对教育博士专业学位的研究发现,美国、澳大利亚的专业型和学术型教育博士培养模式存在趋同现象。"[②]有学者在研究了我国一些大学教育学博士学位(学术学位)和教育博士学位(专业学位)的课程目标后发现,二者在课程目标的表述上没有太大差别,其培养模式也大同小异。以北京师范大学和华东师范大学为例,它们的教育博士和教育学博士课程标准几近相似,如表3-2所示。"第一,在课程结构方面,专业学位博士和学术学位博士均实行模块化课程,包括'公共课、专业课或学位课、实践类'三大模块,两者相差不大,而且学分、基本修业年限也几乎相当。第二,在授课师资方面,无论是导师还是导师组,作为培养博士生的师资,他们几乎都是高校聘任的校内博士生导师。同一教授面对本校相同层次和相同课程的研究生,难以讲出学术学位与专业学位的不同博士生课程。"[③]

[①] 王一博. 以科研能力为导向:研究生教育课程改革的理性选择[J]. 学位与研究生教育,2012(10):32-36.

[②] 王亮,郭丛斌. 教育博士专业学位研究生培养质量满意度研究——基于某综合性高校教育博士研究生就读体验调查的实证分析[J]. 学位与研究生教育,2020(04):52-59.

[③] 吴敏,姚云. 中国教育博士专业学位十年发展与改革[J]. 高教发展与评估,2020,36(06):75-83,120-121.

表3-2 高校教育博士和教育学博士培养方案

学校	博士类型	课程结构	总学分	学习年限	导师
北京师范大学	教育博士	公共课(外语) 专业课(专业理论、研究方法、专业实务) 拓展课(前沿讲座、研究性学习、教育调查)	≥20	4—6年	导师组 ≥3人
	教育学博士	公共必修课(政治、外语、方法课) 学位基础课 专业课 必修环节(科研与教学实践;国际化经历;中期考核)	≥20	一般3年,不超过6年	导师或导师组
华东师范大学	教育博士	公共课 专业必修课 教育实务和实践研究课	≥23	一般4年,原则上不超过6年	导师和导师组
	教育学博士	学位公共课 学位基础课 学位专业课 跨学科或跨专业选修课	≥19	一般4年,最长不应超过6年	导师和导师组

资料来源:吴敏,姚云.中国教育博士专业学位十年发展与改革[J].高教发展与评估,2020,36(06):75-83,120-121.

3. 课程目标不适应知识生产模式的转变

研究生教育的核心是知识的创造和应用,传统的知识生产模式是以学科为基础,以兴趣为导向,为知识而知识,英国学者吉本斯(Michael Gibbons)把这种以学科和大学为中心的知识生产模式称为"模式Ⅰ",并指出了"知识生产模式Ⅱ"的新特点:应用性、跨学科性、社会弥散和异质性,以及多元利益相关性。"模式Ⅱ"理论强调的是,知识生产以应用和解决社会问题为基础,知识生产越来越多地在特定应用的情境中、围绕具体问题进行。新知识生产模式的应用语境性、跨学科性、异质性和多样性以及质量的多维度评价特征,都要求研究生培养要以应用为导向,培养符合社会发展需要、具有卓越实践能力的高层次应用型人才。研究生教育要以服务需求为导向,以满足国家战略发展需求、企业创新发展需求、学生职业发展需求为目标,构建适应多方需求的高层次人才培养体系。①

从我国目前的研究生课程体系来看,主要遵循的还是知识生产模式Ⅰ的逻辑,研究生的培养目标主要是培养能够胜任大学或科研机构工作的学者,比较重视系统的学科知识传授和同行专家评定,研究的问题也主要源于学科知识的发展空白,并且非常重视分门别类的学科化研究。依照传统的知识生产模式构建的研究生课程体系不能很好地

---

① 刘宁,沈妍,赵红星,等.知识生产模式Ⅱ视角下"3I·4C"研究生分类培养体系的构建与实践[J].学位与研究生教育,2018(11):45-50.

适应社会对于高级专门人才的需求。近年来,研究生的毕业去向日趋多样化,这对传统的研究生课程目标和培养体系提出了严峻挑战。美国博士毕业生的就业选择近年来从学术部门逐渐向企业就业移动,在学术机构就业的博士毕业生比例从2004年的56.1%降低到2014年的49.3%,而在企业就业的博士毕业生比例从2004年的18.9%增加到2014年的32.2%。[①] 2021年,博士学位获得者明确报告就业或选择博士后职位的比例都是或接近过去15年的最低水平。在每一非科学与工程大类中,明确表示就业或继续博士后学习的博士学位获得者比例在2021年是过去6年内的第五次下降,在每一非科学与工程领域有明确就业意向的博士学位获得者的占比达到近20年最低值。[②] 我国近几年在大学和科研机构之外就业的研究生比例也逐步增加,社会对于研究生实践能力和跨学科能力的要求逐步提高,传统的知识生产模式支配的研究生课程体系不能很好地适应外部的要求。

围绕知识生产模式Ⅱ的新特征,研究生课程的目标应该凸显知识的应用性和跨学科性,应该重视研究生培养过程中不同场所和不同利益主体的知识生产。从研究生课程目标的设定来说,应该转变单纯地从知识创造到应用的线性演进过程,形成知识创造与知识应用的双螺旋结构。[③] 同时,研究生课程应该坚持问题导向,以实际问题为出发点,提高知识的应用性和跨学科性。在研究生课程框架的设定上,需要关注大学和科研机构之外的知识生产场所,重视不同利益相关者对研究生知识生产的诉求。

二、研究生课程目标的案例研究

1. 斯坦福大学教育研究生院

斯坦福大学教育研究生院哲学博士项目的目标是培养下一代教育研究的领军人物。[④] 斯坦福大学教育研究生院博士生就读经历中最关键的是,所有学生都要担任科研助理,他们通常会接受自己导师和其他教师的指导。

斯坦福大学教育研究生院的这种师徒制培养模式中最重要的机制就是学生担任科研助理,并从一定程度上保障他们的求学费用。这种培养模式背后的依据是,通过让学生积极参与教师的科研活动,增强他们的科研能力,便于他们日后独立从事科研活动。因此,从第一年开始,学校就为哲学博士提供了科研训练的机会,这种科研助理模式也能够解释为何斯坦福大学教育研究生院的学生能够在相对较短的时间内(通常4到5年)毕业,并且具备了较高的科研能力。

---

① 贺飞. 美国博士毕业生毕业后都去了哪儿?[EB/OL].(2015-12-08)[2022-10-20]. https://wap.sciencenet.cn/blog-1015-941876.html?mobile=1.
② 豆丁. 美国博士毕业生毕业后都去了哪儿[EB/OL].(2021-06-30)[2022-10-26]. https://www.docin.com/p-2696728295.html.
③ 刘贵华,孟照海. 论研究生教育的发展逻辑[J]. 教育研究,2015,36(1):9.
④ Stanford Graduate School of Education. Doctoral Programs[EB/OL].[2022-10-23]. https://ed.stanford.edu/academics/doctoral.

斯坦福大学教育研究生院的博士学位项目主要分为以下几大学科专业领域：(1)社会科学、人文科学和跨学科教育政策研究(Social Sciences, Humanities, and Interdisciplinary Policy Studies in Education, SHIPS)；(2)发展心理学(Developmental and Psychological Sciences, DAPS)；(3)课程研究与教师教育(Curriculum Studies and Teacher Education, CTE)；(4)跨学科专业：学习科学与技术设计(Cross—Area Specialization—Learning Sciences and Technology Design, LSTD)；(5)教育中的种族、不平等和语言(Race, Inequality, and Language in Education, RILE)。

以"教育政策的人文社会科学和跨学科研究"为例，这一专业领域课程的目标是为博士生提供结合了两种不同研究方法的教育研究训练。一方面，增强他们在学科专业方面的知识技能。为此，斯坦福大学教育研究生院提供了7个"教育中的人文与社会科学"(Humanities and Social Sciences in education, HSS)研究项目：人类学、经济学、历史、语言学、组织学、哲学和社会学。另一方面，增强他们在专题研究方面的知识技能，为此斯坦福大学教育研究生院提供了4个"教育问题领域"(Issue Domains in Education, IDE)的研究项目：教育政策、高等教育、国际比较教育以及教育数据科学。此外，学生还可以在"教育中的人文与社会科学"和相关专题研究攻读双专业课程。

其中，教育政策方向的课程目标就是培养能够影响教育组织和教育系统性质的领导者，课程体系强调教育领导者应具备如下特征：了解影响复杂组织的社会与经济力量的知识基础；提出、分析和创造性解决政策及其解决问题的能力；在面对冲突和不确定性时做出决定的决断力。这一研究方向的课程体系会因博士生意向的就业机构(高校、中小学、州或联邦政府机构)、就职岗位(科研、政策分析或行政管理)和学科领域(社会学、经济学、政治学等)的不同而有所不同。①

2. 麻省理工学院斯隆管理学院

麻省理工学院斯隆管理学院(MIT Sloan School of Management)是世界一流的商学院，它的使命是培养创新型领导者，促进他们改变世界、改进管理实践。斯隆管理学院的教育为学生提供领导团队、管理复杂组织或创办公司的必要知识和技能。斯隆管理学院的教师在金融和政策、创新创业、技术、保健和可持续性等关键领域都有突破性的研究，从而使学生在毕业后能够将自己的职业生涯发展到新的高度。

斯隆管理学院非常重视学生的实践知识、行动学习、合作精神和团队参与。麻省理工学院斯隆管理学院的工商管理硕士(MBA)是一个两年的全日制项目，它将课堂讨论和现场体验结合起来，由杰出教师和全世界优秀企业提供各种学习和实践机会。学生在第一学期学习核心课程后可以根据自己的兴趣和目标定制高度个性化的课程。斯隆管理学院工商管理硕士课程具有两个显著特征：(1)行动学习。学生可以在全世界的

---

① Stanford Graduate School of Education. Social Sciences, Humanities, and Interdisciplinary Policy Studies in Education (SHIPS)[EB/OL]. [2022-10-23]. https://ed.stanford.edu/academics/doctoral/ships.

知名企业中历练自己的领导能力,并将课堂所学知识应用到管理实践中。斯隆管理学院提供的行动学习实验室侧重于不同的学科专业,如可持续性或分析,公司的地区分布或类型。2015年,工商管理硕士专业的学生可以从14个不同的实验室中进行选择,其中包括在巴西的软件公司确定一个定价模式等实践项目。①(2)个性化课程。学生在结束第一学期的核心课程之后,就可以自选课程,并根据自己的兴趣和职业目标确定不同的专业方向和证书项目。斯隆管理学院的学生可以获得工商管理硕士学位,如果完成学位论文,则可以获得管理学硕士学位。在工商管理硕士学位的四个学期中,每个学期穿插开展斯隆创新周活动,这一周会根据学院的各项培养目标进行体验式学习。②

麻省理工学院斯隆管理学院的哲学博士项目旨在培养科研领域的领军人物,并能够在世界最著名的大学任教。哲学博士项目的特点是严格地基于学科的研究,培养目标是使学生具备出色的学术能力,能够针对竞争和挑战日趋激烈的商务世界中复杂的组织、财务和技术问题进行开拓性的研究。斯隆管理学院的哲学博士项目是高强度和个性化的,需要每位学生付出大量的时间、精力,但这种学术训练使得哲学博士专业的毕业生能够在世界最著名的大学任教。哲学博士专业的学生需要利用好斯隆管理学院开设的150多门课程以及全校的数百门课程,完成学院对于课程学习和研究的要求。斯隆管理学院哲学博士专业的课程分为三大领域,每个领域又包含若干研究方向。这三个领域是:(1)管理科学,包括信息技术、市场营销、经营管理和系统动力学;(2)行为和政策科学,包括经济社会学,职业和就业研究,技术创新、创业与战略管理,组织研究;(3)经济学、财务与会计。③

总之,无论是工商管理硕士专业学位的课程,还是哲学博士学术学位的课程,麻省理工学院斯隆管理学院都确定了非常明确的课程目标:前者非常重视学生的实践能力,旨在培养商界的领军人物;后者则强调专门的学术训练,旨在培养科研领域的领军人物和世界最知名大学的教师。

三、如何界定明确的课程目标

研究生教育的目的是培养高级专门人才,因而课程应该具体、明确,特别是要注重研究生课程与本科生课程的区别,研究生课程内部的区别,以及研究生课程自身的发展特点。

1. 层次区分:强化学术探究性的普遍性课程目标

克服研究生教育的本科化倾向,必须强化研究生课程的学术探究性,把高深专门知

---

① MIT. Action Learning[EB/OL]. [2022-09-27]. http://mitsloan.mit.edu/mba#admissions.
② MIT. Personalized Curriculum[EB/OL]. [2022-09-29]. http://mitsloan.mit.edu/search?keyword=Personalized%20Curriculum.
③ MIT. Program Overview[EB/OL]. [2022-09-29]. http://mitsloan.mit.edu/phd#program-overview.

识的创造和运用作为课程的普遍性目标。研究生课程的内容、教学方式和评价方式都必须围绕知识创新能力的培养。强化学术探究性的课程目标,需要在课程内容上突出知识的前沿性和探究性,教学方式上注重创造性思维的训练,教学评价上注重知识的贡献度。

从国内研究生课程的目标表述上来看,大都是要培养各个领域的领军人物,这表明无论是在学术知识还是在专业实践方面,研究生课程都要注重前沿性、学术性和探究性,能够为研究生增进知识和改进实践提供必要的基础。不管是斯坦福大学教育研究生院的师徒制模式,还是麻省理工学院斯隆管理学院的行动学习,都始终贯穿着学术探究精神的培养。研究生课程的目标必须能够引导导师和学生把主要精力放在前沿知识的探究上。

2. 内部分化:分类设定学术学位和专业学位的课程目标

目前,我国研究生课程目标的一个突出问题是学术学位和专业学位课程目标趋同,特别是专业学位研究生课程的学术化倾向严重,但这并不是说专业学位研究生课程不需要学术性,而是说需要新的学术探究形式。根据美国学者博耶的观点,学术可以分为"发现的学术、整合的学术、应用的学术和教学的学术"四种类型,专业学位研究生课程目标必须凸显实践性和问题导向。

从课程目标的设定上来说,学术学位研究生课程需要强调基础性研究,专业学位研究生课程需要强调应用性研究,并要遵循基础学科和应用学科的不同发展规律,突出创新思维训练和实践体验。学术学位研究生课程要能够针对学术研究的前沿问题,开展基础性和开拓性研究,因而多采用研讨课的教学方式,这就需要重视课堂教学中的师生互动和思维训练。专业学位研究生课程要能够针对具体的实践问题,运用理论知识进行解释和解决,因而多采用案例教学的方式,这就需要合理确定理论学习与实践学习的课程内容比例结构。实现研究生课程目标的内部分化,需要明确两类研究生课程的知识发展逻辑,从而合理确定课程的内容结构和教学方式。

3. 综合交叉:强调基于问题解决的表现性课程目标

研究生教育的重心不仅是知识的传授,更是知识的创造和应用,因而它不能完全按照学科逻辑,分门别类进行教学,而是需要基于具体的实践问题,以问题推动课程学习和科研训练。实践问题常常是综合性的,这就要求研究生课程重视知识的跨学科性和综合性。有研究者对诺贝尔自然科学奖中跨学科成果进行了统计分析,在不同时期的获奖成果中,跨学科成果占总颁奖项数的比例呈明显的上升趋势,20世纪诺贝尔自然科学奖中交叉研究的比例已从36.23%上升到47.37%,各门学科日益紧密地联系在一起。[①] 因此,以高深专门知识创造和应用为己任的研究生教育,需要关注知识创新的生长点,重视知识的综合和交叉,开展跨学科的研究。

---

① 李立国,赵阔.跨学科知识生产的类型与经验——以21世纪诺贝尔自然科学奖为例[J].大学教育科学,2021(05):14-23.

研究生课程目标的设定,需要强调问题导向的范式,并以问题研究为逻辑组织学生的课程学习,特别要重视个性化的课程模式,允许学生根据自己的兴趣和研究问题选择独特的课程体系。基于问题解决的表现性课程目标可以更好地适应研究生学习的"学术性、探究性和创造性"。研究生学习是一个学术训练的过程,它强调的是对问题的发现和解决,侧重于学术训练的过程,旨在培养研究生形成独立从事科学研究的能力。因此,研究生课程体系要保持一定的开放性和灵活性,为学生提供多样化的课程选择机会。同时,在课程学习中,要重视学生在解决实际问题中的表现性评价,而不是依据学科知识的掌握程度进行评价。

第三节 如何加强研究生课程的衔接性、层次性和连贯性设计

课程是研究生教育之本,当代社会科学知识更新迅速,研究生只有通过学习高质量的课程,不断充实新知识,完善知识结构,奠定扎实的科学知识基础和科研能力基础,才能立足科学前沿、把握学科动态,发挥科学研究的创新能力。但课程对研究生培养的作用,不是通过孤军式课程而是通过一个完整和科学的课程体系来综合实现的。

从系统论的角度分析,课程体系应具有逻辑性、整体性和结构性。逻辑性意味着课程设计必须遵循基本的逻辑结构,从顶层到基层,从输入到输出,彼此呼应、相互衔接。研究生人才需求决定研究生培养目标、研究生培养目标决定学位基本要求、学位基本要求决定研究生课程内容、研究生人才输入和课程内容决定研究生人才输出,需求、目标、内容、输入、输出相衔接,才可使课程系统功能得到最佳发挥。整体性说明课程设计必须兼顾研究生教育的各阶段和各类型,硕士生课程和博士生课程、学术学位课程和专业学位课程,需要分层、分类,将培养目标和课程内容逐层和逐类分解,从而使各阶段和各类型的研究生课程相互吻合、有机组合形成"整体"。结构性需要系统内部各要素之间具有连贯的联系、循序的组织,包括研究生课程目标、内容等的循序性组织,课程内和课程间、学科内和学科间的贯通式设计,以及研究生课程修习的连贯性要求。所以,基于课程体系逻辑、整体和结构的特点,规范和科学的研究生课程体系要求其设计既应重视衔接性、层次性,也应体现连贯性。研究生课程设计的衔接性、层次性和连贯性对提高课程质量、优化研究生知识结构、实现研究生创新能力培养具有重要作用。

一、研究生课程的衔接性设计

研究生课程体系设计要完整贯彻研究生培养目标和学位基本要求,保证课程体系与培养目标、学位基本要求相一致。坚持以能力培养为核心、以创新能力培养为重点,注重不同培养阶段课程设计的整合、衔接;处理好本科生、硕士生和博士生在培养目标、课程设置上的相互关系,推动本科生与研究生课程体系的整合与衔接,打破本硕博课程

壁垒，建立一体化课程体系。

（一）与培养目标衔接

培养目标是根据学习者的特点，把教育目的具体化，提出学习者在知识、能力、方法等方面的质量要求，具有基础性、全面性和时代性的特点。

1. 为什么要与培养目标衔接

依据心理学、社会学和哲学等的研究，人与事皆有目标性，人的认知有主动性和目标取向，事物的各种变化和发展亦有目标，目标是各种变化的意义、方向及终点所在。美国课程专家赫斯特（Paul H. Hirst）曾明确指出，没有目标就没有课程，课程就是要服务于教育目标和人才培养。[1] 目标是课程设计的起点，也是课程内容选择、课程教学的组织和课程评价的依据。

研究生教育工作中明确培养目标是重中之重。培养目标是研究生教育工作的顶层设计，是课程体系构建的灵魂，从培养目标到课程体系的逻辑关系决定了不同院校课程建设的个性和人才培养的特色。培养目标是研究生教育工作的落脚点，是人才培养理念指导下期望研究生达到的理想规格，从培养目标到理想规格的路径关系决定不同院校人才培养的模式和对研究生知识、能力与素质的要求。培养目标是研究生教育工作的桥梁，肩负沟通国家需求和社会人才需求的重任，科学合理的培养目标是国家需求、社会人才需求和院校自身办学定位的完美结合，从人才需求到培养目标的契合关系决定了不同院校人才培养的层次和质量。

我国研究生培养中出现的缺个性、欠特色、缺理念、欠规格、缺需求、欠质量问题，根源就在培养目标上。当前迫切需要加强对人才培养的顶层设计和高端引领，在课程设计中以整体的理念，对课程体系的各个层次和要素进行统筹考虑。

2. 与培养目标衔接的国外经验

世界一流大学研究生课程的设计都非常重视与培养目标的衔接性。以哈佛大学肯尼迪政府学院为例，其公共政策硕士（Master in Public Policy，MPP）学位旨在培养学生理解复杂问题和提供有力的解决措施的能力，通过课程、实习和实地考察，使学生掌握广泛应用于社会科学领域又适用于各种社会实践的跨学科知识与理论。肯尼迪政府学院招收的公共政策硕士研究生应致力于改善世界，他们需要具备广泛的分析能力，需要理性的诚实、对证据孜孜不倦的追求、能从混乱的现实公共问题中寻求答案、掌握多元的分析方法，以及善于针对不同的任务选择不同的工具。[2]

其培养目标中有4个关键词：问题、概念、工具、分析。依据此培养目标，MPP的课

---

[1] Paul H. Hirst. Knowledge and the Curriculum: A Collection of Philosophical Papers[M]. Routledge&K. Paul,1974:3,12.

[2] Harvard Kennedy School. Master in Public Policy[EB/OL]. [2022-09-21]. https://www.hks.harvard.edu/degrees/masters/mpp.

程设计具有两个特点:以概念和工具为本;问题取向和分析取向。由此课程结构分为三个部分:核心课程(Core Curriculum)、春季政策实习(Spring Policy Exercise)和政策分析实习(Policy Analysis Exercise)。核心课程主要是基础性的政策分析课程。春季政策实习是通过对一个真实的政策问题进行专业分析,为学生提供一次综合运用各种技能的实践机会,学生5人一组,将课程中所学理论与方法运用于特定的情境。政策分析实习其实就是分组为客户提供咨询服务,要求学生对公共部门或非营利性组织等委托机构开展政策分析,最终形成分析报告,给出合理化建议。

3. 与培养目标衔接的策略

研究生课程与培养目标衔接性设计的基本策略:

(1) 坚守高校的办学使命与人才培养定位。任何一所大学都有其自身的办学使命与人才培养定位,只有坚守使命、精致办学,才能打造办学特色和增强竞争力。哈佛大学作为世界上最勇于变革和在知识的探求、传播与应用方面最具影响力的精英大学之一,其使命和定位就是要培养对世界有影响力的领导者,对该使命的维护和强化成为哈佛大学经久不衰的法宝。威斯康星大学的使命陈述中提到最多的是为地方服务,[①]专业设置、人才培养、科技服务都从所在地区的实际情况和现实需要出发,服务当地的经济、文化和社会发展,为地方培养应用型人才,塑造出威斯康星大学的独特气质。

(2) 明确人才培养目标。要强化课程体系与培养目标的关联,首先目标不能缺位,培养目标的制订不是可有可无或做摆设;其次,目标的制订不能轻而易举,培养目标的确立需要遵循科学和规范的原则,基于调查研究、基于专家认证,并广泛听取利益相关者的声音;最后,目标的表述不能过于笼统、模糊或宏大,应具体、明确并具有可操作性。

(3) 培养目标应适应发展需求。人才培养目标要与满足我国社会发展、经济建设和研究生教育需求相结合,并按照市场化的要求及时调整和完善研究生培养目标,大力培养能适应和推动市场经济发展的高层次创新型人才。不同类型的高校还应根据社会经济发展对研究生人才的不同需求,结合学校办学定位和人才培养定位,优化培养目标。

(4) 分化和分层确定人才培养目标。培养层次分化已成为当前国际研究生培养方式的主要潮流,英国的研究生教育中不仅有哲学硕士和专业硕士,还有传统哲学类博士(Traditional PhD)、论著类哲学博士(PhD by publication)、新路线博士(New route PhD)、专业博士(Professional doctorate)、基于实践的博士(Practice-based doctorate)、课程博士(Taught doctorate);美国硕士层次也有哲学硕士和专业硕士,博士层次则有哲学博士、专业博士等。随着社会对高层次人才需求的多样化和分化,研究生的培养目标也应该分化和分层,各个层次的研究生培养目标不能大同小异、如出一辙,每一种学位都要根据社会需求灵活制订更具针对性的人才培养目标。横向上,学术学位和专业学位研究生的培养目标要体现差异;纵向上,本科生、硕士生和博士生的培养目标也要

---

① University of Wisconsin System Mission Statement[EB/OL]. [2022-09-24]. https://www.wisconsin.edu/regents/download/ policy_attachment/All-Mission-Statements.pdf.

体现梯度。

（二）与学位基本要求衔接

2013年，国务院学位委员会、教育部正式发布学术学位《一级学科博士、硕士学位基本要求》，2015年又制定并印发了《专业学位类别（领域）博士、硕士学位基本要求》。《一级学科博士、硕士学位基本要求》是根据《中华人民共和国学位条例》及其暂行实施办法的有关规定，按照一级学科分别制订，"目的是为研究生培养单位制订研究生培养方案和学位授予标准提供依据，为导师指导研究生提供参考，为教育行政部门开展质量监督和评估工作提供标准"[1]。可见，学位基本要求既是我国研究生培养和学位授予基本质量的国家标准，也是各培养单位提高学科建设水平、促进课程改革的重要抓手，还是开展研究生质量监督和评价的基础和依据。

1. 为什么要与学位基本要求衔接

研究生课程设计与学位基本要求相衔接才能保证研究生培养有的放矢。研究生课程设计一是要基于人才培养目标，二是要遵循学位基本要求。学位基本要求主要分为三部分：学科概况和发展趋势、博士学位的基本要求和硕士学位的基本要求。后两者都包括基本知识及结构、基本素质、基本学术能力和学位论文基本要求，尽管不同学科对学位获得者在素质、能力等方面的具体要求各有不同，但其要求基本都围绕社会需求、学科前沿和知识结构、综合素养与能力，以及基本规范等方面，基于各学科人才培养的特点，提出博士或硕士学位获取必须达到的要求，对研究生课程设计具有较强的指导性。2010年以来，北京理工大学学位与研究生教育中心[2]、中国研究生院院长联席会[3]、南京大学"学术学位研究生课程体系建设课题组"[4]等都组织过包括课程现状、课程教学满意度在内的研究生教育质量调查，结果表明研究生对课程体系的满意度较低，课程的结构和内容以及课程在研究生学术能力培养、综合素质提升方面的作用普遍受到诟病。原因之一就是2013年以前博士、硕士学位基本要求缺位，我国在研究生教育质量方面一直没有"国家标准"。

研究生课程设计与学位基本要求相衔接才能提高研究生学位的含金量。在当今创新型国家建设的新形势下，现有的研究生课程体系已不能完全适应培养高水平人才的要求，近几年研究生课程质量问题引起各培养单位的广泛重视，纷纷修订培养方案，深化课程改革。但研究生课程究竟如何改革，不同学位类型、不同学科的研究生课程如何

---

[1] 教育部科技发展中心.《博士、硕士学位基本要求》印发[EB/OL].(2013-09-25)[2022-08-27]. http://www.cutech.edu.cn/cn/rxcz/2013/09/1380044947543969.htm.
[2] 研究生教育质量报告编研组.中国研究生教育质量年度报告（2012）[M].中国科学技术出版社,2013.
[3] 中国研究生院院长联席会.中国研究生教育年度报告（2011）[M].中国科学技术出版社,2012.
[4] 南京大学"学术学位研究生课程体系建设课题组".在校学术学位研究生课程学习调查报告[R].南京大学,2013.

科学设计，怎样才能使培养的研究生得到社会的认可和欢迎？虽然坊间对"博士—礼堂、硕士—走廊"的学位"批量生产"颇有微词，但我国高等教育的主要矛盾和症结不在高学历人才的数量，而在于硕士和博士研究生的培养质量。2013年学位基本要求的颁发使我国在研究生教育质量方面有了"国家标准"。有了统一的国标，研究生课程设计就可避免模糊性、随意性和主观性，各学科的研究生必须达到一定的质量标准才能获取学位，只要坚持并逐步提高质量标准，我国博士、硕士学位的含金量将逐步提高。

研究生课程设计与学位基本要求相衔接才能促进研究生培养与社会需求的对接。社会需求是研究生培养的内在驱动力，当前，我国研究生教育存在市场需求、研究生自身需求与培养之间的脱节。由于各学科的课程设计对所培养研究生的基本知识和结构、基本素质没有统一和权威的标准，对于研究生的学术能力和实践能力缺少规范，研究生课程，尤其是学术学位研究生课程存在学科中心主义现象，研究生课程学习从理论到理论，"闭门造车"，导致毕业生缺少工作环境中必要的专业技能，以及实际的动手能力。学位基本要求正是根据我国经济、社会和科技发展对人才的需求，结合相关学科的发展，科学地建构知识体系，并对研究生的基本素质、学术能力和实践能力都做了规范，从而有力地促进了研究生之所"研"与社会之所需的有效对接。

2. 与学位基本要求衔接的国外经验

欧美大学研究生课程的开发与设计中特别注意与学位基本要求的衔接。英国高等教育质量保证署（Quality Assurance Agency,QAA）于2012年正式实施《高等教育质量规范》（UK Quality Code for Higher Education），针对学位授予提出明确的学术标准和学术质量要求。研究生培养质量方面，制定了高等教育资格框架（The Framework for Higher Education）、研究生专业课程规格（Threshold Academic Standards）和学科基准（Subject Benchmark）。资格框架就资格的层次给予量化的规定和指标方面的质性的描述，以使公众、雇主和学生广泛了解获得硕士、博士学位等的条件，以及学位获得者应具备的知识结构、基本能力、就业素养等。[1] 专业课程规格主要是说明课程与学位资格框架的关系，具体包括专业课程名称，专业课程目标、知识、理解力、技能等方面的课程结果，专业课程的结构、要求、层次、模块、学分，教学方式，课程评价和课程特色等。学科基准在广泛听取各行业协会和高校意见、建议的基础上，从学科角度提出的对学位标准的基本要求，具体内容覆盖学科知识与理解力、基于学科的技能及通用技能与能力。2022年3月，QAA发布了14项学科的基准声明（Subject Benchmark Statements）。[2] 学科基准适用于荣誉学士学位和硕士学位。学科基准的主要内容包括学科的内涵和相关说明，应掌握的知识与技能，教学及考核，学习绩效的主要内容。学

---

[1] 研究生教育评估制度研究及体系构建课题组. 国外研究生教育评估制度研究[M]. 华东师范大学出版社. 2015:109.

[2] The Quality Assurance Agency for Higher Education. Subject Benchmark Statements[EB/OL]. [2022-09-25]. https://www.qaa.ac.uk//en/quality-code/subject-benchmark-statements.

科基准描述了特定学科领域的学习性质和期望的学术标准,展示了在学习结束时期望毕业生知道、做什么和理解什么。[①] 学科基准具有公开性、动态性和指导性的特点,为高校的质量保证工作提供规范的标准和广阔的自我发展空间,为英国高等教育质量保证体系的科学发展奠定了坚实基础。

英国各大学的研究生课程就是基于 QAA 的基本规范,其课程的设计以学位标准为依据,不同学科则参考不同的学科基准,在课程质量方面既相对统一,又发挥院校的学术自主性和个性化特点。以牛津大学地理与环境学院的水科学、政策和管理(下面简称水科学)硕士研究生课程为例,在 QAA 硕士学位资格指标的描述中,有四点很关键:一是知识的系统理解,二是处理和解决问题,三是掌握和运用研究方法,四是具备独立学习能力。该硕士研究生的课程结构、核心模块的设计较好地体现了学位资格的要求,见表 3-3、3-4。

表 3-3 牛津大学水科学硕士研究生课程学习要求

序号	基本要求	备注
1	seven core modules 7个核心模块的课程	均为笔试
2	two elective modules 2个选修模块	交论文或课程作业
3	training in research methods 研究方法训练	
4	workshops 工作坊	
5	reading groups 阅读小组	
6	reading groups 阅读小组	
7	field trips 野外实习	
8	thesis 学位论文	3万字

资料来源:University of Oxford. School of Geography and the Environment. Course Structure[EB/OL].[2022-10-17]. https://www.geog.ox.ac.uk/study/graduate/wspm/course.html.

表 3-4 牛津大学水科学硕士研究生课程:核心模块

课程结构		第一学期	第二学期	第三学期	夏季学期
教学模块	水管理	√	√	笔试	
	气候和集水过程	√	√		
	水质量	√			
	水与健康		√		
	经济、法律和水的治理	√			
	水资源政策		√		
	水-社会互动与可持续发展		√		

---

① The Quality Assurance Agency for Higher Education. Subject Benchmark Statements[EB/OL].[2022-09-25]. https://www.qaa.ac.uk//en/quality-code/subject-benchmark-statements.

（续表）

课程结构	第一学期	第二学期	第三学期	夏季学期
选修模块	√	√		
研究技能和阅读小组	√	√		
研究技能训练				
学位论文				

资料来源：University of Oxford. School of Geography and the Environment. Course Structure[EB/OL].[2022-10-17]. https://www.geog.ox.ac.uk/study/graduate/wspm/course.html.

3. 与学位基本要求衔接的策略

研究生课程与学位基本要求衔接性设计的基本策略：

（1）严肃对待政策文件，严格坚持学位标准。国家的学位基本要求是研究生培养的基础性和纲领性文件，是一级学科研究生培养的基本标准，是研究生授予学位和人才培养质量评估所依据的标准和准则，其核心是学位获得者应具有的知识及结构、基本素质和能力方面的质量要求，对规范硕士和博士研究生培养，保障培养质量具有重要的价值，对研究生教育具有很强的规范性和严肃性。因此，各培养单位必须依据学位基本要求制订学位标准和设计研究生课程，不能偏离"国家标准"而使研究生课程变成空中楼阁或因人之作。

（2）削枝强干、突出重点，完善课程结构。硕士学位基本要求中的关键词包括基础知识、工具性知识、基本素质、实践能力，硕士研究生的教育旨在培养基础、强化实践，所以课程的设计需要做减法而不是相反，课程的针对性要强，目标要明确。博士学位基本要求中的关键词是核心概念、专业知识、学术视野、理论思维、研究方法、创新精神和解决问题能力等，所以博士生的培养需强化课程，通过系统的课程学习和训练，掌握明确的核心概念、扎实的专业知识和培养批判性思维。不管是硕士课程还是博士课程，都特别需要加强核心课程的开发和设计，课程贵在精而不在泛，一门课程就应该像建筑上的一个桩，桩不在多而在牢，桩打牢了，一个建筑就能经历世纪风雨而岿然不动。课程于研究生也一样，高质量的课程将为学生一生的发展奠定坚实的基础。

（3）丰富课程类型，加强研究方法课程和研讨式课程。研究生教育作为高等教育的最高层次，已"成为向国家目标前进的基础"，"研究生的学识和探索为满足国家在技术、经济和教育上的宏伟目标做出了关键性的贡献"，研究生教育的特点之一在于"保持优异的研究"，[①]研究生需要一个深入的高质量的研究训练过程。学位基本要求中也对研究能力、交流能力等提出了明确的期望。研究生课程设计中，应以能力培养为核心、以创新能力培养为重点，系统开设研究方法类课程和研讨式课程。培养单位可面向全

---

① 美国科学、工程与公共政策委员会.重塑科学家与工程师的研究生教育[M].科学技术文献出版社，1999：23，123.

体博硕士研究生,分为"社会科学研究方法"和"自然科学研究方法"两类,以系列讲座形式开设,通过学科合作,实现研究方法的交叉与创新。根据不同的学位要求开设问题导向的多时段、多层次、多类型研讨课,如短学时研讨课、长学时研讨课,专题研讨课、阅读研讨课、项目研讨课等,使提高研究生独立科研能力、创新能力、交流与合作能力的培养通过课程落到实处。

(4)促进知识的运用和复杂问题的解决,强化实践能力的培养。专业学位基本要求中高度重视对研究生获取知识能力、应用知识能力、组织协调能力的培养和多样化的实践训练,研究生特别是专业学位研究生的课程设计需要及时反映人才培养新的变化和要求,体现专业学位的实践性特点。课程的开发与设计应加大校企合作力度,建立行业、企业、雇主有效参与课程设计的机制,面向社会和经济需求;加强对实践课程的整体设计,制订硬指标,如课时、学分、内容、评价等;建设紧密型的课程实践基地,完善实践设施,保证实践课程教学和实践活动的正常开展;进一步推动课程教学的改革,积极开展案例教学,通过呈现案例情境,将理论与实践紧密结合,引导学生发现问题、分析问题、解决问题,创新课程教学模式。

(三)与本科课程衔接

研究生课程设计加强与本科课程的衔接意味着博士课程应以硕士课程为基础,硕士课程应以本科课程为基础,研究生课程与本科课程彼此需相互开放、协调和关联。

研究生教育是在本科教育基础上进一步培养高级专门人才,是高等教育系统中的最高层次。我国本科教育规模庞大,但考研并不是本科生唯一的出路,高等教育大众化以后,本科教育更加普及,学生的毕业选择也日益多元,所以本科教育并不是单为研究生教育服务;在教育管理上,各高校的本科和研究生教育分别由教务处和研究生院负责,形成两套相对独立的管理体系。由于这些客观因素的影响,多年来各高校在制订研究生培养方案时,并未过多地去考虑研究生教育与本科教育的衔接问题,研究生课程与本科课程基本是楚河汉界,各行其道。导致的问题就是本科教育和研究生教育边界模糊化,研究生课程本科化,严重影响了研究生创新人才的培养。

1. 为什么要与本科课程衔接

促进研究生课程与本科课程的衔接是提升研究生培养质量的新思路,旨在以整体性思维推进研究生课程改革。研究生教育是个系统工程,整体性是系统的根本属性,用整体性思维分析,人才培养属于系统性的工作,存在内在关联性,包括培养阶段的关联,人、财、物的关联等。本科课程与硕士课程关联,硕士课程与博士课程关联,研究生课程设计必须改变"见木不见林"的局限,从封闭走向衔接。

促进研究生课程与本科课程的衔接将使研究生教育更具特色。研究生教育本科化的症结就在课程,研究生教育要有特色首先需要研究生课程有特色。研究生课程必须准确定位,若培养硕士就有本科基础上的针对硕士的课程,培养博士就有硕士基础上的针对博士的课程;培养学术学位研究生就有理论导向的学术学位课程,培养专业学位的研究生就有实践导向的专业学位课程。如此则研究生教育的特色就不言自明了。

促进研究生课程与本科课程的衔接亦有助于更好地发挥课程在研究生创新人才培养中的作用。拔尖创新人才的培养，课程是核心的软环境之一。本科教育通过加强通识教育课程，培养宽口径、厚功底的"通才"，为研究生教育打下坚实的基础。但研究生阶段，必须有鲜明的专业特色和研究方向，研究生教育侧重的是深入的专业知识、良好的创新能力和独立从事科研的能力。所以，研究生课程的设计需要在本科课程宽口径、厚功底的基础上，更加突出前沿性、综合性和交叉性。

2. 与本科课程衔接的国外经验

在加强研究生课程与本科课程的衔接方面，不少世界高水平大学都进行了积极的探索，麻省理工学院是其中的佼佼者。以经济学科为例，其毕业生普遍认为他们在本科阶段学习的课程、受到的学术训练为日后进入研究生阶段的学习打下了坚实的基础。麻省理工学院的经济学位列世界前五，其本科生和研究生教育都居世界领先水平，前期高质量的标准化、基础性与后期的精深化、前沿性相结合是其人才培养的主要特点。成功结合的桥梁就是有效衔接的课程，由表3-5可见，本科课程既重视科学基础、人文修养和科技知识，加强文理融通、学科交叉，又重视经济学的基础学术训练，专业必修课程领域广阔，体现了其"厚基础"的通才教育特色。研究生课程则在其基础上突出核心课程，为学生打下坚实的经济学理论和计量方法方面的基础。特别到博士第二年，其课程进一步基于方向加强精准和专深。课程设计从本科到研究生，前后衔接，逐步深入。

表3-5 麻省理工学院经济学专业课程设计

		通识教育课程（必修17门）				专业必修课程（7门）	其他要求
本科课程		人文、艺术、社会科学8门	自然科学6门	实验课1门（12学分）	科学技术限选课2门	① 微观经济学原理；② 宏观经济学原理；③ 中级微观经济学理论；④ 中级应用宏观经济学；⑤ 经济学统计方法导论；⑥ 计量经济学；⑦ 经济、研究与传播	① 专业选修4门；② 必修游泳，其他体育4门；③ 学位论文
研究生课程	博士第一年（相当于硕士阶段）	① 6门专业核心课程：微观经济学理论Ⅰ/Ⅱ、宏观经济学理论Ⅰ/Ⅱ、经济学和应用计量经济学中的统计方法、微观经济学理论Ⅲ/Ⅳ、宏观经济学理论Ⅲ/Ⅳ、计量经济学； ② 2门方向课程（经济学系并不单独设立终结性的硕士学位，硕士为过渡性学位，是进入后续博士学习阶段的前提条件）					
	博士第二年	① 秋学期：高级计量经济学，2—3门方向课程；② 春学期：3门方向课程（第二年结束前进行方向课程的考试）					
	博士第三至五年	① 专业方向研讨会；② 专业方向午餐会；③ 学位论文写作					

资料来源：根据 MIT Economics（http://economics.mit.edu/，https://economics.mit.edu/academic-programs/undergraduate-program，https://economics.mit.edu/academic-programs/phd-program/curriculum-and-thesis）网页资料整理。

3. 与本科课程衔接的策略

针对我国研究生课程本科化的问题,借鉴世界一流大学研究生课程设计的经验,加强研究生课程与本科课程衔接性设计的基本策略:

(1) 运用整体思维,加强顶层设计,促进本科教育与研究生教育的沟通与交流。中国古代经典的思维模式有三种:整体思维、类比思维和辩证思维。整体思维最经典,它从整体和全局,以及要素之间的相互依存、相互制约关系去认识事物及其发展规律。只有站在更高的起点上,用整体的思维去认识各种现象、发展、关系,才能突破改革的瓶颈。研究生课程若要真正实现与本科课程的衔接,非一个专业或院系或研究生院所能为。这是一个系统工程,首先,需要包括教务处在内高校的相关各方全面参与、积极投入;其次,需要制订本科教育与研究生教育的一揽子计划,在人才培养上加强彼此的关照;最后,需要打通本科课程和研究生课程,围绕培养目标科学认证课程的结构与内容。

(2) 提高研究生教育的学术标准,明确研究生课程的质量要求,加强研究生培养的专业意义。社会上流传的"硕士不硕""博士不博"说法虽夸张,但确实从一个侧面抨击了目前学位的贬值和研究生教育学术标准的下降。提高标准,改善研究生课程的质量是个抓手。当务之急,一是进一步重视研究生培养工作,本科教育、研究生教育,两手抓、两手都要硬,本科教育有硬指标支持,研究生教育同样应该制订更多的硬指标作为保障。二是以双一流建设为契机,将质量作为研究生教育改革与发展的第一要素,强化学术标准,大力培养研究生拔尖创新人才。三是建立研究生课程准入机制,基于明确的学位要求和专业标准,研讨、设计和认证必修与选修课程,真正提高每一门课程的含金量。

(3) 扩大衔接的内涵,丰富衔接的方式,实现与本科课程的多方位衔接。英国利物浦大学教授德里克(Ray Derricott)在讨论课程衔接时总结了四个关键词:过渡(transition)、联络(liaison)、连续(continuity)以及结构(structure)。过渡即从一个阶段转移、变迁到另一个阶段;联络则是伴随着过渡的历程,建立有助于过渡过程更顺畅的机制;连续则指的是状态不被干扰或打断;结构方面,分为流程结构(logistical structure)、逻辑结构(logical structure)和心理结构(psychological structure)三种。[1] 据此分析,与本科课程的衔接,从方式来说,可以形式多样,既可以是过渡式的,如设计一些过渡性的课程;也可以是连续性式的,如以课程内容为抓手,循序渐进。从内容来说,既可以丰富多彩,如可以从心理层面、流程层面加强衔接,也可以从逻辑层面促进衔接。

二、研究生课程的层次性设计

研究生课程体系设计要规范课程秩序,加强课程的层次性和目标指向性,高层次教育是以低层次教育为基础的,博士课程要以硕士课程为基础,硕士课程要以本科课程为基础,分段建设,分类打造,层层把关,也层层递进。分段建设中,首要工作是分段确定

---

[1] Ray Derricott. Curriculum Continuity: Some Key Concepts(C). In Ray Derricott (Ed.), Curriculum Continuity: Primary to Secondary[A]. Oxford: NFER-NELSON, 1985: 12-22.

硕士生和博士生培养目标,培养目标是课程设计的方向和指导的原则,是教育结果的预见,也是研究生经历培养方案要求的各种教育活动后应该达成的表现。分类打造中,要根据不同的学位类型,分类完善学术学位和专业学位课程,形成不同类型学位课程的竞争力和特色。层层把关、层层递进意味着分层构建硕士生和博士生课程体系,既统筹考虑,又拉开层次。

1. 分性确定硕士生和博士生培养目标

培养目标是人才培养的规格和要求,关乎教育质量,关乎百年大计。培养目标的准确定位和素质要求的制订为研究生教育发展提供明确的规格要求,确保所培养的人才能够满足社会及学科发展需求。研究生课程设计的层次性首先应关注的就是培养目标的层次性,当下许多培养单位出现的硕士课程与博士课程"撞脸",一个很重要的原因就是硕士与博士定性不准,目标模糊,课程难免大同小异。分性确定硕士生和博士生培养目标就是要依据不同的教育性质厘清各自的功能、社会对人才的需求,明确发展方向,找准发展路径,有的放矢地统筹制订不同的硕士和博士培养目标。

(1) 为什么要分性确定硕士生和博士生培养目标

分性确定硕士生和博士生培养目标有助于从源头上治理研究生教育缺乏区分度的问题。硕士研究生教育与博士研究生教育是不同性质的教育,它们的人才培养目标差异较大,具有不同的知识和能力素质特征。

分性确定硕士生和博士生培养目标有助于多渠道解决研究生的学习之困。不少研究生吐槽读研没收获。目前,硕士生和博士生在课程学习中都存在学非所需、需非所学的问题,硕士、博士课程都应该是学术导向的吗?硕士教育既然是实务性教育,是否需要加强实践研究和技能培养?博士教育属于学术性教育,知识是学术的基础,博士课程难道能可有可无或翻版硕士课程?现在有的培养单位硕士课程量大质低,而博士课程却是蜻蜓点水;有的培养单位博士课程几乎是对硕士课程内容在横向层面上做扩展,并没有凸显博士研究生教育在课程内容上的要求和特色,导致硕士生和博士生皆形成学习之困。

分性确定硕士生和博士生培养目标有助于解决研究生质量下降之困。研究生质量下降已成国家创新瓶颈。2020年召开的全国研究生教育大会和三部委联合印发的《关于加快新时代研究生教育改革发展的意见》,明确提出以培养德才兼备的高层次人才为中心,转变质量观,推动研究生教育的深层次、结构性变革,加快发展高质量的研究生教育。科学的研究生教育质量观首先需要解决好培养什么人的问题。研究生教育作为教育、科技的最佳结合,是拔尖创新人才培养的主要途径。硕士生加强实践能力和应用能力训练,培养能促进社会发展的复合型、应用型高级人才。博士生加强学科基础理论和知识学习,提升学术水平,强化独立思维与评判能力训练,培养能引领社会进步的尖端型、创新型高级人才。

(2) 分性确定硕士生和博士生培养目标的国外经验

国外大学硕士和博士教育定性明确,功能划分清晰,培养目标各具针对性。下面以华盛顿大学教育学院的教育管理专业为例,说明其硕士和博士教育特色鲜明的人才培养目标。

高等教育领导硕士学位(Leadership in Higher Education)的人才培养目标在于:通过整合理论和实践经验来培养多维领导者;通过与社区组织和校园部门建立强大的合作伙伴关系来培养学术从业者,这些伙伴关系提供实地实习和接触高等教育利益相关者共享的深入的内容知识;通过使用案例研究和从理论到实践的课堂活动,侧重于现实世界经验的理论课程,进一步发展学者—从业者培养模式;通过课程作业和实习培养学生驾驭复杂高等教育组织结构的能力,强化学生体验和深入理解组织动态发展与变革之间的关系。培养学生成为学术事务、学生生活(例如住宿生活、职业中心、咨询、招生管理和学生活动)、经济援助、多元文化事务、院校研究、P-16教育过渡,以及解决政策和实践问题的非营利性工作的专业人员。①

教育政策、组织和领导博士学位(Educational Policy, Organizations & Leadership)的人才培养目标则是,为博士生在学校、政策研究机构、社区组织和政府的职业生涯做准备,培养与从业者和社区合作的下一代学者,以产生严谨、可操作的知识,从而推动教育政策、组织和领导力领域的发展,并改变学校和系统。为实现这一目标,博士生将修读基于政策、组织和领导力最新研究的课程;在研究学徒期间与他们的博士生导师或其他教师密切合作;参与专业社区;在写作、出版和向学术与实践领域展示自己的成果方面获得有意义的指导。② 通过提供高质量、快节奏的学术体验,促进学生将理论、研究与实践无缝对接。博士生通过学习所获得的知识、技能、经验和研究水平将使之在管理或学术职位上获得快速发展。

(3)分性确定硕士生和博士生培养目标的策略

我国的研究生教育改革中分性确定硕士生和博士生培养目标需加强以下几方面的工作:

① 硕士和博士培养目标的制订应该体现差异性和独特性。本科是素质教育,重在培养做人的品格和修养,以便完成文明的教育化过程。研究生教育是专业教育,其学习具有较强的研究性。虽都是专业教育,但硕士教育属于实务性教育,也是同化性教育,为学生以后主要从事事务性工作做准备,硕士教育需要培养工作技能和普适性的研究技能。博士教育属于学术性教育,也是异化性教育,学习、研究或者说学术不再仅是手段而进一步成为目的,博士教育需要培养博士生具有较强的批判精神,以及致力于寻求真理、发现规律、探索未知的勇气、激情和能力,有效的博士教育能极大地改变人的思想观念,使之破茧而出,化蛹成蝶。

---

① UW college of Education. Leadership in Higher Education[EB/OL]. [2022-09-02]. https://education.uw.edu/programs/graduate/lhe.

② UW college of Education. Educational Policy, Organizations & Leadership[EB/OL]. [2022-09-15]. https://education.uw.edu/programs/graduate/edpol/phd.

② 让硕士教育回归大众,为硕士培养目标减负。曾经,硕士教育确实是精英教育的主力军,但随着高等教育大众化的发展,特别是研究生招生规模急剧扩大以后,硕士研究生已越来越多地开始发挥大众化教育职能。这符合高等教育发展的规律,因为当高等教育资源丰富到一定程度时,其对受教育者的选择标准必然降低,培养人才的目标开始覆盖社会需求的不同层次,高等教育便进入大众化。精英化教育的特点是数量少、标准高,重在培养领军型、尖端型人才;而大众化教育的特点是数量多、标准宽,重在培养应用型和研发型人才。硕士教育既已大众化,就需要以大众化教育的标准而不是精英化教育的标准来设计和评价其培养目标和课程,这样才能从根本上遏制硕士教育的异化,去除硕士教育不能承受之重,回归大众化,为硕士培养目标减负,更加聚焦于应用型和研发型人才的培养。

③ 促进博士培养目标提档升级,大力培养高水平的学科带头人和拔尖创新人才。博士教育位于高等教育的金字塔尖,其培养的人才亦应成为社会人力资源的塔尖,成为创造知识与技术、推动社会发展的最尖端力量。博士教育是大众化高等教育中精英教育的存在形态,顶层化的博士教育突出强化了精英教育,促进培养目标升级,提高人才培养质量。卡内基教学促进会主席舒尔曼(Lee S. Shulman)提出:"我们把博士学位视作一个集智力与道德力量于一身的学位,并期望博士学位获得者能够担当起学科或专业管家的责任,为知识的产生、评判、转换、传播和应用等这一整套工作奉献终生。"[①]按照精英教育的规定性认识博士教育,对于明晰博士培养目标、制订博士学位标准、构建博士课程体系具有极大的促进作用。

2. 分层构建硕士生和博士生课程体系

我国研究生教育的学位结构从纵向上分为硕士和博士两个层级,与国际惯例一致。但与一些国家不同的是,我国的硕士学位是学位等级中一个完整、独立的学位层级,属于终结性学位。而在有些国家,如美国、英国、加拿大等,硕士学位具有双重职能:或者作为过渡性的学位连接本科教育和博士教育,或者作为终结性学位连接本科教育与职业生涯。既然是两个层级的教育,其课程体系则因层级的不同而各有特色。

(1) 为什么要分层构建硕士生和博士生课程体系

分层构建硕士生和博士生课程体系是衔接不同层级培养目标的关键。在培养方案中,培养目标与课程设置前呼后应、相辅相成,二者是否相关、协调成为实施过程中具体的课程教学活动能否取得成效的关键。课程体系是实现人才培养目标的主渠道,要使所培养的硕士生具有自觉的学术意识、严谨的分析方法、适应社会需求的技术能力以及知识的实践应用能力,使所培养的博士生具有坚实宽广的理论、系统深入的专门知识、创新能力、批判性思维、独立和自主研究能力,就要设置符合不同专业知识技能和培养目标的课程体系。

[①] [美]克里斯·戈尔德,乔治·沃克. 重塑博士生教育的未来[M]. 上海交通大学出版社,2015:001.

分层构建硕士生和博士生课程体系旨在适应社会对多种类型高层次人才发展的需要。国家处于不同经济发展阶段时,对不同层次、不同学科人才的需求不尽相同。随着21世纪科学技术的发展,社会分工日益复杂与分化,社会对人才的需求也越来越专业化和多样性,既需要能从事原创性研究的高层次专门人才,也需要具有专业理论运用能力和专门技能的高级应用型人才。研究生课程影响着大学适应社会需求的水平,有力地制约着人才培养质量。分层次建构硕士生和博士生课程,不仅体现课程层次的独立性,而且还从人才规格、类型与课程标准,课程教学内容、方法及途径上实现两种学位的独立性和特殊培养要求,从而真正因材施教,有的放矢,通过课程分别强化对不同类型高层次人才的培养。

分层构建硕士生和博士生课程体系是研究生教育不断提升培养质量的保障。课程体系决定着研究生的知识结构,目前研究生的知识、能力、素养不令人满意,研究生培养与就业市场不匹配是最值得关注的问题,这也是提升研究生培养质量的关键。其中,一个重要的原因是课程水平低下,而其表现形式之一就是硕士生课程和博士生课程的趋同。只有基于硕士生和博士生不同的人才培养定位,确立不同层次的具丰富性的课程目标、具逻辑性的课程内容、具科学性的课程组织形式,加强研究生教育在知识学习和思维训练上的针对性和区分度,才能提高社会满意度,促进研究生分层就业。

(2) 分层构建硕士生和博士生课程体系的国外经验

分层构建硕士生和博士生课程体系是21世纪以来发达国家研究生教育的共同趋势。为明确硕士生和博士生课程体系的层级特点,英国高等教育质量保障署(QAA)于2015年9月发布了两份指导性文件——《硕士学位特征》(Characteristics Statement: Master's Degree)、《博士学位特征》(Characteristics Statement: Doctoral Degree)。文件分别概括了英国硕士和博士教育目标、学位获得者能力、学位类型及其特征等方面的内容。2016年8月起,《硕士学位特征》和《博士学位特征》成为评估硕士和博士教育的重要参考。两份文件虽不属于学术规范体系(Academic Infrastructure),但为各培养单位改革研究生教育,构建高质量、层次清晰的硕士生和博士生课程体系提供了实际的建议、帮助和指导,有助于培养单位目标明确地设计不同层次的研究生课程,并根据文件对硕士生课程和博士生课程进行定位。2020年,QAA发布了修订版的学位特征文件。①

《硕士学位特征》要求培养单位达成以下一个或多个目标:① 使学生聚焦于一个广泛学科领域的特定方面,基于他们先前的知识或通过以前的研究或职场工作获得的经验。② 使学生聚焦于一个特定的学科领域或比他们以前的研究或经验更深广的研究领域(这可能包括使学生结合自己前面已经具有一定知识和经验的相关学科领域,发展新的学科知识或研究领域,或使学生进行跨学科或多学科的研究)。③ 使学生在感兴

---

① QAA. Updated Characteristics Statements[EB/OL]. [2022-09-27]. https://www.qaa.ac.uk/news-events/news/revisions-to-qualification-characteristics-statements.

趣的领域内进行一个研究项目,作为总体评价的基本内容。④ 使学生学会如何进行研究,结合一个特定的主题或研究领域进行研究方法的训练。⑤ 使学生在与一个特定专业相关的职业领域或职业实践中成为专业人员或具有更高的专业水平。⑥ 支持面向特定职业的专业注册。①

硕士研究生的课程设计需基于以下基本要求:① 硕士生应该各不相同,具有多样性,有着广泛的优势和能力。这反映了硕士课程的多样性,以及学生的不同愿望、动机、学习需求和个人特质。② 硕士生应该掌握深入和先进的知识,了解他们所学的学科或专业,了解当前的实践、学术和研究。这包括对所学学科或专业当前问题和发展的批判性认识、关键性技能、专业责任的知识、诚信和道德,以及反思自己作为一个学习者的能力。③ 学术硕士应该进一步具有在专业领域的独立研究能力,能够运用一系列的研究技术和研究方法,促进专业领域的学术发展。④ 专业硕士应该具有完成本专业中特定研究项目的能力,包括对已有文献或其他学术成果的批判性回顾。同时,还能够在具体的实践情境或专业理论中应用自己的研究成果和批判性的观点,并在自己的专业活动中运用一系列可行的技术和研究方法。⑤ 各类硕士生毕业后都应该能进入广泛的就业岗位(特定专业的或通用型的)或继续深造,从事更高水平的学术研究,例如攻读博士学位(只要满足必要的入学要求)。专业硕士需要具备更多专业或实践领域所需的技能和经验。②

《博士学位特征》明确提出博士生教育的目的:博士学位是最具个性特点的学术资格,因为他们的本质是追求和创造知识,需要在独立研究的基础上完成原创性的工作。直到 20 世纪末、21 世纪初,获得博士学位的主要目的还是进入学术专业,而现在这只是博士毕业生的众多选择之一,他们可以运用自己的专业研究能力承担跨专业的各种工作。目前,英国大学中大多数学术人员都拥有博士学位,博士学位是进入学术界的敲门砖,也是大学保持高质量研究的保证。③

博士研究生课程的设计应充分体现以下的基本要求:① 培养博士生具有搜索、发现、获取、筛选、解释、分析、评估、管理、保存和交流不断增长的来自各种渠道的知识的能力。② 具有批判性思维,创新性地解决问题和创造新的知识。③ 具有设计、管理和实施项目的能力,善于选择适当的方法和证明过程,识别、评估、减少风险和对环境的影响。④ 在研究和研究的诚信方面达到专业的标准,能广泛地进行专业实践,包括伦理道德、法律、健康和安全等各方面的,在实践活动中具有热情、毅力和公正性。⑤ 具有合作能力和领导力,能运用多样化的教学、交流和社交技能影响不同情境下的实践和政

---

① QAA. Master's Degrees Characteristics Statements[EB/OL]. [2022-09-27]. https://www.qaa.ac.uk//en/quality-code/characteristics-statements/characteristics-statement-masters-degrees.
② QAA. Master's Degrees Characteristics Statements[EB/OL]. [2022-09-27]. https://www.qaa.ac.uk//en/quality-code/characteristics-statements/characteristics-statement-masters-degrees.
③ QAA. Doctoral Degrees Characteristics Statements[EB/OL]. [2022-09-27]. https://www.qaa.ac.uk//en/quality-code/characteristics-statements/characteristics-statement-doctoral-degrees.

策。⑥ 能积极参与有影响的研究工作,并将影响传达给公众、同行、学生,以及对平等、多样性和文化问题具有敏感性的利益相关者。⑦ 鼓励博士生提高外语水平和企业技能,培养敏锐的商业头脑。⑧ 强化专业知识的学习。⑨ 能够准备、计划和管理自己的职业发展,同时知道何时何地需要获取支持。[1]

基于不同的学位目标和培养要求,英国大学的硕士、博士课程体系设计很好地避免了"撞脸"现象,不同层次各有侧重,有所为有所不为。硕士课程强化知识与技能的应用,重视专业实践,通过获得专业或工作上的知识和能力,为继续深造以及就业打下基础。博士课程要求学生在一个复杂的学习领域里拥有系统知识和批判性思维,需站在学科领域和专业实践前沿理解知识,独立自主地运用知识与技能,训练学生在科学研究或专业实践方面作出重大的开创性贡献。

（3）分层构建硕士生和博士生课程体系的策略

我国的研究生教育在分层构建硕士生和博士生课程体系方面可以有如下几方面的考虑。

① 丰富硕士学位的职能,针对不同的职能调整硕士课程的结构,丰富硕士课程的内涵。硕士学位应具有双重职能,要么作为过渡性的学位连接本科教育和博士教育,要么作为终结性学位连接本科教育与职业生涯,硕士学位一方面应成为本科与博士教育阶段过渡性学位,另一方面可以成为从事应用型工作的终结性学位。不同的职能下,培养目标大相径庭、培养方式各具特色,过渡性教育注重打牢专业基础,终结性教育注重传授职业技能。因此,作为过渡性学位的硕士生课程,应成为通向博士学习的阶梯,必须夯实基础,拓宽视野,重视基础理论和跨学科学习,突出方法论课程,特别需要重视前沿知识的学习。作为终结性学位的硕士生课程,则应该是实践取向的,需要为学生将来的就业做好准备,所以课程中应强化专业实践所需的高级知识与技能,培养对实践领域的理解能力,重视知识和技能的运用,突出通过独立研究、实践训练进行结构化的学习。

② 转换硕士教育范式,转移硕士课程重心。我国硕士教育的传统范式是学术型、学者型和文化型的,一方面培养目标是定位于准学术人,课程是教科书式的,突出对学术性学科的不断钻研和系统化学习,另一方面评价标准学术化,强化对外语等学术技能的掌握,统一要求以学位论文的形式生产新知识,学生每天"独孤求败"的不是读书就是写作,整天谈论的都是怎么准备考试。硕士教育范式转换旨在实现多样化、专业化和个性化,新的硕士教育范式应该是跨学科型、应用型和学徒型的。所以,硕士课程不仅仅是为了增进学生的知识或获得专攻领域的基本理论,为学术做准备,目标在培养研究与解决问题的能力,提高沟通能力和团队合作能力。课程的重心是前沿、问题、实践和体验,课程是经验式和应变式的,课程成为实验场,学生通过各种实验场的经历和训练,理

---

[1] QAA. Doctoral Degrees Characteristics Statements[EB/OL]. [2022-09-27]. https://www.qaa.ac.uk//en/quality-code/characteristics-statements/characteristics-statement-doctoral-degrees.

解基本原理,培养独立性、创造力,找到兴趣点,更重要的是树立专业精神,形成专业认同。

③ 强化博士课程意识,完善博士课程体系。康奈尔大学校长罗德斯(Frank H. T. Rhodes)认为:"博士学位代表了大学中最高的学问与最人格化的指导的结合,发挥着重要的作用。如果大学没有对建立最好的博士生课程给予关注、监督和组织,那么将是大学的悲剧。""博士生课程影响着研究型大学的每一个方面,其影响力已经远远超出了校园的范围。"①当前,发达国家博士生培养的共同趋势是广泛加强课程学习,将博士生的课程训练提到与科研训练同等重要的地位。21世纪复杂的环境变迁给博士生课程带来极大的挑战,博士生不仅要提高研究能力,更要具备学术能力和水平,以进行知识的创造、整合、应用和传播,还要具备教学技能和就业能力。博士生课程为学生准备进行多样化就业的技能学习和训练,使博士生日后在就业市场上有竞争力,能适应不同的就业岗位。所以,博士生的课程体系不能过窄过偏,必须通过课程为博士生提供多种职业准备。当前,迫切需要加强博士课程体系创新,构建以科研和就业双重取向的菜单式、模块化课程体系,为博士生提供多样化课程,满足他们的多样化发展与需求。

④ 加强博士课程的跨学科训练,培养高端复合型人才。荣尼克尔(C. Jungnickel)和麦考马克(R. McCormmach)认为:"一门大学学科目前需要三样东西:公认的科学家进行的科研、通过卷入科研对学生进行科研训练和一套综合的学习课程",但在很多大学,"'一套综合的学习课程'这个因素供应不足,对所有学生,特别是博士生,长时期来传统的模式不关心有组织的学习课程",导致形成"单薄的"课程结构,大学普遍面临"高深的研究,贫乏的课程"问题。② 无论是贫乏的课程还是"单薄的"课程结构,其表现形式之一就是局限于单一学科下的某一专业设计课程,导致博士生在解决复杂性问题时其知识面过于狭窄,出现被社会诟病的"博士不博"现象。科学技术的发展和重大社会问题的解决越来越依赖于多学科方法的综合运用和多学科知识、技术的交叉融合。扩大课程的综合性需要高度重视跨学科课程的开设,以培养博士生的宽广知识视阈。突破传统的单学科体系,建立由核心课程、知识广度课程与知识深度课程三个维度组成的课程体系,每一维度课程都对理论基础和技术手段进行有效整合,并采用以问题为基础的课程组教学模式。

3. 分类完善学术学位和专业学位课程

研究生教育的学位结构在横向上分为学术学位和专业学位两类学位。2013年教育部、国家发展改革委、财政部颁发的《关于深化研究生教育改革的意见》,强调研究生培养类型结构应从以学术学位为主转变为学术学位与专业学位协调发展。为贯彻落实

---

① [美]弗兰克·H. T. 罗德斯. 创造未来:美国大学的作用[M]. 清华大学出版社,2007:164,153.
② 伯顿·克拉克. 探究的场所——现代大学的科研和研究生教育[M]. 王承绪,译. 浙江教育出版社,2001:60-61.

党的十八大和十八届五中全会精神,全面推进专业学位研究生教育综合改革,教育部于2015年11月专门召开深化专业学位研究生教育综合改革推进会,要求高等学校把专业学位研究生教育综合改革作为"十三五"期间的重要任务,着力探索符合专业学位研究生教育规律的培养模式,办出特色、办出水平。中国的专业学位教育迎来了发展的新契机。学术学位以学科为基础、以知识创新为核心,培养学术型人才,他们通过系统和深入的理论学习,发展认知、提升才能、转换思维,承担传递高深学问、强化科学研究、开拓知识领域、创新理论体系、促进学科发展的重任。专业学位以专业实践为基础、以知识应用和职业与专业能力为核心,培养专业型或应用型人才,国务院学位委员会第二十七次会议审议通过的《硕士、博士专业学位设置与授权审核办法》指出:"专业学位是针对社会特定职业领域的需要,培养具有较强的专业能力和职业素养、能够创造性地从事实际工作的高层次应用型专门人才而设置的一种学位类型。"

(1) 为什么要分类完善学术学位和专业学位课程

李克强总理在2015年政府工作报告中提出,推动大众创业、万众创新,实现中国经济发展量增质更优,"大众创业、万众创新"已成为经济进入新常态的国家战略和中国经济发展的新引擎。人是创新创业最关键的因素,但创新创业是有基础的,人首先要具有创新创业的精神、能力,才会引发创新创业活动和创造活力。当前的研究生课程在创新创业能力和素质的培养方面,层次不清、目标不明,学术学位课程缺乏创新精神、创新能力培养的内容、方法和质量评价,专业学位课程则在创业教育方面既缺乏目标设定,也缺乏内容的设计和具有针对性的优质教材、丰富案例,对创业实践环节亦重视不足,实践操作环节薄弱,动手实践能力的训练较少。分类完善学术学位和专业学位课程有助于分类促进创新创业教育,各有侧重地加强创新创业精神、创新创业知识和创新创业技能的培养,强化创新创业实践的练习,全面深化学术学位和专业学位研究生课程改革,落实国家战略,将创新创业教育嵌入整个研究生课程体系,全面提升研究生的创新创业能力。

分类完善学术学位和专业学位课程是为满足社会对各类人才的需要。研究者发现,"在技术领域,如工程、计算机科学,没有足够的称职的人员填补该领域人才的缺乏。在其他领域,如法律,有人认为我们已经拥有太多的法律专业人士,应该对这些供给过剩的专业的研究生人数进行限制。然而,考虑到未来供求关系的不稳定性,任何对于进入专业的人员数量进行限制,其后果都不可预知,这种想法则是不明智的"[①]。市场是调节供需的最好手段。我国9亿多劳动者中,长期存在"跛足"之痛,中级技能以上的人才偏少,高端创新人才、高端技能人才和应用型人才更是相对不足。虽然我国专业学位研究生教育发展迅猛,根据全国研究生招生数据可计算出,2010年招收的攻读专业学位研究生只占招生总数的22%,到2020年已上升至56%。但专业学位研究生培养模式与学术学位研究生雷同,在课程设置、实践能力培养等方面,不符合专业学位研究生

---

① [美]弗兰克·H.T.罗德斯.创造未来:美国大学的作用[M].清华大学出版社,2007:143.

教育的规律。分类完善学术学位和专业学位课程旨在更新理念,明确不同类型人才的质量标准,转换专业学位课程模式,加强知识应用能力、实践服务能力和问题解决能力的培养,通过培养高层次、实践型和应用型人才为我国经济社会的创新创业提供人才和智力支撑。

分类完善学术学位和专业学位课程是满足学生发展诉求的需要。课程学习是保证研究生教育质量的必备环节,在学术学位和专业学位研究生培养中发挥着不可替代的作用。但近几年大量的研究生课程调查表明,我国两类研究生课程体系都存在着目标定位模糊、课程结构不完善、课程内容不合理、实践性课程形同虚设等问题,学生对课程的满意度普遍不高,而学术学位研究生课程的满意度还总是低于专业学位研究生的课程满意度。北京理工大学学位与研究生教育研究中心根据对全国研究生培养单位的调查,发布《中国研究生教育质量年度报告》,表3-6是近4年的调查结果。结果表明,不同学位类型研究生对课程教学的满意度都不高,且学术学位低于专业学位。满意度不高说明课程未能达到研究生的期望,难以满足学生发展的诉求。因此,如何遵循不同学位类型研究生教育的规律,科学构建与不同类型人才培养相适应的课程体系,是当前深化研究生教育改革的重要和紧迫任务。

表3-6 不同学位类型研究生课程满意度　　　　　　单位:%

时间	学术学位	专业学位
2018	68.6	69.9
2019	69.2	71.0
2020	80.1	80.6
2021	75.8	76.4

资料来源:研究生教育质量报告编研组.中国研究生教育质量年度报告(2018)(2019)(2020)(2021)[M].中国科学技术出版社,2018、2019、2020、2021.

(2) 分类完善学术学位和专业学位课程的国外经验

发达国家研究生课程具有鲜明的类型特点,学术学位研究生课程以高深学问的学习和研究为目标,专业学位研究生课程则致力于基础知识、实践问题、职业技能的学习和应用。其课程体系和结构定位明确,特色鲜明。

第一,从课程设置总体情况方面看,专业学位研究生课程的总门数和总学分均高于学术学位课程。如美国哥伦比亚大学专业型的教育硕士要求至少修满60学分,而学术型的教育学硕士只要求修满32—33学分。[①] 教育博士要求完成90个学分的课程学

---

① Teachers College, Columbia University. Degrees & Requirements[EB/OL]. [2022-08-09]. https://www.tc.columbia.edu/education-policy-and-social-analysis/economics-and-education/degrees—requirements/.

习,教育学博士的课程学分要求则是75个学分。①

第二,课程的横向层次结构方面,专业学位课程通常由课程模块组成课程横向层次结构的基本单元,如耶鲁大学建筑学专业硕士学位的课程分为以下几个模块,包括建筑设计、建筑与现代性:场地与空间,建筑与现代性:理论与项目、结构、建筑项目、可视化和计算、环境设计、系统集成、城市设计、高级设计工作室。② 学术学位课程则主要由核心课程组成课程横向层次结构的基本单元,而且核心课程以研讨式课程为主,如耶鲁大学建筑学专业的学术学位硕士是通向学术博士的过渡型学位,其课程主要是三学期的核心课程,分别为第一学年秋学期的研讨课程Ⅰ、春学期的研讨课程Ⅱ和第二学年秋学期的研讨课程Ⅲ。

第三,课程的纵向层次结构方面,专业学位硕士课程通常由核心课程、方向课程、选修课程、实践课程4个部分组成,若根据课程学分数的多少排序,一般是核心课程居首,方向课程次之。如哥伦比亚大学教育硕士课程60个学分中,核心课程占36个学分,方向课程、选修课程和实践课程24个学分。③ 专业学位博士课程通常由核心课程、方向课程、跨学科课程和研究方法课程组成,若根据课程学分数的多少排序,一般是核心课程居首,方向课程次之。如哥伦比亚大学教育博士课程90个学分中,专业核心课程占33个学分,方向课程和跨学科课程合计45个学分,研究方法课程12学分。④ 学术学位硕士课程通常由专业核心课程、方向课程、选修课程或专题研讨课程组成。如哥伦比亚大学学术学位硕士课程32个学分中,专业核心课程占15个学分、方向课程9学分、选修课程6学分。⑤ 学术学位博士课程通常由核心课程、研究方法课程、宽广性和基础性专业学术领域课程等组成,若根据课程学分数的多少排序,一般是核心课程居首,研究方法课程次之。以哥伦比亚大学教育学博士为例,其课程75个学分中,方向课程19学

---

① Teachers College, Columbia University. Higher and Postsecondary Education EdD[EB/OL]. [2022-09-09]. https://www.tc.columbia.edu/organization-and-leadership/higher-and-postsecondary-education/degrees—requirements/higher-and-postsecondary-education-edd/.

② Yale University. Master of Architecture I Professional Degree Program[EB/OL]. [2022-08-11]. https://www.architecture.yale.edu/academics/programs/1-m-arch-i.

③ Teachers College, Columbia University. Program Description [EB/OL]. [2022-08-09]. https://www.tc.columbia.edu/catalog/academics/departments/organization-and-leadership/higher-and-postsecondary-education/.

④ Teachers College, Columbia University. Program Description [EB/OL]. [2022-08-09]. https://www.tc.columbia.edu/catalog/academics/departments/organization-and-leadership/higher-and-postsecondary-education/.

⑤ Teachers College, Columbia University. Master of Arts[EB/OL]. [2022-08-10]. https://www.tc.columbia.edu/organization-and-leadership/higher-and-postsecondary-education/degrees—requirements/higher-and-postsecondary-education-ma/.

分,研究方法课程 12 学分,宽广性和基础性专业学术领域课程 12 学分,其余为选修课程。①

第四,从课程的教学方式看,学术学位和专业学位课程亦有明显的差异。通常学术学位研究生课程的教学方式包括授课、专题研讨、专题报告、小组研讨、工作坊、实验、讲座、模拟练习等,教学中重视阅读、研究、讨论和练习。专业学位研究生课程的教学方式则主要有授课、研讨、案例教学、讲座、参观、专题讨论会、展示会、社会实践、校外资源学习、项目式学习、与校外专家合作等,教学方式更侧重于研讨、实践和应用,特别是充分利用各种校内外资源辅助课程教学和研究生学习,通过提供丰富、生动的案例教学,以及增加社会实践环节,引导研究生了解实践、研究实践,培养研究生的知识转化能力和理论运用能力。

(3) 分类完善学术学位和专业学位课程的策略

作为现代高等教育学位体系的两大组成部分,专业学位和学术学位处于人才培养的同一层次,但因培养目标各有不同,培养规格各有侧重,课程应各有特色。但当前的研究生培养实践中,学术学位和专业学位课程存在趋同现象,专业学位课程常常成为学术学位课程的翻版,极大地影响了人才培养质量的提高,特别是高层次实践型人才的培养。分类完善学术学位和专业学位课程就是要正视研究生课程系统中这两个并行的课程子系统,明确各自的目标和标准,发挥各自的特色和优势,在共生状态下寻求各展所长、共同提升,最终促进研究生课程的整体优化和特色发展。分类完善学术学位和专业学位课程的基本策略如下:

① 面向特定层次的人才类型,设定各具特色的课程目标

学位类型不同的一个标志在于培养目标的不同,另一个标志在于课程体系的不同。课程体系的龙头是课程目标。课程目标确立了课程的具体价值和任务要求,是构建课程结构、选择课程内容、组织课程教学、实施课程评价的依据和准则,也是实现专业培养目标的手段。

我国实施创新驱动发展战略,不仅需要大批拔尖创新人才,也需要大批高水平应用人才。学术学位研究生教育主要承担培养拔尖创新人才的重任,专业学位研究生教育则主要致力于培养高水平应用人才。分类完善学术学位和专业学位课程,关键是在强化课程目标定位的清晰性,课程目标定位不明确就会使课程体系建设和课程质量评价无的放矢,导致课程的同质、重复和低效。基于学术学位研究生教育培养拔尖创新人才的本质特点,学术学位课程要从学术性、创新性、前沿性三个方面重新定位课程目标,突出课程目标的高层次学术型人才培养特色。基于专业学位研究生教育培养高水平应用人才的本质特点,专业学位课程要从职业性、实践性与复合性三个方面重新定位课程目

---

① Teachers College, Columbia University. Doctor of Philosophy [EB/OL]. [2022-08-10]. https://www.tc.columbia.edu/organization-and-leadership/higher-and-postsecondary-education/degrees—requirements/higher-and-postsecondary-education-phd/.

标,突出课程目标的高层次实践型人才培养特色。

② 基于不同层次人才的素质要求,构建各有侧重的课程体系

课程目标通过课程体系来实现,课程体系是实现课程目标的具体途径和举措,是培养拔尖创新人才和高水平应用人才以及开展教育教学工作最主要的依据。课程体系的水平和质量,将直接影响到人才培养的水平和质量。研究生课程体系是研究生培养单位为达到研究生培养目标而设计的融目标、结构、实施、评价诸多要素于一体的课程综合结构及其动态运行系统。研究生课程体系是研究生教育创新的关键。

学术学位研究生教育旨在培养拔尖创新人才,德国慕尼黑大学教授海勒(Kurt A. Heller)认为,"拔尖创新人才就是在某一学科领域有突出的表现,可以综合使用有创意的和创新的方式来解决复杂的问题,他们所取得的成绩能够被公认且具有一定国际竞争力的人才"。[①] 针对该类人才的培养,学术学位研究生课程的侧重点在于:第一,削枝强干,打造高质量的研究生核心课程。高质量的核心课程反映了学科专业的特色、体现了学科专业的灵魂,对研究生创新能力的培养发挥着重要的支撑和促进作用,是构成研究生课程体系的基础性、关键性和特色性的课程。第二,夯实基础,强化基础理论和研究方法课程。前者需要加宽加厚基础理论类课程,强调深广扎实的基础理论知识,强化基础训练;后者需要加强研究方法类课程,训练研究生熟练掌握基本科研方法,提高分析问题、解决问题的能力。第三,高屋建瓴,坚持课程内容的动态性、前沿性和学术性。最新的前沿知识是研究生创新的基础,学术学位研究生课程需要引领研究生把握前沿性热点问题,激发他们的创新思维;课程内容需要体现遵循独立思考、批判反思和创新建构的学术研究理念,强化知识的互动和生成,克服课程内容中存在的学术性弱化问题。第四,博采众长,提高课程的国际化水平。注重与国际一流学科的接轨,借鉴国际先进课程理念和教学经验,跟踪国际一流学科的课程体系及相关课程的教学内容,作为高水平课程建设和评价的基准。第五,相得益彰,广泛促进课程与科研的融合。纵观世界一流大学,研究生科研训练与课程教学相结合已成为衡量国际研究生教育水平的标志,在课程教学中师生基于科研成果,运用研究过程与方法探讨科学原理、研究科学问题,创新知识和方法,使研究生获得融课程学习和科学研究于一体的高峰体验。

专业学位研究生教育旨在培养高层次应用人才,即为特定职业岗位提供高层次的应用型和实践型人才,这类人才更需要的不是科学研究能力,而是知识的实际应用能力和技术创新能力。针对该类人才的培养,专业学位研究生课程的侧重点在于:第一,更新课程理念,回归专业学位研究生教育的本质,即针对社会特定职业领域,培养较强的专业能力和职业素养,能创造性地从事实际工作和解决实践问题。第二,明晰应用型人才所需知识基础的类型,突出加强技术基础类知识。根据学科的特点,系统梳理技术基础知识的体系,为提高专业学位研究生的科技创新能力和实际应用能力奠定坚实和有

---

① 张建红."双一流"建设背景下我国高校拔尖创新人才培养研究[J].江苏高教,2021(07):70-74.

用的知识基础。第三,进一步加强实习实践类课程,提高此类课程的课时比例和学习要求。一方面,设立课程准入机制,规范此类课程的管理,提高课程开设的标准,明确课程的目标与内容;另一方面,加强课程评价,建立此类课程的质量保障机制。第四,改善专业学位研究生课程教学支持条件,建设高水平课程共享资源和课程基地。一是建设优秀的课程师资队伍,高度重视教师的背景和实践能力;二是提供坚实的课程教学支持条件,如图书资料、仪器设备、实验条件等;三是通过校企联合,共同打造丰富的课程学习实践资源,或与企业合作共建课程实践基地,或建立企业参与机制,充分利用企业的设施设备丰富学生的课程实践、培养学生的实践动手能力和创造性解决实际问题的能力。

③ 针对培养目标和学习者的特点,优化课程教学方式

学术学位和专业学位具有不同的培养目标和培养对象。前者通常招收脱产攻读学位人员,主要面向学科专业需求,培养具有创新精神和从事科学研究、教学、管理等工作能力的高层次研究型人才,其目的重在学术创新;后者主要招收在职攻读学位人员,主要面向经济社会产业部门专业需求,培养各行各业特定职业的专业人才,其目的重在知识、理论和技术的应用能力。高等教育的发展越成熟,两个体系的划分越明晰。

课程教学是帮助学生掌握扎实的理论基础,培养学生社会责任感、创新能力和实践能力的重要环节。优化课程教学方式就是要针对两类学位培养目标和学习者的特点有所为有所不为。

一方面,要高度重视学术学位研究生课程的教学,全面提高课程教学质量。第一,提高课程学习强度,加强科研方法训练和学术素养培养。第二,全面推进科研活动与教学活动的融合,强化思维训练和可迁移能力的培养。第三,优化讲座环节,增强教学的前沿性、挑战性。第四,进一步推动课程教学方法和手段改革,促进研究生自主、合作和研究性学习。第五,更新教学内容,采用国际先进的教学资料,反映学科最新发展成果。

另一方面,进一步深化专业学位研究生课程教学改革,大力转变课程教学方式。第一,应用型人才的培养不能闭门造车,从理论到理论、从课堂到课堂,而是应该以问题为基础、以实际应用为导向,特别需要重视案例教学、团队学习、模拟训练、调查研究、现场教学等方式。美国卡内基教育博士项目(the Carnegie Project on the Education Doctorate,CPED)明确倡导专业学位课程教学方式的改革,积极探索"特色教学法"(Signature Pedagogy),教学的基本原则为三性——不确定性、参与性和形成性,由此达成教学的三维目标——思考、执行和遵守。[①] 第二,应用型人才的培养不能闭关自守,让学生单打独斗、自娱自乐,而是应该加强团队合作学习、小组作业学习,今天的社会科技更新、企业的技术发明和创新更多的要依靠集团作战、团队合作,通过知识、技术和经验的分享,实现协同发展。如英国专业博士教育的特点之一即"大多数专业博士学位以

---

① The Carnegle Project on Education Doctorate. Signature Pedagogy[EB/OL]. [2022-08-17]. https://www.cpedinitiative.org/index.php?option=com_content&view=article&id=69:the-framework-&catid=20:site-content&Itemid=133.

群组为基础开展教学"。① 第三,应用型人才的培养不能坐井观天,一旦画地为牢,课程教学就失去了源头活水。外面的世界很精彩,应该在课程教学中加强经济社会产业部门背景、人员、经验、材料、问题、工具、手段等的输入,促进教学人员、内容、教材、工具、手段等与经济社会产业部门的链接,构建大学、专业、工作场所三者交叉的课程教学综合体。

④ 坚守课程设置的质量内涵,建立分类的课程质量标准

21世纪是质量的世纪。我国研究生教育也从外延式发展转向内涵式发展,其核心是质量保障,实现质量的途径之一是提高研究生课程设置的质量。如何理解研究生课程设置的质量?美国著名质量管理专家朱兰(J. M. Juran)认为,"'质量'意味着能够满足顾客的需要从而使顾客满意的那些产品特性"。② 这一定义有两层内涵:一是产品或服务必须具有"适用性",能满足顾客个体和群体、发展和变化的需要;二是产品或服务必须具有"符合性",能符合"需要"转化成的指标特征和特性。课程设置的质量内涵亦应包括两个方面,即需要和标准。学术学位课程和专业学位课程根据学习者不同的需要建立不同的标准、体现不同的特征和特性。

学术学位课程质量标准的核心是精深性、学术性和探索性。首先,知识方面的精深性,包括新知识的创造、解释和分析,以及知识体系的系统获取、比较和理解;其次,学科方面的学术性,包括学科的视野、跨学科的能力、对学科前沿的了解和观点;最后,研究方面的探索性,包括探索的意识、探索的兴趣、探索的能力,以及探索中的质疑能力、发现问题的能力、独立思考能力和科学批判精神。

专业学位课程质量标准的核心是综合性、应用性和实践性。首先,综合性,不同于学术学位要求的精深知识,专业学位课程在知识学习上的要求应该是综合化的基础理论、专业知识和技术知识,及其掌握、生产和转化;其次,应用性,即作为学者型的专业人员如何将专业知识、技能与实践智慧相结合,并以实践型研究和应用型理论为工具,妥善运用理论、知识与技术分析和解决实际问题;最后,实践性,实践性意味着职业指向性,其表征是行动研究、实践项目、模拟训练、现场操作,课程教学成效建立在专业理论、实践问题和操作行动三位一体之上。

三、研究生课程的连贯性设计

长期以来,我国的高等教育划分为本科生、硕士生和博士生三个培养阶段,实施分段式人才培养模式。随着研究生教育的发展,社会对高层次人才特别是拔尖创新人才培养的需求与日俱增,培养拔尖创新人才,必须满足不同人才的个性化需要,如为学习能力强的学生提供高效的课程方案。传统的本硕博分段分层的课程学习模式,虽在一定程度上保障了不同知识基础学生在学习上的适应性,但也发挥着削足适履的功能,显

---

① 陈洪捷,等.博士质量:概念、评价与趋势[M].北京大学出版社,2010:197.
② [美]约瑟夫·M.朱兰,等.朱兰质量手册(第五版)[M].中国人民大学出版社,2003:8.

性或隐性地起到了"拉平"的效果。从拔尖创新人才培养的角度说,对于学习需求强烈、学习能力强大的学生,在本科阶段就应该为他们提供更多选择的机会,使之可以选择能贯通硕士、博士的高效课程计划,以满足其学习潜力和快速学习的特点,为其创新发展提供渠道和空间。研究生课程的连贯性设计旨在加强课程的顶层设计,打通本科课程、硕士课程、博士课程之间的封闭与隔阂,建设贯通式的硕博课程或本硕博课程体系,加强研究生课程教学过程的连续性、系统性和完整性,全面提高研究生课程质量。

1. 按一级学科制订课程计划,实施本硕博课程一体化

随着我国研究生教育事业的快速发展和研究生教育改革的深化,按一级学科培养研究生已经成为高校培养复合型、高层次创新人才的重要方式。该方式以培养拔尖创新人才为目标,贯通硕士生、博士生甚至本科生、硕士生、博士生培养过程,整合教师队伍、共享优质资源、优化培养体系,使本科教育、硕士教育、博士教育有效衔接。但如何才能做到真正的衔接或一体化? 按一级学科培养研究生的根本工作在于按一级学科制订课程计划,实施本硕博课程一体化。

(1) 为什么要按一级学科制订课程计划,实施本硕博课程一体化

国家已按一级学科审核学位授予和行使学位授予权。我国自20世纪末就逐步开始按一级学科审核博士学位授权点,在一级学科博士学位授权下招收、培养研究生,并授予博士和硕士学位。按一级学科制订课程计划已不存在制度的障碍。下面需要做的是进一步深化此项改革,将改革的重心由外在的制度转向内在的课程。按一级学科制订课程计划也是建设世界一流大学、应对全球化挑战、适应国际研究生发展趋势的必由之路,其本质就是淡化二级学科课程,优化人才培养的学科和专业课程结构。按一级学科制订课程计划还有利于高校及时根据学科发展的趋势调整课程结构,推动产生新的课程生长点或发展新的交叉学科课程,促进在课程建设上与国际接轨;也有利于在更大范围内更灵活地培养人才,扩大学生知识面,提高研究生培养质量,为研究生就业、学术发展、国际交流等提供更大的空间与发展潜能。

研究生创新人才培养的基础是本科生教育。实施本硕博课程一体化就是要更加重视本科生的课程与教学工作,将本科生教育质量纳入创新人才培养体系中统筹考虑并进行顶层设计。本科生的创新能力直接影响着未来研究生阶段的创造力及科研能力的高低,本科阶段是研究生阶段发展的基础和前提,没有高质量的本科教育,研究生教育就成为无源之水和无本之木,本科教育是灵魂,本科阶段奠定的知识基础、研究理念、批判性思维将会极大地促进研究生阶段创新能力和科研水平的提高。当然,高质量的研究生教育又能对本科教育在扩大专业领域、改革培养方式、丰富知识结构、提升研究能力等方面起到促进作用。一方面,按一级学科制订课程计划有利于带动本科课程的改革,打破封闭式的本科课程模式,使本科课程与研究生课程前呼后应;有利于更科学地设计本科生课程,优化本科课程结构,缩短学习周期,减轻本科生的课程负担,突出课程的重点,为日后的研究生课程学习奠定扎实的知识基础。另一方面,有利于本科生课程更加聚焦培养目标,有的放矢,使课程做到连贯但不重复,还能提前进行专业知识学习,

建立宽广的知识结构,使本科教育更加高效地支持研究生拔尖创新人才培养。

研究生培养按一级学科,但研究生课程还是换汤不换药。当前,高校都实行宽口径培养研究生,按一级学科制订培养方案,但课程作为培养方案的核心还存在明显的滞后现象,即就课程计划而言并未真正实现本硕博课程一体化,或还只是形式上而不是实质上的一体化,如在课程的总量上,做的是加法而不是减法,所开设课程数量偏多;课程设置缺乏层级性,未能凸显本科、硕士、博士教育特点和人才特色;前沿性、交叉性、边缘性和跨学科综合性方面的课程较为缺乏,课程设置的共融性问题仍较为突出。所以,深化研究生培养改革需要进一步完善按一级学科培养研究生的制度,抓手就是真正按一级学科设置课程,培养复合型、高层次创新人才有赖于科学的课程计划的开发与设计。通过课程体系的创新促进本科教育与研究生教育、硕士教育与博士教育的有效衔接,实现贯通式、一体化人才培养目标。

(2) 按一级学科制订课程计划,实施本硕博课程一体化的国外经验

本硕博课程一体化在美国等西方发达国家基本成为通用模式,虽然各国在课程一体化方面的具体举措不尽相同,但该模式已在国际上获得较为普遍的认同和借鉴。

下面以美国普渡大学(Purdue University)机械工程专业为例,介绍其按一级学科制订课程计划,实施本硕博课程一体化的经验。

普渡大学是世界著名的理工科老牌名校,因其极高的学术声望,在美国和国际上都有较强的影响力,特别是工科,成功跻身世界顶尖梯队之行列,其工程学院与麻省理工学院、斯坦福大学等基本常年包揽美国工科十强。作为位列世界一流的机械工程专业,实施本硕博教育一体化,其本硕博贯通课程颇具特色,本硕博课程结构见图3-2。

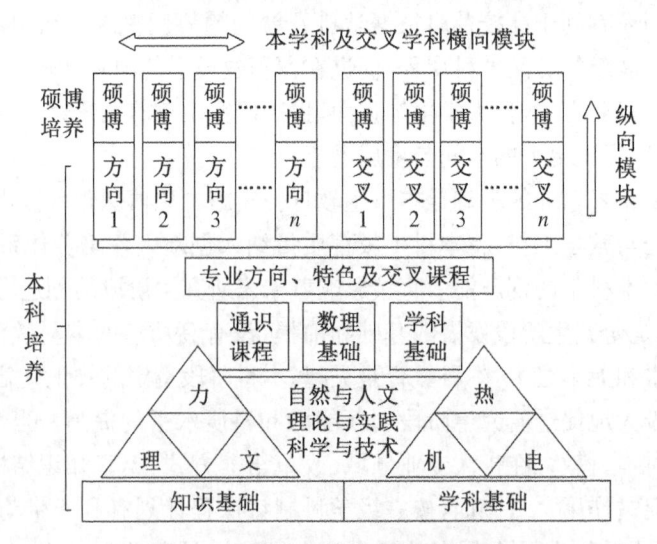

图3-2 普渡大学本硕博课程结构

资料来源:吴静怡,奚立峰,杜朋林,等.本硕博课程贯通与交叉人才培养[J].高等工程教育研究,2015(03):94-101,107.

对于本科工程教育的发展愿景,普渡大学在其制定的《2020普渡工程教育行动计划》(Engineer of 2020 Initiative)中确立了本科工程教育的三大支柱:知识领域、能力和资格。[1] 一是加强本科生的基础知识学习,一是扩大工程知识的实践应用和跨学科学习。在本科阶段,其课程分为两大模块:通用基础知识模块和学科基础知识模块。前者包括人文、理学和力学,由通识教育课程、数理基础课程和力学课程组成;后者则包括机械、热学和电学,由设计与制造、热科学、信息与控制等系列课程组成。通识课程、数理基础课程、力学课程以及专业三大系列课程很好地支撑了学生的专业基础。学好了这些课程,学生就具有了非常好的机械工程的基础,可以选择本专业与相关专业方向课程进行深入学习。学习了本科阶段扎实的通用基础课程和学科基础课程,进入硕博阶段,学生可以根据自己的兴趣、所选择的专业方向及未来的职业发展方向,选择后续的专业方向课程和相关交叉学科的方向课程,促进学生向各硕博方向交叉发展。由此,通过课程将研究生引入各自感兴趣的领域,或者从事本专业更加深入的研究工作,或者进入相关交叉学科专业,从事交叉学科领域的研究工作。[2] 如果说美国普渡大学机械工程专业的本科阶段是坚持课程的通识化和学科基础化,以满足进入后续研究生阶段不同专业方向学习的基础性和坚实性条件,则硕博阶段课程的特点是在此基础上进一步推进了学科专业学习的广度与深度,体现了学科交叉与本硕博贯通培养的特性,为学生后续发展提供了更多的选择机会。

近年来,为推动研究生阶段的跨学科学习,培养创新型的工程领导人才,普渡大学追求卓越,鼓励创新,提出"大工程"课程模式,率先设立了世界领先的本科工程专业——多学科工程研究和跨学科工程研究(Multidisciplinary Engineering and Interdisciplinary Engineering Studies),[3]进一步强化低年级的工程共同课,更好地贯通本硕博课程,为衔接研究生阶段的跨学科工程学习奠定强大的共通基础。

(3) 按一级学科制订课程计划,实施本硕博课程一体化的策略

按一级学科制订课程计划,实施本硕博课程一体化存在三个障碍,若能有效清除这些障碍,将极大地促进本硕博课程的贯通运行。

① 开放课程对象,升级课程代码,构建贯通的本硕博信息系统和选课系统

目前,不少高校的本科课程和研究生课程犹如楚河汉界,隶属两个选课系统,彼此相对独立,缺少沟通和联系,两个选课系统各自向不同身份的学生开放,如本科生、硕士生或博士生。这样的系统导致无法对全校学生开放,更难以支持学生按兴趣和学习能

---

[1] Purdue University. Engineer of 2020 Initiative[EB/OL]. [2022-08-15]. https://engineering.purdue.edu/Engr/Academics/Engineer2020.

[2] 吴静怡,奚立峰,杜朋林,等.本硕博课程贯通与交叉人才培养[J].高等工程教育研究,2015(03):94-101,107.

[3] Purdue University. Undergraduate Programs:Multidisciplinary Engineering and Interdisciplinary Engineering Studies[EB/OL]. [2022-08-15]. https://engineering.purdue.edu/Engr/Academics/Engineer2020.

力选课、学课,结果必然阻碍了本科课程与研究生课程彼此之间的相关性、共通性和开放性。英美等发达国家的大学,基本都实行了全校统一的注册中心、选课中心,全部操作都在网上进行,选课系统向所有学生开放,系统中选课的具体时间、所有课程设置的详细介绍,如课程代码、课程主要内容、每个授课教师对这门课的要求等信息,事无巨细,统一开放给所有学生。课程不区分学生的身份,而只是通过编码区分水平(level),通常入门课程是100level的,不设门槛,到200或300level甚至以上的,就会有先修课程的要求,即需要修过一些低level的课才可以选择。

构建贯通的本硕博信息系统和选课系统,一方面,需要整合和打通目前各自为政的本科生选课系统和研究生选课系统,整合全校性的优质课程教学资源,建立统一的选课平台,全部课程向所有课程对象开放,满足不同学习能力、学习目标学生的多样化需求,打破选课中的身份障碍,支持学生根据学习兴趣和按学习能力选课、学课。基于统一的选课平台,本科生可以选择硕士生课程作为其个性化发展课程;研究生也可跨院系、跨学科选修本科专业核心课和专业选修课作为其专业必修或选修课程。

同时,需要编制本硕博课程体系贯通代码。课程编码为功能性编码体系,主要反映课程开设的学科专业信息、课程相对难度等基本信息,体现本科课程与研究生课程以及本科与研究生学科之间的对应。制订本硕博课程的统一编码标准,形成一体化的全校课程体系,利于有效地确定课程在全校课程体系中的层级,方便进行课程设置的纵向和横向比较。建立相对应的本硕博课程代码,才能明确地呈现各课程之间的对应关系和体现本硕博课程一体化设置的思想,同时也给学生提供了一幅明晰的知识结构图,有利于学生对知识体系形成宏观和系统的认识。根据国际经验,编制的课程代码需有足够的"可读性",通常由代码前缀+课程代码两部分组成。前者由3—4个或更多的字母组成,表示开设课程的学科专业信息,一般为一级学科的英文缩写。后者为表示课程难易程度的一位数字,如0—4对应本科生课程,5—8(或更大)对应研究生课程,数字表示课程的难易程度,数字越大难度越高,国外大学一般5以上的编码都是对应研究生课程。也可由代码前缀+课程代码+自主编制的数字三部分组成,最后一部分是由代码编制机构根据自身课程教学的需求自主编制的内容。

② 重构课程模块,提升课程效率,改革研究生专业方向课程

按一级学科制订课程计划,需要对原有课程体系进行较为系统的梳理、整合和归并。通过梳理,减少数量提高质量,统筹设计本科生和研究生课程,删减内容重复的课程,在总学分不变的前提下,精减课程数量,适当降低研究生课程学习的总学分要求。通过整合,加强开设不同层次的系列课程,如以"数学"系列课程为例,"数学(Ⅰ)"为本科水平,"数学(Ⅱ)"为硕士水平,"数学(Ⅲ)"为博士水平。在大致相同的教学时间内,学生根据自己的学业基础或选择"数学(Ⅰ)"或选择"数学(Ⅲ)",由此可促进课程效率的提升,快速地使跨学科学习的学生达到新学科的知识能力要求,满足跨学科交叉培养研究生的需要。通过归并,破除传统的局部利益,打破以往封闭的专业方向课程,按学部大类宽口径建设课程体系模式,以建设的课程基础性强、适用面广和影响力大为原

则,重构本硕博专业模块系列课程,加强新型学科交叉课程和学科前沿课程建设。

③ 梳通课程组织,理顺内外关系,共谋本硕博课程体系贯通大计

实现本硕博课程贯通设计迫切需要打破部门本位主义,梳通课程组织,理顺校、院、系之间的关系,本科生管理与研究生管理之间的关系,解决学部间或学院间、院系间本硕博课程体系贯通设计的问题。一方面,理顺学部或学院内的关系,跨越专业的界域,更多地着眼于不同专业、学科,或不同学科的优质课程资源,构建综合化、高层次的"课程共建"和"好课共享"课程开发和计划机制。另一方面,理顺学部或学院间的关系,运用世界一流大学研究生课程改革的先进理念,整合全校的优质课程资源,强化对课程顶层设计的规划与论证,积极按学科大类宽口径构建本硕博贯通的课程体系,既增强研究生基础理论课程的宽度和广度,又实现多学科交叉贯通。通过完善的课程体系为宽口径复合型、创新型人才的"冒尖"和培养提供有力保障。

2. 改革培养方式,实施深层次、贯通式课程培养博士

21世纪以来,我国正式实施包括"硕博连读""提前攻博""直接攻博"等形式在内的硕博贯通式博士生培养模式(简称"贯通式博士生培养模式")。迄今,贯通式博士生培养模式已取得重大的成绩,但回顾和反思十多年的改革历程,发现也存在一些弊端,特别是该培养模式仍存在贯通性不够、开放性不足方面的问题,而课程则是问题的核心,如:总体上课程体系相对封闭,缺少开放性;硕士生课程与博士生课程基本是两张皮,不管是形式上还是实质上都没有贯通,或者有的还处于贯通的初级阶段和浅层水平;课程学习与科学研究也是各不相干,相互间的贯通性远未实现。提高贯通式博士生教育的质量,大力培养拔尖创新人才,需要进一步深化体制机制建设,整合优质教育资源,优化课程体系,改革单纯是终结性的硕士培养方式,探索终结性与过渡性相结合的硕士培养方式,实施深层次、贯通式课程培养博士。

(1) 为什么要改革培养方式,实施深层次、贯通式课程培养博士

首先,改革培养方式才能解决目前贯通式博士生培养中能进不能出的问题。长期以来,我国的研究生教育基本是以硕士生教育为主,因博士生规模不大,加之对博士生教育的本质和培养方式认识不足,导致博士生教育和硕士生教育培养模式大同小异,博士生教育除了要求程度上稍高,其余教育形式与硕士生基本相同,忽视了博士生教育与硕士生教育的差异性和不同的本质特征。21世纪以来,根据教育部的要求正式实施贯通式博士生培养模式,高校纷纷改革传统的硕博"分段式"培养模式,在一些学科逐渐出现"硕博连读""提前攻博""直接攻博"等多种培养模式,大大优化了博士生的培养周期。但在培养过程中出现开弓没有回头箭的问题,通过"硕博连读""提前攻博""直接攻博"等形式,硕士生有了更多的选择和机会,他们可以殊途同归,进入博士生阶段,实现了从硕士生到博士生的贯通,但问题是在完成硕士生的学习后若不能或不拟再攻读博士学位,则不那么容易退出了,即从博士生阶段转为硕士生阶段极不方便。一般各高校不允许贯通式博士生转为硕士生进行培养,特别是直接攻博博士生。

改革培养方式就是要变单程为往返,解决学生的后顾之忧,以课程为抓手,提高硕

士生培养的灵活性,变终结性的硕士学位为过渡性学位。贯通式博士生培养中,学生若不能或不拟再攻读博士学位,只要他们完成了硕士课程的学习并达到硕士生培养的要求,就可以获得硕士学位毕业。这样既可以减轻贯通式博士生因为顾虑不能完成博士学业,也不能转为硕士生培养带给他们的巨大压力,也可以节约教育资源,并通过大浪淘沙提升博士生的生源质量。

其次,实施深层次、贯通式课程才能改变目前存在的课程简单叠加现象。不少高校都实施了贯通式博士生培养,但常被学生吐槽是新瓶装旧酒,问题的症结在于作为人才培养核心的课程,是真贯通还是假贯通,审视一下课程即清楚。目前的课程离真正的贯通还有不小的差距。对于贯通式博士生培养,高校基本的做法,一方面是通过减少课程门数或者课时,或以完成硕士生的公共课而给出贯通式博士生的学分这样的方式实现公共课课程的贯通;另一方面是简单叠加硕士生专业课程与博士生专业课程,即贯通式博士生从本学科的硕士专业课和博士专业课中各选择若干课程,以这样的方式实现专业课程的贯通。可见,目前实施中的贯通式博士生的课程主要是通过从硕士生课程、博士生课程中分别选择若干组合而成,如此拼盘式的课程既没有课程设计的内在逻辑,课程体系与课程目标间也没有相关性或一体性,学生学习了这样缺乏必然联系的所谓贯通式博士生教育课程,结果依然是不贯通,甚至出现知识结构和逻辑的断裂,也就不足为奇了。

实施深层次、贯通式课程就是要针对上述课程未真正贯通的问题,根据博士生教育的本质特征,围绕不同的人才培养目标,改变目前存在的课程简单叠加现象,以基本素质要求和质量标准,重新构建开放式、融合性的课程体系,进一步加强专业课程的贯通、公共课程与专业课程的贯通,以及硕士生课程和博士生课程的贯通、课程学习与科学研究的贯通。

最后,实施深层次、贯通式课程才能有助于促进学生知识学习的深入性与交叉性,提高博士生培养质量和培养效率。博士生是创新型国家建设的生力军,知识创新和技术创新的主力军。但当前常遭诟病的恰恰是博士生的创新能力培养问题。博士生创新能力不强,是我国整体原始创新能力不足的重要根源。博士生培养明显不能适应国家对人才越来越宽和越来越高的要求,原因有二:一方面在于博士生的科研和实践能力训练不足,导致科技创新能力较弱;另一方面在于知识基础薄弱、知识面窄、知识结构不完善,并且缺乏对前沿知识、交叉学科知识等方面的了解和掌握,导致博士不博、综合素质不高、知识创新能力不强。课程是奠定学生深厚知识基础的重要平台,是提升博士生创新能力的奠基工程。但硕博简单叠加的课程体系难以形成学生完善的知识结构和原始创新的知识基础。"2015年研究生对课程体系合理性和课程内容前沿性的满意评价分别只有65.0%、64.7%,分别比研究生总体满意度低6.7和7.0百分点。"[①]另外,我国

---

① 研究生教育质量报告编研组.中国研究生教育质量年度报告(2015)[M].中国科学技术出版社,2016:25.

研究生教育中,"跨学科课程较少,很多专业的课程按二级学科设置,课程涉及面狭窄,学生跨学科学习受到很大局限,难以满足未来学科交叉发展的趋势"[①]。

实施深层次、贯通式课程旨在针对拔尖创新人才培养具有的知识层次和科学研究连续性和高积累的特点,打通硕博两个培养阶段,顶层设计,统筹构建课程体系和课程学习与科学研究工作,避免课程学习上的重复、低效,保证课程学习的连续和深入,提高培养效率。深层次和贯通式课程还致力于强化交叉学科课程和跨学科课程,当前社会发展、科技变革中一些综合性和复杂性的问题越来越需要运用多种知识、理论和方法予以解决,跨学科课程的学习已成为世界一流人才培养的共同趋势。通过打破学科界限、院系界限,整合校内外的优质课程资源,为培养高层次人才创造条件,更有利于创新人才脱颖而出,从而通过促进知识学习的深入性与交叉性,提高博士生培养质量。

(2)改革培养方式,实施贯通式课程培养博士的国外经验

国外博士学位的培养以连贯制为主,但具体的举措不一,美国、英国、德国、日本、俄罗斯等国贯通式博士生培养模式各具特色。以美国为例,其研究生教育以博士生教育为主,而贯通式培养模式在博士生教育中具有主导地位。博士生招生对象为学士学位或硕士学位获得者,学术学位博士生的招生基本都是前者,也就是说培养学术博士的专业绝大多数都可以直接招收本科毕业生。但仅有极少数专业的硕士学位可以作为最高学位授予,硕士学位主要是作为过渡性学位。贯通式培养模式中的博士生在攻读博士学位过程中如果想申请硕士学位,通常只要按照攻读博士学位的有关规定,完成程序和要求,即可授予硕士学位。

美国贯通式博士生培养实施至今较为成功和有效的核心抓手之一就是其课程的贯通设置,贯通式博士生入学后首先进行课程学习。贯通式课程,顾名思义,一是全部打通,二是全面开放,三是全程交叉,四是全科强化。全部打通,关键在于课程编码。美国各大学课程体系均实行标准化的编码系统,课程编码不是按照硕士课程和博士课程分开编制,而是根据内容模块和内容的逻辑性,循序渐进、由浅入深进行编码,集中体现了课程的贯通设置思想。学生根据自己的知识基础、学位要求,以及每门课程的先修课程要求,选择不同水平层次的课程有序地学习,逐步深入。全面开放,关键在于打破人才培养中的封闭主义。美国大学普遍重视扩大课程的对外开放,使学生不仅可以选择本院系的课程,也可以选择外院系的课程,甚至外校相关院系的课程。全程交叉,关键在于克服学科中心主义。美国大学的课程不仅仅囿于本学科,还非常重视扩大学科的交叉与融合,广泛设置跨学科课程、交叉学科课程,培养博士生掌握宽广的知识和具备跨学科研究的能力。全科强化,关键在于顶天和立地。美国各大学贯通式课程设置中既关注基础知识的学习与掌握,也十分关注学科前沿动态,持续引进最新的科研成果,使博士生不仅有扎实的学科知识基础,还有开阔的学科视野和良好的学科知识面。

下面以斯坦福大学的经济学学科为例,具体分析其贯通式课程设置的基本状况。

---

① 袁本涛,王传毅. 我国研究生教育结构调整问题研究[M]. 经济科学出版社,2015:322.

斯坦福大学经济学系的学术学位博士(Ph. D.)只接受本科生,通过贯通式课程实施硕博一体化教育。经济学系不接受仅是把硕士学位作为终结性学位的申请者。硕士学位只授予目前就读于本系的经济学博士候选人或来自斯坦福大学其他院系的经济学博士候选人。课程既包括现代理论也包括实证方法,为学生提供范围广阔的应用领域,学生可以选择对两个特别感兴趣的方向进行更深入的学习和研究,通常学生需要花整整两年的时间完成课程的学习,后面两年的时间主要用于论文研究与写作和参与各种研讨会。① 学术学位博士生实施全日制教育,坚持广博与精深相结合。一方面,通过修习自己感兴趣学科领域的课程,促进知识的深度学习与掌握,具备精深性;另一方面,通过进一步选修所选兴趣领域以外其他方向和学科的课程,拓宽知识视野,加强广泛的学科领域训练,具备广博性。课程方面完全是硕博一体化设计(见表 3-7),通过贯通式课程的设置,博士生可以掌握宽广、系统和深入的经济学基础知识、前沿知识和交叉学科知识。

表 3-7 斯坦福大学经济学系 Ph. D. 贯通式课程

学习时间	主要工作	具体要求
第一年	核心课程	必修三门核心课程:核心宏观经济学(202—203—204)、核心微观经济学(210—211—212)、核心计量经济学(270—271—272)
第二年	领域必修与分布选修	领域必修的要求是,从下面的领域中选择两个自己感兴趣的进行深入学习:行为与实验,发展经济学,具有因果推理的计量经济学方法,计量经济学,经济史,环境、资源与能源经济学,金融,产业组织,国际贸易与金融,劳动经济学,市场设计,微观经济理论,宏观经济学,政治经济,公共经济学 分布选修的要求是,完成四门研究生水平的课程,其中一门必须是与经济史相关的,两门从上面列出的各领域之外选择
第三年	三年级研讨会和领域研讨会,获得博士生资格,选择学位论文导师	下面列出的是领域研讨会或工作坊,选择其中的两个参与学习三个学季,或选择其中之一参与学习 6 个学季。391:微观经济理论,310:宏观经济学,370:计量经济学,325:经济史,355:产业组织,345/315:开发/应用,365:国际经济学,341:公众/环境
第四年	成立学位论文委员会,答辩	

资料来源:Stanford Department of Economics School of Humanities and Science. Ph. D. program[EB/OL]. [2022-08-19]. https://economics. stanford. edu/graduategraduate-degree-programs/doctoral-program.

(3) 改革培养方式,实施贯通式课程培养博士的策略

我国深化贯通式博士培养改革的核心工作是真正实现课程的贯通,实施贯通式课

---

① Stanford Department of Economics School of Humanities Science. Ph. D. program[EB/OL]. [2022-08-19]. https://economics. stanford. edu/graduategraduate-degree-programs/doctoral-program.

程首先需要改革培养方式,建立硕博发展双向通道;其次需要明确课程质量标准;还需要加强跨学科课程和交叉学科课程建设。

① 改革培养方式,建立硕博发展双向通道。目前硕博贯通培养中的瓶颈是周期和通道,打破瓶颈就是要缩短硕士生学习年限,准确定位硕士生培养目标,将硕士学位主要作为过渡性而不是终结性学位。而学生在取得硕士资格后也可以有多条通道,有不同的发展选择,既可以选择继续从事学术研究工作,也可以直接就业。有志于攻读博士学位且学业成绩优秀的学生,可以直接进入博士培养阶段。否则,就可以在完成课程学习要求和其他硕士学位授予的基本条件后,获得硕士学位。

② 建立课程质量标准,提高硕博学位的含金量。博士生的课程学习对科研能力的提升和学科视野的拓宽非常重要,所设置的每门课程都应该有明确的课程目标和质量标准,不仅让学生了解学科最新的研究成果,而且还应该掌握最新的研究方法,以及强化知识的批判和运用。研究发现,"现行课程训练在课程设置、结构和内容上的缺陷是导致博士生科研能力不足的关键原因"[1]。"比起美国科学、规范的课程教学体系,我国的博士生课程教学呈现出松散、随意、不严格的特征。""我国博士生教育因固守以知识传授为核心的'增量式'发展模式,课程结构与内容无法适应博士生科研能力训练要求,难以发挥课程在保障博士生培养质量中应有的作用。""博士生课程学习对博士生科学研究的直接作用不明显等问题,由此导致博士生不重视课程学习并对其失去兴趣。"[2] 提高博士生培养质量,必须建立课程质量标准,包括课程准入标准、课程退出标准、课程评价标准,彻底变革目前的课程体系,促进课程学习对培养质量的正向影响,使硕博学位都有更高的含金量。

③ 加强跨学科课程和交叉学科课程建设,拓展贯通式课程的口径。研究生教育的重要理念是培养符合市场需求的高层次人才。当前社会对跨学科人才、创新人才的需求持续增长,研究生教育为适应时代的变革必须加强跨学科和交叉学科课程的学习,培养新型的跨学科人才,设置跨学科课程和交叉学科课程有助于推动学生思想的创新和提高解决重大复杂问题的能力。跨学科课程和交叉学科课程的设置需要打破学科界限,拓展贯通式课程的口径,由个别课程扩展到整体课程的跨学科设置,提升研究生课程开发理念,全面沟通科学、技术、人文、社会等之间的联系。根据一定标准和原则设置跨学科课程,如可以是一门课程面对的研究领域必须跨越两门学科以上,或者设立现有专业、学科无法替代的综合课程,或者针对某些社会难题,设置新型综合课程,针对性地将横断学科适用知识汇集起来集成一门新课程。

3. 拓展课程功能,促进课程学习与科学研究的全面贯通

课程功能简单说就是课程在实施过程中对于目标实现所发挥的作用。课程功能发

---

[1] 刘文,沈沛文,廖文武.试探课程训练与科研能力培养——基于F大学博士生的研究[J].新课程研究(中旬刊),2016(06):98-101.

[2] 包志梅.博士生课程学习与科研活动关系密切度及其对科研能力的影响——基于对48所研究生院博士生的调查[J].学位与研究生教育,2021(01):68-77.

挥作用的大小直接决定着课程目标的实现和人才培养的质量。研究生课程改革的核心目标之一就是要拓展课程功能,通过促进课程学习与科学研究的融合,不仅使研究生掌握知识,更重要的是还要善于运用知识,学会学习、学会研究、学会批判、学会交流。

(1) 为什么要拓展课程功能,促进课程教学与科学研究的全面贯通

研究生课程不仅应具有适应功能,更应具有超越功能。掌握坚实的基础理论和系统的专门知识无疑是研究生教育的一项根本任务,但不是唯一任务,还要培养研究生具有从事科学研究、教学工作或独立担负专门技术工作的能力,博士生则需具有独立从事科学研究工作的能力,以及在科学或专门技术领域做出创造性工作的能力。所以,研究生课程不能只发挥课程的适应功能而忽视课程的超越功能,在课程实施中,既要培养研究生具备宽广的知识基础和精深的专业知识,还要培养研究生面向科学研究前沿,适应未来社会的本领,如发现问题和解决问题的能力、批判性的思维方式和引领能力、交流与合作能力等,能承担起独立从事科研工作、集成创新和原始创新的职责。课程超越功能的发挥,行之有效的途径是全面贯通课程教学与科学研究。

课程教学与科学研究具有互为基础、相互促进的作用。一方面,课程教学是科学研究的基础。通过学习设计精良的课程内容,学生奠定知识基础、完善知识结构、扩大知识视野,从而为后续的科研工作打造核心竞争力;通过课程教学过程中师生的广泛交流,学生可以不断地发现新问题、诞生思想的火花、获得科研的灵感;通过严格的课程教学训练,锻炼批判性思维、独立思考能力、自学能力、分析综合能力、独立工作能力、组织领导能力,以及沟通与表达能力,奠定科研工作的思维基础和能力基础。另一方面,科学研究是课程教学的源头活水。通过将前沿的科学研究课题融入课程教学,既充实了课程内容,拓宽了学生的专业领域,也引领学生的课程学习面向学科前沿或社会改革实践,从而激发学生的学习兴趣,提高学生的课程学习质量;通过专业文献研读和结合课程教学参与科研实践,可以促进学生积极关注和跟踪本学科领域的最新进展,使之在课程教学中就能及时了解学科专业研究和科技发展的最新动态。

课程训练不足是影响研究生科研能力提高的重要因素之一。培养能独立承担科研任务的创新型人才是研究生教育特别是博士生教育的根本任务,提高研究生的科研能力是提高培养质量的一个重要方面,研究生课程教学必须以培养研究生的科研能力为己任。研究生课程训练对研究生的创新能力、科研能力特别是思维和方法影响较大。科研能力的不足,很大程度上是由现行课程设置的缺陷造成的,如课程的难度、深度不够,前沿性欠缺,结构性较差等。研究发现,课程是影响博士生科研能力培养的重要因素,课程在博士生科研能力培养中存在的问题包括:课程设置与科研能力的需求有偏差,与科研过程脱节严重;课程结构比例不合理;前沿性知识缺乏,组织形式单一,课程资源不足,教学环境封闭等。[①] 这些问题在一定程度上影响了博士生知识的积累、知识

---

① 张祥兰,王秋丽,林莉萍.影响博士生科研能力培养的课程因素调查分析[J].学位与研究生教育,2010(05):6-9.

结构的改善和科研能力的提高。① 因此,迫切需要促进课程学习与科学研究的贯通,实现课程学习与科研训练的紧密结合,尽力满足研究生科研能力培养的需求。

(2) 拓展课程功能,促进课程教学与科学研究全面贯通的国外经验

课程是培养研究生科研创新能力的重要载体,是实现研究生培养目标的中介桥梁。从发达国家研究生培养的经验来看,通常把课程学习作为研究生能力训练的主要形式。美国研究生教育中对课程教学与科学研究的重视体现为其所创建的独特的研究生培养模式,其指导思想就是进行科学探索,为社会发展提供知识和人才支持,以促进创新型人才培养和社会进步为最大目标。该模式以项目为抓手,既重视研究生教育的基础性和理论性,又重视其实践性和应用性,实现了课程教学与科学研究的全面贯通。下面以麻省理工学院为例,分析其做法与经验。

麻省理工学院作为享誉世界的科学技术教育和科研中心,以培养拔尖创新型的科技人才与管理人才为己任。其独特的人才培养方式在于专、通结合,知、行统一,始终坚持基础科学和应用科学的课程教学与科学研究相结合的办学方向,贯通式的课程教学与科学研究模式,给予研究生全面和特色的训练,使他们能创造"点石成金"的奇迹。

麻省理工学院采取以下多种形式促进课程教学与科学研究的全面贯通。

① 创设科研导向的新型课程

伯顿·克拉克(Burton R. Clark)教授在《探究的场所——现代大学的科研和研究生教育》一书中提出,科研和教学只是在特殊的条件下能够在一个框架内组织起来,远远不是一种自然的相配。作为大学内部的形成性条件,在学校层面实现科研与教学和学习统一原则的最重要的有利条件,是正式建立一个研究生教育层次,创设新型的研究生课程。② 麻省理工学院除了依托传统的专业核心课程培养专业化的创新型人才之外,还根据现代工程教育特点和社会发展的新需求,改革课程体系、完善课程类型,开设了许多新型整合课程,以集成思想为理念,创造性地将横断学科适用知识融合起来形成一门新型的集成课程,此类课程与传统课程的最大区别在于强化知识及方法的应用,而不是理论体系。

此外,麻省理工学院还组建了大量跨院系、跨学科的机构,打造诸多跨学科专业,开设跨学科、交叉学科课程,大力培养跨学科的复合型人才。麻省理工学院现有 31 个独立的跨学科组织,③其中许多跨学科组织已经实施研究生教育。近年来,加强跨学科课程的学习和研究训练已成为麻省理工学院培养博士生的一个最显著的特点。该模式以问题为导向,以兴趣为基础,以项目为抓手,大量开设与项目主干学科密切相关的跨院

---

① 刘文,沈沛文,廖文武. 试探课程训练与科研能力培养——基于 F 大学博士生的研究[J]. 新课程研究(中旬刊),2016(06):98-101.
② 伯顿·克拉克. 探究的场所——现代大学的科研和研究生教育[M]. 王承绪,译. 浙江教育出版社,2001:242,258-259.
③ MIT Facts. Interdisciplinary Centers, Labs, & Programs[EB/OL]. [2022-08-11]. https://facts.mit.edu/research-highlights/research-centers-labs-and-programs/centers-labs-institutes/.

系课程,并将跨学科性融入课程教学、科学研究与实践应用等环节中,致力于培养和提升研究生特别是博士生的科研综合素质和创新能力,在人才培养过程中成功地将课程、教学、科研和应用融为一体。以计算与系统生物学(Computational and Systems Biology,以下简称CSB)为例,博士生培养的基本要求包括,必修3门核心课程(Core Subjects)和4门高级选修课程(Advanced Elective Subjects),以及完成4次为期2个月的研究小组轮转(four two-month rotations)。3门核心课程为:计算与系统生物学专题、计算生物学、现代生物学。高级选修课程皆是研究生层次的,每门12个学分,旨在发展博士生知识学习的深度与广度,进一步加强核心课程学习的基础,同时满足学生研究的兴趣和开拓专业发展的方向。核心课程和高级选修课程都是综合程度很高的跨学科性课程。研究小组轮转是为了帮助学生选择实验室,为他们提供机会接触到一系列的计算和系统生物学的研究活动,学生必须在第一年参加4次为期2个月的研究小组轮转,通过研究的轮转,学生获得来自不同学科实验和计算方法的经验与训练。课程学习过程中还有机地融入研究伦理行为培训(Training in the Ethical Conduct of Research)。[1]

另一类以科研为导向的课程是以讨论为主的研讨会(Seminar),这类课程使研究生在学习的同时还能受到从事科研的基本训练,从而完善学生的知识结构和培养学生的独立研究能力。研讨会课程的开设没有固定模式,但通常其选题是有代表性的前沿研究课题,通过学习不仅了解新的应用背景需求和新的挑战,而且要展开对具体问题和方法的深入探讨,训练分析问题、解决问题的能力,并结合研讨进一步发现新的研究问题。

② 运用四位一体的课程教学方法

研究生培养中,麻省理工学院不但重视开设科研导向的新型课程,还很重视创新课程教学方式,实施"教—学—研—用"四位一体。教师的教学和指导贯穿于课程教学的始终,如CSB的核心课程虽然都是课堂教学科目(classroom subjects),但每一门课程对学生的学习都有特别的设计,意在调动学生的学习参与积极性,激励学生在学习中的发明和创造。麻省理工学院的核心理念就是致力于知识的传承和创造,该理念亦渗透于课程教学的全过程中。CSB的课程教学高度重视科学研究和实践应用,基本每门课程的成绩都包括上课、实验、作业三个部分:上课的重点是文献的阅读和讨论,大量地学习原始论文,了解历史、掌握知识、奠定基础;实验的重点是科学研究和科学发现,探索观点是如何生成的,培养进行独立研究的能力;作业的重点是实践应用和问题解决,主要是面向社会发展、工业界的需求,转化理论与方法,独立地去探索新问题。由此真正做到"教—学—研—用"四位一体、教学和科研相互贯通。

③ 打造协同式的课程教学团队

麻省理工学院的办学使命中有三个关键词:传承、创造、合作。他们认为,全球化时

---

[1] MIT Computational&Systems Biology. Computational and Systems Biology PhD Program [EB/OL]. [2022-08-11]. https://csbphd.mit.edu/computational-and-systems-biology-phd-program.

代,任何一项重要的发明和创造不仅离不开不同知识和技术的集成,也离不开多学科、多领域人员的精诚合作。麻省理工学院的精神之一就是协同、合作。其研究生培养中确实开创了协同式的教育模式,建立系内外、校内外合作的协同式的科研团队和课程教学团队,实现教学、科研与生产的一体化,大力培养应用型和开发型的高层次研究人才。

麻省理工学院拥有诸多杰出的专家学者和学科带头人,他们是构成协同式研究生课程教学团队的主力军,但促进协同教学工作顺利开展的机制是校内教师和科研人员合理的结构(见表3-8)及其流动性。专任教师属于教学和科研双肩挑,专职研究人员主要承担科研工作,其他学术工作人员的基本职责是参与实践教学。由表3-8可见,在麻省理工学院教职员工中,人数最多的不是专任教师,而是以实践教学为主的其他学术工作人员,其中包括实践教授、访问教授、技术教员、讲师、高级讲师、访问讲师、教练等,在课程教学和科研训练中他们为研究生的专业学习、科研训练以及校内外实践作出了重要贡献。

表3-8 2021学年麻省理工学院教学科研人员结构表(统计时间:2021年10月)

人员类型	人数	所占比例/%
行政管理人员	4 318	27
研究人员	3 732	24
其他学术人员	1 963	12
技术支持人员	1 737	11
博士后学者	1 397	9
服务人员	1 367	9
教师	1 069	7
临床/医务人员	139	1
总计	15 722	100

资料来源:MIT Employees by Category [EB/OL]. [2022-08-15]. https://facts.mit.edu/employees/.

此外,为促进研究生的协同培养,麻省理工学院还在国内外广泛聘请优秀的学者、杰出的工程师、富有经验的资深管理者作为兼职教师或顾问,充实师资队伍,与校内教师合作,共同为研究生授课或进行研究项目的指导。这些来自工业界、科研机构和外校的国内外知名教授、学术领军人物、技术专家、研究伙伴等成为麻省理工学院丰富且优质的教师资源,形成协同式的课程教学团队,为麻省理工学院促进课程教学与科学研究的全面贯通发挥了重要作用。

(3)拓展课程功能,促进课程学习与科学研究全面贯通的策略

世界一流大学的研究生教育基本都重视坚实的基础理论知识、完善的知识体系和进行探索与创新的研究能力,这些是决定研究生日后发展潜力的关键。我国研究生特别是博士生教育中更为重视的是科研的参与,主要通过进入课题组或参与科研项目的形式实施培养工作。由于缺少高水平课程的学习,没有严格的课程教学训练,学生并不

重视基础知识、前沿知识的学习,忽视知识结构的更新与完善,往往影响其发展的潜力和总体的研究水平,而且越到后面的研究阶段其发展的后劲越不足,这是导致我国研究生培养质量与国际先进水平存在较大差距的一个重要原因。

研究生教育是一项系统工程,课程教学是其中非常关键的一个环节。课程教学不仅要传授知识,还应发挥更丰富的职能。课程教学既应为学生奠定坚实的知识基础,还需培养学生分析问题、解决问题的能力和创新、创业能力,通过将研究生课程体系和研究项目结合起来,促进课程学习与科学研究全面贯通,从而建设开放化、互动式课程体系,以教学与科研的协同制度保障研究生教育质量。

① 构建以科学研究为取向的课程体系

知识是创新的基础,研究生创新人才的培养迫切需要创新课程体系,应构建以科学研究为取向的菜单式弹性课程体系,即大学为研究生提供足够多的各类课程,满足学生各类研究工作的需要,学生根据研究工作的需要,自主选择课程内容、学习时间和方式。弹性课程体现为学习的时间、空间、内容、方式等具有灵活性,一切基于需要,满足研究生的个性需求。①

如学习的时间方面,研究生教育不能像目前这样截然地分为课程学习阶段和学位论文研究阶段,而且很多高校3年的硕士生教育,课程却都压缩在第一学年,3—8年的博士生教育,课程基本都压缩在第一学期。美国高水平大学的研究生培养,包括博士生培养,课程是贯穿培养全过程的,目的就是为博士生的科研提供全程的知识支持。学习空间上,研究生的课程学习不仅在本校的教室,还应经常到校内外的实验室、研讨室、会议室,企业车间、设计室,社会事业单位,甚至海外的教室、实验室等。学习的内容方面,需及时将科学研究的最新成果引入课程,增强课程内容的前沿性和国际化,使研究生通过课程学习了解学科前沿,更新知识结构。国外一流大学要求每年都必须修改研究生培养项目,更新课程内容,目的就是要及时反映科学技术的新发展和研究的新需求。

② 强化以学科为中心的研究方法训练

美国研究生教育制度始终强调将课程教学作为研究生训练的方式,21世纪以来英国也效仿美国,把课程纳入研究生培养,近年来,欧盟亦开始加强研究生教育的结构化,对课程的学习提出更高的要求。课程设置既是为了拓宽研究生的学科视野,也是为了培养研究生的科学研究能力、训练研究生掌握科学研究的方法。所以,其课程设置高度重视研究方法课程,特别是博士生培养中,研究方法课程往往是核心。例如,本章前面提到的牛津大学水科学硕士研究生课程,其研究方法训练课程不仅包括定量方法,还包括定性方法和研究设计。而牛津大学信息交流和社会科学专业的博士生课程亦开设了2学期的研究方法课程,还另外结合学科特点开设高级定量分析和高级定性分析。

研究生教育以培养学科专家为旨趣,不同的学科对研究生的学科知识和学科研究方法的要求是不一样的。拓展研究生课程的功能,要更加重视研究方法课程,提高研究

---

① 刘贞华.博士生培养内在制度研究[M].对外经济贸易大学出版社,2014:189.

生掌握研究方法和运用研究工具的能力。方法类课程对研究生科研能力培养发挥着重要作用,研究生只有掌握了研究方法和相关研究工具,才能具备一定的研究基础和能力。拓展研究生课程的功能更需要强化以学科为中心的研究方法训练,研究方法的训练也需要针对学科的特点,面向本学科领域的知识、研究和发展。一是加强方法论的学习,研究生想要站在科学的最高峰,就一刻也不能缺少理论思维。没有理论洞察力和分析力,就难以发现科学研究表象背后的本质和规律,研究也就会失去科学价值和社会意义。二是加强方法领域的学习,掌握基础的和高级的定量研究方法和定性研究方法。三是加强研究方向所需方法的学习,结合项目研究和学位论文的撰写,进一步加强学科方向、专业领域从事科学研究所需的专门或特定的研究方法,掌握相关的方法、技术和工具。

③ 开展以问题为抓手的研究性教学

研究生教育是高层次专门人才教育,研究生最本质的特征就是要研究问题,即独立地去探索新问题,以此培养实践能力、研究与创新能力。这些能力的培养一方面取决于导师的指导,但另一方面主要是取决于研究生的课程教学模式。传统的教学模式以教室为环境、以教师为中心、以教材为载体,存在着重知识轻能力、重理论轻应用、重课堂轻实践的弊端,很大程度上抑制了研究生思维能力、创新能力、研究能力的发展。面向当前研究生实践能力与创新能力培养的迫切要求,必须加快改革传统的不适应发展和新挑战的研究生教学模式,面向拔尖创新人才培养的教学模式应以问题为导向,广泛运用研究、反思、批判、探索的方式,激发学生自主学习、合作学习和问题解决学习,这样的方式不再鼓励学生把注意力集中在国内外学者过去研究的结果,而是要求学生去思考和研究那些观点、方法、技术是如何生成的,学生要在研究性学习中自己培养自己,及早锻炼独立做研究的能力。

以问题为抓手的研究性教学,一是需要以学生为主体,充分发挥学生的自主学习能力,"要努力将学生送上讲台,从而促使他们对问题进行敏捷而彻底的思考,并对问题背后的假设提出自己的质疑"[①]。二是需要将科研训练嵌入课程教学,教师通过为学生设计参与性的研究项目,引导学生分析和思考解决方案,并在此过程中进一步提升科研意识,强化科研规范教育,结合项目特点和课程教学内容加强发现问题、解决问题和批判性思维的培养。三是需要引导研究生促进所学知识与理论的转化,将知识与理论运用于科学研究和实践问题的解决,也就是说,要让研究生能够在课堂上开展真正的研究工作,而不是只输入不输出。应该为他们提供运用知识的实践机会,通过独立的设计、实施,听取别人的意见,获得及时的反馈,再改进和调整,得到完善。自己不断努力的过程实质也是不断转化和生成的过程,反复经历的这些过程终将使学生能够对课程内容达到真正的理解,同时也历练了研究能力、培养了高水平的思考和激发出创新的活力,从而有效引领学生成长为专业的研究者。

---

① [美]克里斯·戈尔德,乔治·沃克.重塑博士生教育的未来[M].上海交通大学出版社,2015:174.

第四章 研究生课程为何常因人设课？
——研究生课程的设置与结构

研究生课程体系是研究生培养单位为达到研究生培养目标而设计的融目标、结构、实施、评价诸多要素于一体的课程综合结构及其动态运行系统。而研究生课程的设置与结构则是该系统中极其重要的一环，它是研究生培养目标落实的着力点，是课程与教学评价和管理的依据，是研究生培养质量保障体系构建的基础。

研究生教育不仅是教育结构中最高层次的教育，也直接承担着为国家培养高素质、高层次创造性人才的重任。创新是研究生教育的核心，研究生的创新水平影响着高等学校知识创新的水平，研究生的创新能力关系国家未来的整体创新能力。当前，加强研究生创新能力培养，已成为高等学校的重要使命和确保研究生教育质量的核心任务。

课程教学作为研究生培养过程的一个基本环节，对研究生创新能力的培养起着至关重要的作用。创新能力的培养主要在于培养学生发现问题、分析问题和解决问题的能力，而实现这一过程又必须具备完善的知识结构和专业技能，这在很大程度上依赖于专门化的研究生课程。研究生课程学习能够起到构建合理的知识结构、打下扎实的基础理论和教授系统的专业知识的作用。[①] 作为研究生课程教学的基石，合理的课程设置才有可能使研究生具有合理的知识结构，才有可能在课程学习过程中激发研究生的创新意识与创新能力。

第一节 研究生课程设置与结构的传统和现状

随着社会对高层次应用型人才需求的迅速增加、研究生教育规模的快速发展以及研究生培养规格和类型的多样化，研究生课程设置问题日益突出，已成为研究生教育管理部门、培养单位以及从事研究生教育的教师都需要关注的重要议题。目前，我国研究生课程设置中存在着一些突出的问题，客观上制约了研究生创新能力的培养，研究生课程的设置和结构亟待进一步的优化。而研究生课程设置与结构的优化，需要我们了解

---

① 陈花玲,仇国芳,王俐,等.改革研究生课程体系培养研究生创新能力[J].学位与研究生教育,2005(06):26-29.

研究生课程设置与结构的传统,国内研究生课程的现状、存在的问题及其成因。

一、研究生课程设置与结构的传统

首先,简单梳理一下我国研究生课程设置的发展脉络①:

新中国成立后,国内少数高等学校开始招收一年制或两年制的研究生,但人数很少,也缺乏统一的规划和管理,谈不上明确的培养方案和课程设置。从 1949 年到 1961 年的 13 年内,全国共招收研究生 18 692 人,其中,绝大多数研究生只是在两至三年内跟苏联专家学习一两门课程。② 这一阶段的课程设置特点具有明显的"苏联"痕迹,课程设置更多地受制于专业。由于专业划分过细,研究生阶段的课程数量非常有限,一般仅有 1—2 门课程。理工科以新科学技术和基础理论方面课程为重点,文科则以政治理论方面课程为重点。

1962 年以后,国家对研究生的培养有了比较清晰的定位,高校开始培养三年制研究生。培养的规范化要求课程设置明确化。对此,教育部相继出台了一系列规章和文件,对研究生课程设置作了具体规定,如明确规定课程学习时间要占到研究生全部学习时间的一半。一些关于课程设置的要素如课程类别、上课时数、学习方式、考核方式等也有了具体的要求。这一阶段课程设置的特点是强调外语学习。从课程设置权限看,学校自主权较小,设置课程的权力主要在中央教育行政部门。

1977 年,我国恢复研究生教育。随着《中华人民共和国学位条例暂行实施办法》的实施,我国更加重视研究生课程设置问题,如规定硕士学位的课程需设置马克思主义理论课、基础理论课和专业课(一般为三至四门)一门外国语。研究生课程门数增加了,课程设置口径也有所拓宽,如要求硕士生按二级学科设置学位课程,加强基础课程,更新教学内容,适当精简课程,增加文献阅读和课堂讨论课。

20 世纪 90 年代初,随着专业学位的设立,研究生课程设置呈现出多样化特征,选修课程和学分制被引入课程设置中。但总的来说,囿于培养目标定位和我国的学位制度,各培养单位和导师更重视研究生学位论文和科研训练。③

1998 年后,随着原国家教委《授予博士、硕士学位研究生学科专业目录调整方案》和《关于修订研究生培养方案的指导意见》的实施,研究生课程设置进入了新的发展阶段,课程设置规范化程度明显提高。随着研究生学科专业目录的调整,课程设置的视野逐步拓宽,培养单位开始按一级学科来设置学位基础课程。

虽然我国研究生教育的历史相对较短,在确立研究生教育之初,其课程设置主要是模仿和借鉴国外课程设置的体系和模式,但在研究生教育的发展过程中,也逐渐形成了

---

① 李海生,范国睿.硕士研究生课程设置存在的问题及思考[J].学位与研究生教育,2010(07): 59-63.

② 刘晖,侯春山.中国研究生教育和学位制度[M].教育科学出版社,1988:4.

③ 谢安邦.构建合理的研究生教育课程体系[J].高等教育研究,2003(05):68-72.

具有我国研究生教育特色的课程体系。

就目前我国研究生教育课程设置的体系而言,一般由四大部分组成:公共必修课、专业基础课、专业课、选修课。博士研究生教育的课程设置,其体系则一般由公共基础课、外语课、专业研究课和选修课构成。由于我国研究生教育多是按一级学科授权、二级学科招生和制订培养计划、三级学科确定研究领域,因此,我国研究生教育在课程设置的体系上具有如下基本特征。

其一,课程体系具有相对稳定性,呈现较明显的板块组合特征。虽然我国研究生教育在学科、专业科目上已经做出了较大幅度的调整,但其整体的课程设置基本上没有打破板块组合式的体系框架。

其二,重视研究生教育的政治理论课程设置。加强研究生德育,提升研究生思想、政治、道德等方面的素质,是我国研究生教育的重要组成部分。其目的是引导和帮助研究生掌握马克思主义的立场、观点和方法,使研究生树立正确的世界观、人生观和价值观,确立建设中国特色社会主义的理想、信念和政治方向。

其三,在专业性课程设置的体系上,明显地突出课程体系的专业性和专门化。我国研究生教育的学位课程是以二级学科为基础的,不仅学位基础课程在设置上体现出二级学科的要求和特色,而且拓宽基础知识的交叉性、边缘性和跨学科综合性选修课程,基本上是以跨二级学科来设置的,研究方向也主要是以二级学科为基础来确定的。博士研究生的专业课程设置主要是在二级学科的框架内,只是选修课再扩展到一级学科的范围或跨一级学科,专业研究方向则基本上是学科的前沿或新学科的生长点,这就更体现出专业性和专门化的特征。

二、研究生课程设置与结构的现状

近年来,国内学者关于研究生培养与课程设置的相关研究中,都将研究生课程设置与结构作为一个重要的关注点。

2002年,谢安邦等对国内8所985高校和2所211高校进行了研究生教育质量问卷调查,调查内容除了涉及对课程设置是否满意、课程设置中选修和跨学科课程是否需要加强之外,还包括研究生的学习条件、学校管理、课程与教学、研究生素质及影响因素和个人学习投入状况等内容。[①]

2004年,罗尧成对国内8所985大学进行了研究生课程体系状况问卷调查,内容涉及了研究生教育学制,研究生教育培养目标,研究生课程体系的设置、实施和评价。[②]

---

① 谢安邦,刘莉莉,潘武玲,等.研究生教育质量调查研究报告[R].//谢桂华.教育部学位与研究生教育发展中心"十五"课题研究成果汇编——学位与研究生教育研究新进展.高等教育出版社,2006:311-355.

② 罗尧成.对我国研究生教育课程体系改革的思考——基于调查问卷统计结果分析的建议[J].高等教育研究,2005(11):65-71.

2006年,袁本涛等对5所985高校、3所211高校和1所地方重点高校进行了"高等教育大众化背景下的中国研究生教育质量研究"调查,内容涉及研究生教育学制,研究生教育培养目标,以及研究生课程体系的设置、实施和评价。①

2011年,罗尧成等为了解硕士生课程设置与实施的现状及存在的主要问题,开展了对国内14所高校的专门问卷调查,调研内容涉及硕士生了解专业前沿的主要渠道,硕士生课程最为缺乏的教学内容,硕士生对教学组织方式及教师课堂教学的评价,硕士生参加创新计划项目情况,硕士生对学校专业学习资源环境的评价,以及硕士生积极投入课程学习的原因等方面。②

2013年,南京大学"学术学位研究生课程体系建设支持计划"课题组对我国8所高校的教师、管理人员和在校生进行了深度访谈和问卷调查,在此基础上对我国研究生课程设置的现状进行了分析。

基于以上调查研究结果及相关研究文献,本节对我国学术学位和专业学位研究生课程设置与结构现状进行分析。

1. 我国学术学位研究生课程设置与结构现状

(1) 课程建设规划随意性高,课程设置规范化程度低

作为实现研究生培养目标的抓手,研究生课程应当根据培养层次、培养规格的不同而确立不同的课程目标,并建立对应的课程标准和规范。但是,在具体的研究生课程建设中,建设规划的随意性较高,课程的规范化程度较低。如:

Z大学的研究生代表:硕士生阶段需要更加专业化的培养,许多研究生希望学校、院系能突出研究生课程"研究型"的特点;由于硕士、博士培养要求不一样,在课程设置上,应该有所差异、有所考虑,根据学生的研究方向开设相应的选修课程。

Z大学的教师、管理人员代表:对于研究生的课程体系设置,要考虑生源,根据不同来源学生的原有知识结构差异来设置课程。

W大学的研究生代表:希望学校、学院能够突出研究生课程"研究型"的特点。

W大学的教师、管理人员代表:应加强学术与专业学位不同类型研究生课程的区分度。

由上可知,不少高校的课程设置不同程度地存在课程目标混乱的现象。研究生课程建设的权力在各高校,而由于学科专业水平、师资条件存在差异以及对专业理解存在差异等因素,出现了同一个专业的课程设置在不同的学校大相径庭的情况,使最终培养出的人才在规格上缺乏基本同一性。

课程规划随意性的另一表现是有的高校混淆了专业学位和学术学位的区别,课程

---

① 袁本涛,延建林.我国研究生创新能力现状及其影响因素分析——基于三次研究生教育质量调查的结果[J].北京大学教育评论,2009,7(02):12-20,188.
② 罗尧成.我国高校硕士生课程设置与实施:调查分析及改革建议[J].学位与研究生教育,2012(07):1-5.

设置雷同,不同类别和规格的研究生同堂上课,体现不出不同的培养规格应有的差异。

此外,研究生课程设置往往缺乏长远的、全面的、系统的规划,课程设置的规范性亟待提高。如:

T大学的教师、管理人员代表:应在借鉴国际一流大学经验的基础上,从国家层面设立一个标准,明确各学科各方向研究生的课程标准,按标准开设课程;加强对课程开设的审核,要求老师开设有一定深度和难度的课程,或开设学院推荐的课程;建议在学位委员会下设置硕士和博士培养委员会,专门负责课程的设置,审核教师开课等。

S大学的教师、管理人员代表:建议课程设置可以根据专业方向及教师的专业方向,教师在开设课程之前必须明确此门课程所要达到的目标,对于学生每学期修习的课程数量要进行严格限定,以提高课程学习质量。

Z大学的教师、管理人员代表:应该从国家、学校等层面切实加强对研究生课程建设的重视程度,建议在国家层面设立研究生教学指导委员会,明确各学科研究生培养的核心课程与基本规范。

K大学的研究生、教师和管理人员代表:应先经过各个学院学科点组织、讨论学科点开设的课程,轮番梳理,之后交给学位分委员会,最后学位分委员会交给校学位委员会再来讨论通过,这样相对来说比较权威(规范)。

W大学的教师、管理人员代表:建议在国家层面设立研究生教学指导委员会,明确各学科研究生培养的核心课程与基本规范,并负责研究生教学质量的评估。

N大学的教师、管理人员代表:建议学校应该明确各学科研究生培养的基本要求,重视研究生综合能力的培养。对于教材的选择应该重视"缘起",选择适合学术型研究生的教材,重视经典,夯实理论基础,研究生课程内容要增加时效性。

课程设置随意体现为设置什么样的课程并不完全取决于研究生的培养目标和规格,而是视师资情况而定,存在因人设课现象。有什么样的师资开什么课,而有些根据培养目标应该开设的课程却因师资匮乏无力开设。研究生课程设置的随意性还表现为有的高校片面解读研究生教育适应社会需要的观点,不考虑学科和专业的结构体系,完全根据社会职业的变化来不停地调整课程,导致课程体系缺乏应有的稳定性,一些课程生命周期非常短暂。

(2)课程分类缺乏统一、规范的标准,课程质量参差不齐

课程分类标准是进行课程管理的前提条件。目前国内关于研究生课程类别的划分并无统一的名称标准,基本上是简单移植本科课程分类标准,而对研究生教育本身的属性考虑不够。有的高校根据学位条例将课程划分为公共课程、专业基础课程和专业方向课程三类;有的则将课程分为学位基础课、专业必修课和专业选修课程三类。以上分类基本上是按照学科架构方式进行,具有学科化特征。

研究生课程分类中缺乏核心课程和实践课程的分类,这种课程类别主要是基于课程某方面的突出特征而划分的。在实践中,依据不同的视角综合运用课程分类的形式有其合理性,但这种多样化的分类标准也给研究生培养工作带来一些不便:不利于课程

体系的建设和规范化管理,不利于课程信息化建设,不利于不同高校建立学分互认体系和课程共享平台。

此外,研究生课程数量与质量比例失衡,研究生课程与国际学科评估标准差距较大,硕士和博士课程区分度不够,建议提高课程难度和区分度,提升学校课程品质。如:

T大学的研究生代表:对于跨学科课程,要开设与专业课程相结合的跨专业基础课程和大平台课程;英语课程和实践类课程需要加强;建议增加课程难度,提高课程标准和要求。

B大学的研究生代表:对于学术型研究生,课程内容的专业性不是很强,重复度较高,没有体现学生基础的差异性,造成了学校课程资源的浪费,建议建立课程内容整体规划协调机制,提高课程效率。

有一些博士研究生提到,"越往上学知识面越窄"是硕士和博士研究生普遍存在的一种情况,这在很大程度上限制了研究生学习和研究的深度,影响了研究生的综合素质,建议建立多种类型相互补充的课程体系,实现课程内容专业性和实践性的统一。

P大学的研究生代表:建议学校增加跨学科课程,特别是人文类课程,加强研究方法类课程和研究生人生规划类课程的建设,允许研究生自主选修外专业课程。

理工类专业应增加实验的基本操作课程,人文社科类专业应增加社会实践方面的课程。也有部分研究生建议增加学生选择课程的话语权和自主权。针对研究生学习紧张、体质下降的现实,许多研究生建议加大文体课程的开设力度。

由上可知,目前部分高校的研究生课程与高水平的国际学科评估标准存在较大差距,而课程规范与标准的缺失限制了核心课程质量的提升、课程体系的构建,进而无法实现夯实基础素质、拓展研究视野的目标。同时,研究生课程结构亟待优化,进而保证课程的多样性、专业性和实践性的统一,实现各类课程之间的良性互动。

(3)课程设置缺乏系统性、整体性、前沿性和创新性

研究生课程建设在研究生培养中处于重要地位,直接影响着研究生专业基础的宽广度和研究潜力的发挥,决定着研究生培养规格和培养目标的实现程度。但是,国内高校的调查结果显示还存在许多问题:

T大学的研究生代表:在课程设置上,研究生们普遍认为,要根据学科的特点开设核心课程,加强对研究领域的理解和认识。其次,要因材施教,课程设置要体现差异性和个性化。最后,课程设置要有前沿性。

S大学的教师、管理人员代表:建议及时更新课程教材,借鉴国外使用的论文及期刊作为教材,改变现有的教材单一的问题;应多开设全英文专业课程和跨学科课程,提高学生的国际交流能力和跨学科研究能力;应重点建设核心课程、专业基础课程和本硕博贯通课程等;课程设置应与国际接轨,建议借鉴国外一流大学如美国约翰·霍普金斯大学、密歇根大学和麻省理工学院等的课程体系进行研究生课程的改革与建设。

Z大学的研究生代表:在课程内容体系建设上,很多研究生指出,现在课堂里的知识内容陈旧,跟不上时代的发展,建议教师在上课的时候剔除那些陈旧的、没有意义的

教学内容,多提供给学生一些学科前沿内容。

交叉学科的建设也是研究生们重点讨论的内容。一些研究生指出,等进了实验室做研究才发现需要用到很多交叉学科的内容,而这个时候再去修课已经晚了。所以研究生们建议,可否让学生先进入实验室接触课题研究,然后再根据研究需要选择一些交叉课程。

Z大学的教师、管理人员:本科、硕士和博士等三个阶段的课程多有重复,而不同层次高校课程的难度也不一致,许多教师针对这一现象提出设立全国统一的课程标准,这个标准是统一的知识标准而非能力的表达,他们认为从本科到硕士博士课程在全国应有统一的课程编号。

W大学的研究生代表:针对跨学科考研同学知识结构断层现象,部分研究生,特别是人文社科类研究生建议学校打通本、硕、博选课体系,要求相关同学主动选修本科生课程,弥补专业知识不足,而避免在研究生课堂上重复本科生教学内容,降低研究生课程应有的水准和吸引力。

W大学的教师、管理人员:对于课程体系设置,有教师指出按一级学科修订培养方案,设置硕士通开课的初衷是好的,但在实际执行中会遇到任课教师间缺乏协作沟通、学生只关注本专业甚至本研究方向课程等短视现象;建议学校加强通开课和核心课程教学团队建设,发挥教授在研究生课程建设中的积极作用;多名教师指出当前硕士生课程设置过多,课程间纵横向区分度不明显,重点不突出,建议精简课程,也有教师深刻指出,研究生课程炒剩饭的现象不容忽视,课程设置过多与过少都有问题,其核心应围绕培养质量科学设定课程体系,建议对现有研究生课程进行必要的梳理审核,避免重复,人文社科类研究生的基本课程应包括原理类、经典文献导读类、研究方法类、前沿理论类等基本课程;有教师认为应鼓励开设小学分专业课程(微型课程),以便教师将最新科研成果转化为教学内容。

B大学的教师、管理人员代表:课程的设置要根据学校定位、学科优势等来设置,建议增加学科前沿课程。

M大学研究生代表:硕士、博士课程内容重复现象较多,有硕士研究生指出,院系之间缺乏沟通,各院系开出的课程也有重复。

N大学的教师、管理人员代表:绝大多数教师认为研究生课程建设存在重复多、深度不够等问题。应将研究生课程与本科生课程区分开,不能将有难度的本科课程当作研究生课程。建议课程的设置应减少虚无化,课程设置要与专业需要对应,灵活性与适用性并重。一些教师建议加强研究方法类课程的开设,尤其是一些经典课程。

总体而言,目前我国学术学位研究生课程设置和结构中存在课程设置缺乏系统性、整体性、前沿性和创新性,课程建设规划随意性高、课程设置规范化程度低,以及课程分类缺乏统一、规范的标准,课程质量参差不齐等问题,从而导致研究生课程无法适应学科交叉、拓宽知识面的需要,本科、硕士和博士三个阶段课程衔接性和贯通性不足,各类课程之间的比例不合理。

2. 我国专业学位研究生课程设置与结构现状

我国学术学位研究生与专业学位研究生两种不同类型的研究生教育模式并存了很长时间。前者以培养从事基础理论或应用基础理论研究人员为目标,侧重于学术理论水平和实际研究能力的培养;后者以培养高层次、应用型技术人员为目标,侧重于实际工作能力的培养。因此,两种研究生教育课程设置体系存在很大的不同,专业学位研究生教育有着自身的特点和要求。但是,调查结果显示,目前专业学位研究生课程设置与学术学位研究生课程设置的区分度严重不足。

T 大学的教师、管理人员代表:建议提高不同类型研究生课程的区分度,根据培养目标制定相应的课程方案。

S 大学的教师、管理人员代表:对于专业型硕士研究生与研究型硕士研究生的课程设置应该有不同侧重(即导向与科研),建议针对不同的学生类型(专业学位研究生与学术学位研究生)应该有不同的课程体系。

缺乏与学术学位研究生课程设置的区分性,导致专业学位研究生课程设置和结构中出现以下问题①:

(1) 课程体系不合理,"学科化"倾向比较严重,缺乏特色。当前的课程结构仍然遵循以理论体系为主线,从基础知识向专业知识渐进式发展,配合以实验、实习和设计等实践环节,与学术型研究生课程设置雷同,未体现专业学位课程特色,即对职业性与实践性的体现不足。课程设置与培养目标、实际需求脱节比较严重。

(2) 公共课授课内容理论性强,对学生个体性差异关注不足。公共课应有利于人文素养和职业精神的培养,但目前授课内容仍然停留在基础教育阶段,理论性、说教性太强。特别是基础英语课程,研究生个性差异很大,目前的授课内容未体现个体发展和职业需求。

(3) 课程设置针对性不强,忽视职业性和实践性特点。专业学位教育课程设置应围绕能力培养需求展开,偏重应用性。调查结果反映,专业学位研究生课程与学术学位研究生课程差别很小,有些课程甚至直接与学术学位研究生一同开设,课程仍偏重传递理论知识,实践性和针对性不强。另外,课程之间的系统性交叉缺乏有机整合。

(4) 专业选修课可选择范围小,交叉类、工具类和实践类课程开设数量较少。选修课有利于开阔研究生的视野,拓宽研究生的知识面,提高研究生综合解决问题的能力,尤其是跨学科课程。被调查者普遍认为:当前选修课数量偏少,选择余地小;用以提高学生科研素养的研究方法及研究工具类的课程缺失;专业实践类课程相对于专业基础课,比重明显偏小。

2017 年,王秋等对辽宁省 10 所地方高校的全日制专业学位研究生课程体系建设

---

① 邓艳.全日制专业学位研究生课程设置实证调查与分析[J].新课程研究(中旬刊),2012(12):125-127.

情况进行了问卷调查[①],收取了903份有效问卷,并从课程设置、课程目标、课程内容、课程结构及课程学习5个维度进行了统计分析,指出了目前专业学位研究生课程体系设置存在的问题,提出了专业学位研究生课程体系建设的对策。

2018年,中国研究生院院长联席会委托华东师范大学高等教育研究所对我国高校博士生课程设置的现状进行了调查。该次调查采用分层抽样,共计回收48所高校的8 064份有效问卷。调查结果显示[②]:

(1)博士生对课程设置中强调研究方法训练、与研究方向相结合以及强调应用知识能力三项诉求较大。调查结果显示,有近一半或一半以上的博士生认为博士课程应强调研究方法训练、与研究方向相结合以及应用知识能力。

(2)博士课程仍存在较多重复,课程衔接度有待提高。虽有一半以上(56.9%)的博士生认为硕博课程重复不多或无重复,但仍有近五分之一(17.4%)的博士生认为博士课程与硕士阶段重复较多或非常多,硕博不同阶段课程的层次性、连续性和系统性需进一步明晰。

(3)博士课程结构设置相对合理,但在选修课选择范围和研究方法课程量上存在不足,且课程内容广度与深度以及前沿性和跨学科知识比重有待进一步提高。从课程结构而言,有一半以上的博士生认为本专业课程总数、公共外语和政治理论课以及必修和选修课课程量适中,但在研究方法课程量和选修课选择范围上认同不足一半,仍有44.3%的博士生认为研究方法课程量很少或较小,且认为选修课的选择范围很少或较少的也占29.4%。

(4)博士课程设置体现出较大的学校和学科差异。"一流学科"建设高校博士生反馈的研究方法课程量、专业课内容深度以及前沿性和跨学科知识比重等较好,"双一流"建设高校在政治理论课的课时数和选修课的选择范围上表现突出。但理学博士生对各课程设置指标评价相对较低。总体而言,"一流学科"建设高校博士生各评价较好,而理学在课程建设各方面需加以完善。

2019年,丁宇等人对研究生课程满意度进行了调查[③],共采集了1 836份研究生调查问卷。调查结果显示:当前我国研究生课程建设初显成效,但在课程内容、教学方式、教学过程以及考核主体等方面仍有不足。课程建设本身的复杂性、教师课程建设能力的钳制、"重科研轻教学"评价体系的影响是阻碍研究生课程建设水平提升的主要原因。

---

① 王秋菲,秦爽,吴访非.全日制专业学位研究生课程体系建设——基于辽宁省10所地方高校的问卷调查[J].沈阳建筑大学学报(社会科学版),2018,20(04):426-432.
② 包志梅.我国高校博士生课程设置的现状及问题分析——基于48所研究生院高校的调查[J].研究生教育研究,2021(02):53-60.
③ 丁宇,王誉榕,姚林群.我国研究生课程建设状况的实证研究[J].黑龙江高教研究,2021,39(02):69-74.

三、为何常因人设课：研究生课程设置与结构现状的原因分析

目前，我国研究生课程设置和结构存在诸多的问题，其中最突出的表现便是研究生课程常常"因人设课"，即设置什么样的课程并不完全取决于研究生的培养目标和规格，而是视师资情况而定。因人设课，既反映了研究生课程体系建设中课程标准、课程规划和审查机构（机制）的缺失，也说明了研究生课程建设的资源投入不足。因人设课是目前我国研究生课程体系，尤其是课程设置和结构存在诸多问题共同作用的结果：根据不同类型、不同规格的研究生培养目标具体操作化的研究生课程目标的缺失，造成了研究生课程结构的"先天不足"，致使研究生课程建设规划和课程建设标准的缺位，从而造成了研究生课程建设的高随意性、低规范化，课程结构的系统性和整体性不足，课程质量无法保证。而研究生课程的审查制度和机构的缺失，研究生课程建设资源投入的不足，也大大限制了研究生培养方案、课程建设规划和课程建设标准的落实。此外，研究生课程体系规划的缺失，以及教师聘任、培训、激励与课程建设的脱节，限制了研究生课程建设中的师资力量投入。

第二节 国外大学研究生课程设置与结构的经验

在了解了我国研究生课程设置与结构的传统、现状、现存问题及其成因后，借鉴国外大学的相关经验，将有利于我们设计研究生课程设置的优化策略。

一、美国大学研究生课程的设置与结构

美国大学的研究生课程设置机制由高度专业、分工明确和系统配合的课程开设与审查主体和明确、严格的课程开设与审查过程构成。课程结构呈现出课程类型比较丰富、特别强调研究性课程和将教学经历作为课程体系的有机组成部分等特点。

（一）研究生课程管理和质量保障

为了使研究生课程设置科学化和规范化，美国大学一般都设有一个专门的课程委员会，负责审批新课程。教授要开设课程，就必须向该委员会提供课程简介和个人学术背景等资料，以证明该课程的价值和自己的任课资格。只有经课程委员会审核批准后才可以开课。各学校课程委员会对教师在同一学年给研究生开课的数量、每门课程最低选修人数等一般有所限制。如一门课程连续两年无人选修就要予以取消，这无疑给负责研究生教学的教师带来压力，从而促使其在课程教学上花费更多的时间和精力，以获得研究生和课程委员会的认可。

美国每所大学都有一套自己的研究生课程体系，将所有课程进行分类编号，便于学生选择。课程学习计划完整充实，为研究生提供了全面的知识体系。课程设置能够紧

跟学科前沿,重视学科渗透和文理交叉,基础与专业课程结合。几乎所有的研究型大学都在积极实施研究生跨学科学习计划,如硕士主修和副修相结合以及学生跨专业、跨学科学习等,有些大学设有跨学科硕士、博士学位。

(二) 研究生课程的设置机制

课程设置是大学进行研究生培养的重要工作,研究生课程设置的机制主要包括两个方面:一是高度专业、分工明确和系统配合的课程开设与审查主体,二是明确、严格的课程开设与审查过程。课程设置机制能够保证所开设的课程与研究生培养目标相一致,并考虑生源、专业和师资等的具体特点,从而保证最终的教学质量。同时,所设立课程若不满足课程开设的基本要求,将会退出或被淘汰。下面以华盛顿大学为例来介绍其研究生课程的进入(开设与审查)机制和退出(审查评估)机制。[①]

1. 课程进入机制

(1) 单门课程开设与审查的主体

在华盛顿大学,既有校内机构也有校外机构参与研究生课程开设与审查的过程。这些机构职责明确,相互配合,有的机构负责课程开设与审查的协调工作,有的机构则对课程方案进行不同层级的审查。

学术事务与规划办公室(Office of Academic Affairs and Planning, OAAP)是研究生院的一个常设机构,负责协调研究生课程审查过程。在新增研究生学位课程的审查过程中,申请者需向 OAAP 提交两份材料,一是课程开设意向申请书(Planning Notice of Intent, PNOI),二是完整的课程方案(Full Proposal)。[②]

华盛顿大学课程委员会(University of Washington Curriculum Committee, UWCC)是一个常设的定期审查大学课程的委员会,成员有教务长(担任该委员会主席)、本科生学术事务主任、研究生院院长、2 名学术标准教师委员会(Faculty Council on Academic Standards, FCAS)代表、分校校长和 2 名前任教育行政人员,任期均为 2 年。[③] 它对所有学术课程(Academic Program)进行审查,包括新增、修订与淘汰课程。

学生成就委员会(Student Achievement Council, SAC)成立于 2012 年,共有 6 名成员,包括 1 位常务主任,要得到州长的批准;5 位市民代表,其中一位必须是在校大学生,其余 4 位市民代表分别来自 4 年制公立高等教育机构、2 年制公立高等教育机构、

---

① 刘学东. 美国研究生课程的开设与审查案例报告[R]. 2015.
② UW Graduate School. The Planning Notice of Intent (PNOI) for New Graduate Degree Proposal[EB/OL]. [2011-11-26]. https://grad.uw.edu/for-faculty-and-staff/creating-modifying-programs/guidelines-for-new-graduate-certificate-program-proposals/.
③ UW Graduate School. UW Curriculum Committee[EB/OL]. [2022-11-26]. https://registrar.washington.edu/curriculum/uw-curriculum-committee/.

基础教育(K-12)和非盈利高等教育机构。① 学生成就委员会为华盛顿州的教育发展提供战略规划、监督与宣传、项目管理，推动学生不断获得学业上的成功，促进华盛顿州取得高质量的教育成就。

研究生院委员会(Graduate School Council)。这是一个经选举产生的机构，委员会主席由研究生院院长担任，共有24名成员，②包括2名艺术与科学学院导师代表、其他各学院分别选任1名导师代表、2名分校区导师代表和1名图书馆代表。③ 研究生院委员会需为研究生院院长和负责学术事务的副校长提供有关研究生教育政策、课程审查等方面的建议，是华盛顿大学校务委员会授予研究生学位的基础。

华盛顿大学校务委员会(University of Washington Board of Regents，UWBR)是华盛顿大学的管理机构，由10位成员构成，其中一名是学生代表，他们都需得到华盛顿州州长的批准。除学生代表任期1年外，其他成员任期6年。④ 根据华盛顿州的相关法律，UWBR履行对华盛顿大学的管理、协调与监督等职责。校务委员会下设多个常设委员会、特殊委员会与咨询委员会，如治理委员会（Governance Committee）是UWBR的常设机构，旨在确保UWBR的完整性，提升UWBR的工作绩效。⑤

（2）单门课程开设与审查的过程

华盛顿大学研究生课程分为学位课程、证书课程与选修课程等三类，它们有相同的开设与审查过程：(1)新增研究生课程方案需要接受华盛顿大学课程委员会(UWCC)的审查；(2)在得到研究生院批准后，申请者开发完整的课程方案；(3)华盛顿州学生成就委员会(SAC)对课程方案进行评价；(4)再由研究生院委员会对课程方案进行审查；(5)课程方案最后还要通过华盛顿大学校务委员会(UWBR)的批准。下面以研究生学位课程为例，详细介绍华盛顿大学研究生课程开设与审查的过程（图4-1）。

---

① University of Washington. HECB Transitions to the Student Achievement Council[EB/OL]. [2022-11-26]. https://www.washington.edu/opb/2012/04/16/hb-2483-clarifying-sb-5182-abolishing-the-hecb/.
② UW Graduate School. Graduate School Council[EB/OL]. [2022-11-26]. https://grad.uw.edu/for-faculty-and-staff/graduate-school-council/.
③ UW Graduate School. Charter of the Graduate School Council[EB/OL]. [2022-11-26]. https://grad.uw.edu/?s=Charter+of+the+Graduate+School+Council.
④ University of Washington. UW Board of Regents[EB/OL]. [2022-11-26]. http://www.washington.edu/regents/.
⑤ University of Washington. March 2022—Governance Committee[EB/OL]. [2022-11-26]. https://www.washington.edu/regents/meetings/march-2022-governance-committee/.

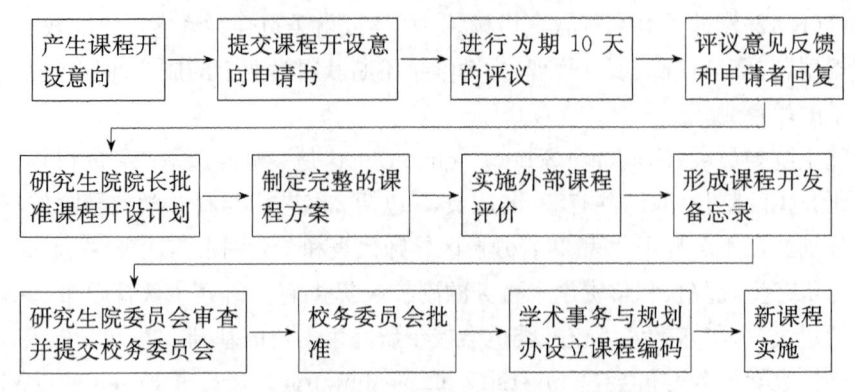

```
产生课程开 → 提交课程开设意 → 进行为期10天 → 评议意见反馈
设意向         向申请书         的评议           和申请者回复
                                                    ↓
研究生院院长批 → 制定完整的课 → 实施外部课程 → 形成课程开发
准课程开设计划   程方案         评价             备忘录
                                                    ↓
研究生院委员会审查 → 校务委员会批 → 学术事务与规划 → 新课程
并提交校务委员会     准             办设立课程编码   实施
```

图 4-1 华盛顿大学研究生学位课程开设与审查过程

2. 课程退出机制

华盛顿州教育行政部门要求，至少每隔 10 年对大学课程进行一次审查与评估，[①]但在适当的时候，也可以缩短课程评估的时间间隔。在华盛顿大学，研究生院委员会每隔 5 年就会对实施中的专业课程计划进行审查与评估。[②]目前，华盛顿大学研究生专业课程计划审查与评估工作已经安排到 2021—2022 学年。

（1）课程计划审查与评估的主体

课程计划的审查与评估主要由华盛顿大学课程委员会、研究生院委员会、学术事务与规划办公室等机构负责。

研究生院委员会通过选派不同专业背景的委员作为课程审查员，逐一审查专业课程计划中的各门课程，全程参与审查与评估工作。相关委员的选择要求是：第一，充分考虑委员会成员的专长，选派两名委员会成员开展每门课程的审查工作；第二，这两名委员会成员需合理安排工作，确保至少一人能够参加审查工作开始前的协调会与审查工作结束后的总结会。[③]

课程审查员作为研究生委员会选派的专业课程计划审查与评估的全程参与者，不论是在协调会还是在总结会上，他们都需要全心致力于课程审查工作并在此过程中作出贡献，如帮助申请者梳理不同的课程问题，解读以前的课程评估材料，分析以前课程评估中遇到的所有问题；及时地向课程委员会主席提出与课程开发相关的任何想法与问题。这两位课程审查员直接向研究生院委员会汇报工作进展情况，他们需整理所有材料，包括自我学习材料、课程委员会的报告，以及对课程委员会报告的反馈，检查这些

---

① UW Graduate School. Calendar of Upcoming Reviews[EB/OL]. [2022-11-26]. https://grad.uw.edu/for-faculty-and-staff/program-review/calendar-%20of-upcoming-reviews/.

② UW Graduate School. Program Review [EB/OL]. [2022-11-26]. https://grad.uw.edu/for-faculty-and-staff/program-review/.

③ UW Graduate School. Creating/Modifying Programs[EB/OL]. [2022-11-26]. https://grad.uw.edu/for-faculty-and-staff/creating-modifying-programs/.

材料是否含有充足的信息,以便他们能向研究生院院长提供一份完善的建议报告。

在课程审查成员的报告中,至少要说明审查的质量与效果,列举在课程审查过程中发现的优点与缺点,强调课程委员会所提出的建议,并向研究生院委员会主任汇报课程审查的重点、主要结论和综合意见。研究生院委员会须向研究生院院长提供两个重要的意见,一是该专业课程计划是否继续实施,二是什么时候对该计划进行下一轮审查。

② 课程计划审查与评估的过程

华盛顿大学研究生课程计划的审查与评估是一个极为复杂的过程,既要经过院系内部讨论,又要召开课程评议会,撰写研究报告,还要经历实地考察,最后才通过课程审查(见图4-2)。

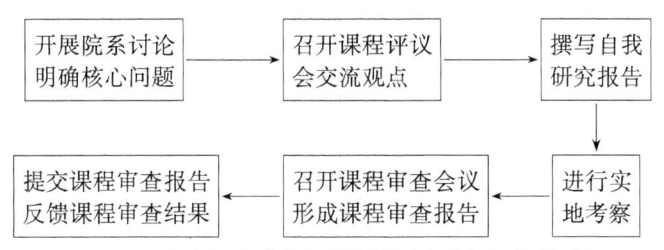

图4-2 华盛顿大学专业课程计划审查与评估的过程

(三) 研究生课程的结构

美国大学的研究生课程不仅数量多、质量高,而且课程结构也十分完善,充分兼顾研究生的专业基础培养与扎实的科研能力训练,高度重视课程计划的灵活性,研究生在课程的选择上自由度非常大。研究生课程设置既重视广度和深度,又非常重视强度。硕士课程与本科课程相融通和衔接,博士课程则注重选择的灵活性,鼓励跨专业、跨学科、跨院系甚至跨校选课。

课程结构方面,除了专业核心课程,各高校普遍开设外语类和方法类课程。另外,文、理科专业还开设阅读、小论文写作、哲学或统计学课程,工科则强调实验室工作、项目研究、实验室轮转等。下面以宾夕法尼亚州立大学(the Pennsylvania State University,PSU,以下简称宾州州立大学)为例,介绍美国一流大学研究生课程结构。[1]

宾州州立大学是位于美国宾夕法尼亚州的一所世界著名的公立大学。它在宾州全境有24个校区。宾州州立大学的研究生培养质量具有较高的社会声誉,其课程体系具有自身特点。下面以文科类的历史学专业、理科类的物理学专业、工科类的电子工程专业为例,分析宾州州立大学研究生课程结构的现状与特点。

1. 历史学专业

就读宾州州立大学历史系的硕士研究生和博士研究生需要选修的课程必须是代码

---

[1] 崔军. 美国研究生课程结构现状案例研究报告[R]. 2015.

为400以上的,粗略统计共有200多门,课程选择面非常广。①

(1) 专业课程。研究生可以按照自己学位计划的要求,从课程编码在400以上的课程中选择;专业课程多为必修课程。

(2) 高级课程。宾州州立大学编码为1—399的课程为面向本科生开设的通识课程,400—499课程为面向本科高年级及研究生开设的高级课程。历史系规定,所有选修此类课程的研究生须经院系主管或者研究生项目部主席签字同意方能选择此类课程;500—699、800—899课程是专门对均分至少3.5以及研究生院院长允许注册课程的学生开设。

(3) 研究性课程。编码为594、894的课程是研究性课题,可以是个人或者小组承担的研究项目;595、895课程是高级研究课程,需要学生走出校园、独立研究,具备一定的田野考察经验及深度研究能力;596、896课程是个体研究课程,以创新项目为主,可以包括无论文写作的研究项目,与一般正式课程相区别。

(4) 特色专题课程。编码为597、598、890、897、898的课程是特色专题课程,主要开设一些非常规类专题,一学期或一学年中教师可以讲授多个不同的主题;599、899课程是国外研究课程(一学期1—2个,最多不超过4个),该课程通常是专家们在其他国家开设的课程;600、610课程为写作研讨课,601、611课程为博士论文研讨课;602课程是教学经验提升课,专门为那些需要提升教学经验的研究生开设。②

(5) 国外研究(Foreign Studies)。每学期1—2次,一学年不超过4次,这是国外学校提供的供个人和小组学习的课程。研究要有特定的主题,表现也将录入学生成绩单,为了满足多样化的需求,分为A、B等类别,课程编码为599、899。

(6) 论文研究(Thesis Research)。学生完成专业课程学习后,可以申请论文研究。课程编码600代表在校内,编码610代表在校外。

(7) 博士论文(PH. D. Dissertation)。博士学位候选人需要通过中期考核后才能进入论文研究与写作阶段。

2. 物理学专业

宾州州立大学欧柏丽自然科学学院(Eberly College of Science)物理系(Physics)专业研究生的课程编码从500到599、800到899不等。为了满足一些即将升学成为研究生的本科生需要,高年级本科生课程编码从400到499。课程编码在400以下的不在研究生学位要求范围内,研究生可以申请审查这些课程,跨专业的学生还可以补修这些

---

① The Pennsylvania State University. Graduate and Professional Programs[EB/OL]. [2022-11-26]. https://bulletins.psu.edu/graduate-professional-programs/#filter=.filter_2&.filter_6.

② The Pennsylvania State University. University Course Descriptions[EB/OL]. [2022-11-26]. http://bulletins.psu.edu/graduate/courses/.

课程，弥补入学前专业教育的差距和不足。①

（1）专业课程。研究生可以按照自己学位计划的要求，从课程编码在 400 以上的课程中选择。

（2）研究生实验（Graduate Laboratory），是研究生在现代物理实验室对实验技术和仪器的应用课程，2 学分课程编码为 891。

（3）学术报告会（Colloquium），是研讨会的延续，由教师、学生及外聘专家进行报告的系列讲座组成，1—3 学分，课程编码为 890。

（4）个体研究（Individual Studies）。由一系列创造性的研究计划构成，是不限主题的研究，实行自主监督，这是正式课程范围外的研究计划，1—9 学分，课程编码为 896。

（5）专题研究（Special Topics）。一般有一个限定的主题，或是不常提及的特殊主题，课程编码为 597、598、897、898。

（6）主题研究（Research Topics）。研究生在导师指导下，根据特定的研究主题，以小组或个人的形式开展研究，每次课程要求有一个特定的主题，课程考核分为 A、B 等类别，课程编码为 594。

（7）实习（Internship）。由导师指导研究生确定研究方向，在校外开展实习活动，活动中要考察学生的写作和口头表达能力。每次实习有确定的主题，实习表现也会记录进学生的成绩单，为了满足多样化的需求，分为 A、B 等类别，课程编码为 595、895。

（8）国外研究（Foreign Studies）。每学期 1—2 次，一学年不超过 4 次，这是国外学校提供的供个人和小组学习的课程。研究要有特定的主题，表现也将录入学生成绩单，为了满足多样化的需求，分为 A、B 等类别，课程编码为 599、899。

（9）论文研究（Thesis Research）。学生完成专业课程学习后，可以申请论文研究。课程编码 600 代表在校内，编码 610 代表在校外。

（10）博士论文（PH. D. Dissertation）。课程编码为 601、611，博士学位候选人要通过综合考试，并满足 2 学期的课程学习要求，才能进入博士论文环节。博士学位候选人一般在课程学习阶段结束后申请进入博士论文阶段。编码为 601 和 611 的课程是没有学分的，这些课程只是学位候选人专业学习活动的证明。如果候选人申请编码为 601 的课程，一般是全日制学生，而申请编码为 611 的学生一般为兼职学生。编码为 600、601、610 和 611 的课程不在每学期的课程计划里呈现。

有指导的大学教学体验（Supervised Experience in College Teaching）。这类课程有如下要求：① 没有申请更高学位的学分要求；② 一般分为 A、B、C、D、F 等级别，此等级进入学生成绩单；③ 不用于计算学生的平均绩点分数；④ 针对有教学经验指导等级要求的研究生课程，选课要求学生的专业要与教师的教学经验相符。

国外学术经历（Foreign Academic Experience）。学生申请在国外大学学习，是受

---

① The Pennsylvania State University. Graduate and Professional Programs[EB/OL]. [2022-11-26]. https://bulletins.psu.edu/graduate-professional-programs/#filter=.filter_2&.filter_6.

这类课程计划支持的,这类课程的学分1—12不等,课程编码为603。

顶峰体验(Capstone Experience)。类似我国研究生的综合课程或毕业设计。顶峰体验课程的特点是由导师指导,专业方向明确,课程内容综合,课程成绩进入个人学业档案袋。

3. 电子工程专业

电子工程专业的研究生课程结构具有上述两个专业的共同特点,但也具有自身特色。

(1) 核心课程,4学分,课程有线性集成电路、电子光学、光纤与集成光学、激光与电子学、工程电磁学、电磁学的数值与渐近方法等。

(2) 学术报告会(Colloquium),1学分,课程编码为EE500。要求研究生选择自己的研究主题进行研究成果的汇报。

(3) 独立研究(Independent Studies),由一系列创造性的研究计划和设计构成,是不限主题的研究,这是正式课程范围外的研究计划,1—18学分,课程编码为496、596。

(4) 专题研究(Special Topics),属于正式课程,有一个限定的主题,或是不常提及的特殊主题,课程编码为497、597,1—9学分。

(5) 主题研究(Research Topics),导师指导研究生根据特定的研究主题,以小组或个人的形式开展研究,每次课程要求有一个特定的主题,课程表现还会反映在学生成绩单上,为了满足多样化的需求,分为A、B等类别,课程编码为594。

(6) 实习(Internship),学生要在导师的指导下,确定研究方向,在校外开展实习活动。实习活动需要得到导师的同意,活动中要考察学生的写作和口头表达能力。课程编码为495,1—18学分。

(7) 国外研究(Foreign Studies),是国外学校提供的供个人和小组学习的课程,课程编码为499、599,1—12学分。

(8) 论文研究(Thesis Research),学生为了获得理学硕士学位和工学硕士学位,需要在导师的指导下进行研究,提交书面报告,并做口头研究汇报,1—3学分,课程编码594、600,在校外进行论文研究的课程编码为610。

(9) 顶峰计划的准备(Capstone Proposal Preparation),1学分,是顶峰课程需要的先导性研究,也是写作计划的准备,课程编码为405。

(10) 毕业论文(Senior Thesis),1—9学分,学生在进入毕业论文研究和写作之前需征得导师的同意,课程编码为494。

(11) 博士论文(Ph. D. Dissertation),课程编码为601、611,没有特殊规定。

有指导的大学教学体验(Supervised Experience in College Teaching),要求学生有大学教学经验,每学期3学分,学生在读期间不超过6学分,课程编码为602。

总体而言,美国大学研究生课程结构的特点,一是课程类型比较丰富,除了传统的核心理论课程外,还有诸如学术报告会、实习、顶峰计划、毕业论文等多种类型,多维度地保障了研究生尤其是博士生的学习质量。二是特别强调研究性课程。其博士学位课程结构中设置了独立研究、主题研究、专题研究课程,使博士生在研究实践中提高研究技能,从而获得原创性的研究成果。三是都有教学的要求,将教学经历作为课程体系的有机组成部分,一方面可以让研究生巩固自己的专业知识,另一方面可以为大学储备具有良好教学素养的教师。

二、英国大学研究生课程的设置与结构

1. 研究生课程管理和质量保障

英国的高校和研究生教育机构为了适应高等教育质量保障署(QAA)评价的需要,不断提高自身办学的自觉性和自主性,不断完善教学质量的内部监控机制,以保障各层次研究生教育的质量。各个办学机构为了做好自己的学位与研究生教育的管理工作,通常会设立各级学术委员会和研究生院来专门负责研究生教育质量,通过制定学校的方针政策,规定各级学位的标准,考察教与学的过程和各个环节以及质量管理的措施,组成决策系统,由各院、系和大学内部的各个委员会负责执行。同时也制定评估指标,通过评估以确保各大学的研究生教育质量。如剑桥大学在校一级设立了学术部(Academic Division)①专门负责大学学术事务管理,其下设有研究生委员会(Graduate Committee)②负责研究生的教育质量,学术部通过评估来监控教育质量,负责评价的人员包括大学里校级、院级、系级的各类委员会和其他高校相关专业领域熟悉高校考试程序、经验丰富的教师,通过评估,以维护所有学位的标准及保证在评价整个系统的学生成绩时尽可能采用相同的标准。伦敦城市大学(London Metropolitan University)设有校级的学术委员会(Academic Board)③负责全校学术活动,包括研究生教育在内的质量的评价与保障,如课程设置、教与学的质量、学生评价各个环节的管理与控制等。每所大学在评估过程中会各有特色,但目的都一样,即评价研究生层次各个学科的学习,加强学校内部质量保障系统,形成一套自我质量保障的程序。

2. 研究生课程设置的机制

与美国大学的研究生课程设置机制类似的是,英国大学内承担研究生培养质量保障的机构,同时承担研究生课程开设与审查等任务。下面以英国伦敦帝国理工学院为例,简要介绍其基本特点。

---

① University of Cambridge. Academic Division [EB/OL]. [2022-11-26]. http://www.academic.admin.cam.ac.uk/.

② University of Cambridge. School of the Humanities and Social Sciences. Postgraduate Sub-Committee Contents[EB/OL]. [2022-11-26]. https://www.cshss.cam.ac.uk/staff/committees-and-calendars/postgraduate-committee.

③ London Metropolitan University. Academic Board[EB/OL]. [2022-11-26]. https://student.londonmet.ac.uk/your-studies/student-administration/rules-and-regulations/academic-regulations/.

(1) 组织机构

伦敦帝国理工学院的参议院(Senate)成立了许多委员会,例如工程研究委员会(Engineering Studies Committee)、医学研究委员会(Medical Studies Committee)、科学研究委员会(Science Studies Committee)、工程和自然科学研究生院研究生质量委员会(Graduate School of Engineering and Physical Sciences [GSEPS] Postgraduate Quality Committee)、生命科学和医学研究生院研究生质量委员会(Graduate School of Life Sciences and Medicine[GSLSM] Postgraduate Quality Committee)、质量保障咨询委员会(Quality Assurance Advisory Committee,QAAC)。

(2) 院系研究生培养方案和课程设置审查

伦敦帝国理工学院课程设置审查包括对哲学硕士学位、哲学博士学位、工程学博士学位和医学博士学位培养方案的审查。该过程是双重的,包括一项定期审查和一项规则审查。这些审查是相通和互补的,对院系来讲审查是柔韧性的,而非繁重的工作。

① 定期审查(Periodic Reviews)

每6年一次审查与学校和院系制定的学习和研究策略有关的一切主题。定期审查涉及外部审核人员和对院系的访问,考察研究学位经验的各个方面,包括对院系研究学位规程(根据学校的研究生学位规程制定)以及课程设置的审查。定期审查首先把文件资料提交给内部主席和定期审查预定的评估员,再安排评估员访问院系,通常情况下时间要一天以上,访问时要与教师和学生代表讨论交流,院系还要为评估员提供参观学院设施的机会。

② 规则审查(Precept Reviews)

规则审查是关于院系对学校规则的遵守情况的书面审查,通常情况下在定期审查的中途进行。作为审查的一个环节,各院系需要提交书面文件,以证明他们是怎样遵守学校在该方面的规则的。规则审查是为了凸显良好的实践范例,找出哪里存在问题,提供解决方案。

3. 研究生课程的结构

为保证研究生教育的质量,英国高校研究生课程的设置侧重理论与实践的结合,大致可分为三类:为了解本专业的研究领域和为科学研究打好基础的必修课,专业性强的高级课程,通过研讨班的专题研讨加强科学研究思维的训练课程。①

(1) 共同必修课程——研究方法课程

这是所有研究生在做学位论文前都要学习的一门课。主要分两大部分:

研究方法Ⅰ:教育研究中的理论与概念问题。该课程旨在将研究置于更宽广的政治和社会背景中进行考察,澄清学生在设计和实施社会科学研究时对所面临困境的选择和理解。该课的具体目的是从政治和目的的角度,探讨各种不同的研究和评估方式;

---

① 饶从满.英国教育博士研究生的培养及其特征——以伦敦大学教育研究院和格拉斯格大学为中心[J].外国教育研究,2010,37(11):16-22.

思考知识的哲学和社会学维度,包括何谓合法性知识、解释说明的模式、理论证明和认可、客观性及概率和偶然性的性质等;考察数据在教育研究环境下的含义,以理解这些意义与研究和实践之间的关系;思考研究结果传播的伦理问题和方式。

研究方法Ⅱ:研究过程与技能。该课程的主要目的在于:使学生意识到有很多研究方法,并知晓为了研究教育问题这些方法是如何被运用的;提升学生形成研究问题和充分思考各种选择之后选定恰当研究方法的能力;鼓励学生集体创造性地思考回答研究问题的可能方式和思考研究管理的问题;使学生具备资料收集和分析的能力以及课题管理能力;发展研究报告的写作和报告能力。

(2) 硕士研究生课程

研究型硕士研究生的课程主要是基于知识更新、英国研究生规模扩大、科学技术的发展、学生自身需求等多方面因素考虑而增设的,但其设置需根据课题研究来设定。这类课程量小,通常包括三个部分:一是基础课程一般是2—3门的必修课,课程目标为了解本专业的各大研究领域,为科学研究打好基础,内容涉及这门学科的研究领域、研究方法等;二是专业性强的高级课程,使研究生在本专业方面具有较深的专门化知识;三是为加强科学研究思维的训练,开设研讨班,研究生参与专题研讨。

修课式硕士研究生主要是通过研究生课程的学习,掌握比本科阶段更加深入、专门化的知识,通过考试并提交一篇专题学位论文,表明已接受初步的科研训练。通常学习时间为1年,用于课程学习的时间占到了培养年限的四分之三,课程选择范围广,内容包括:核心课程2—4门,根据学科而定,其中包括一门研究技巧课程,课程内容与实践结合,偏向职业性;选修课程1—5门,内容包括专业领域之内的课程,也可以是其他学院或系别的跨学科课程。课程设置体现出与生产实践相结合的特点,旨在让研究生进一步获得专业领域内的知识并训练相关职业技能。

(3) 博士研究生课程

博士研究生以课题研究为主,通过科学研究来提高相关能力,没有统一的课程要求。博士研究生也可以根据自己的兴趣和需要选择若干课程,导师也会要求学生修习某些课程和参加专为博士研究生组织的研讨会,进行学术交流。但一些专业也要求博士研究生修习指定的课程,并须通过考核才能获得哲学博士学位的授予资格,以期其具有获取新知识和进行独立研究的能力。

三、国外大学研究生课程设置与结构的特点

通过分析美国和英国大学研究生课程的设置机制可知:

(1) 从课程政策来看,学校的各个学院会根据自己的专业发展要求安排学院的研究生课程,并为课程的管理和评级制定相应的方案,在相应方案的指导下可以进行适当调整。

(2) 从管理机构来看,院系成立课程委员会,负责审核初步的课程方案;研究生院成立委员会,负责研究生课程的开设与审查;教务处也会参与到课程审查之中,还要接

受大学董事会的行政审批。

（3）从管理载体来看，大部分研究生院设立了课程管理网站，学生不仅可以看到自己的课程信息，而且可以通过这个网站看到所有院系的全部课程信息。

（4）从课程审议来看，部分大学采取课程例行审查制度，所有研究生课程会定期（通常为三年）接受例行审查，例行审查是一种内部的书面同行评审活动，审查委员会会邀请外部审查员到部门进行访问和观察；还有的大学采取教师向课程规划委员会或校学术委员会提交课程开设意向书的审批制度。

此外，世界高水平大学不仅有严格的课程设置机制，而且还有完善的课程退出机制，从而实现研究生课程的不断更新，保证课程内容的前沿性以及课程教学的质量。

由于各个学校、各专业的侧重方向不同，学位授予类型不同，课程设置没有统一的标准和规定，各学校的课程结构存在一定的差异。从修读方式来看，世界高水平大学研究生课程结构可分为选修课、必修课两大类；从课程地位来看，研究生课程结构可分为主修课程和辅修课程两类；从课程的内容来看，研究生课程结构可分为专业课程和非专业课程。不同类型的课程可以相互组合。然而，对于研究生教育而言，课程类型能充分彰显课程结构的本质特征。案例研究表明，从课程功能来看，世界高水平大学的课程具有模块化与结构化、适应性与实用性、灵活性与多样化相结合的本质属性。课程类型主要有以下几种：

（1）专业基础课程。旨在让研究生掌握扎实的学科基础理论，是知识创新的前提。世界高水平大学将专业基础课程作为研究生课程体系中的基石。该类课程包括基础理论课程和专业课程两类。一方面，基础理论课是本专业知识的基础；另一方面，专业课程为本专业的研究者提供系统、深厚的基础理论知识，是本专业的核心课程和主攻课程，能够反映专业学术特色。

（2）研究方法课程。研究方法课程是世界高水平大学研究生课程体系中的重要课程类型。方法课程的学分所占总课程学分的比例较大，这是所有研究生在做学位论文前都要学习的一门课。在英国，研究方法课程是所有研究生的共同必修课。

（3）语言类课程。语言类课程属于工具课程。世界高水平大学的学生国际化程度很高，来自世界各地。为了确保研究生的学习质量，一些大学在研究生课程体系中单独设置了语言类课程修习要求。美国的大学一般都要求研究生至少精通一门外语，有的大学要求博士生精通两门外语。

（4）学术写作课程。学术写作对研究生的课程学习至关重要，提升学术写作水平是研究生完成学术论文的重要保障。基于此，世界高水平大学尤为重视学术写作课程的设置和修习要求。在发达国家的研究生课程体系中，学术写作课程受到学生和导师的欢迎。例如，英国剑桥大学、伦敦帝国理工学院等高水平大学中，无论是硕士还是博士层次的研究生，都需要修读一门学术写作课程。学术写作课程学习合格也是研究生毕业的条件之一。

（5）跨学科课程。跨学科课程主要是利用多学科知识来探讨、解决现实相关问题。

世界高水平大学的研究生课程都普遍强调学科间的交叉,增设跨学科课程以拓宽研究生的研究领域,促进交叉学科的发展。世界高水平大学都积极实施研究生跨学科学习计划,课程设置上重视学科间的交叉、渗透。如美国的麻省理工学院、哈佛大学、斯坦福大学的课程体系中都有专门的跨学科课程类型。

(6)修业咨询与就业辅导课。修业咨询课有两种开课形式,一种被称为学习工作坊,这门课让学生更好地适应学校的学习和生活,为学生制订学习计划以及自学提供咨询服务。另一种叫作适应学习课,这门课程的目的在于培训学生自我管理能力以及应对学习中困难的能力。就业辅导课为学生建立了从学校通往社会的桥梁。该课程面向所有在校生,甚至已经毕业的学生。就业辅导课的内容有:个人咨询,帮助学生发现问题,明确个人定位;职业培训,为学生提供职场的重要信息,培训职业所需的关键能力;提供实习机会以及就业安置。

(7)前沿进展与研究讨论课。前沿进展与研究讨论课的目的在于为学生提供学科前沿知识,提供讨论学科发展、研究进展的机会。世界高水平大学的案例研究表明,部分大学重视学科前沿进展,并在研究生课程体系中单列一类;有的大学还设置研究讨论课,与前沿进展课形成互补。该类课程在美国的大学中尤其受到重视,如哈佛大学的研究生课程体系中都有该类课程,旨在使学生有充分的机会去接触最前沿的科研动态。

第三节 研究生课程设置与结构优化的策略

要改变我国研究生课程"因人设课"的局面,优化研究生课程结构,改进研究生课程设置质量,提高研究生课程体系建设水平,需要立足研究生培养目标,确立和优化研究生课程体系,明确研究生课程建设标准,强化研究生课程进入和退出机制,构建课程建设激励和支持体系。

一、立足培养目标,确立和优化研究生课程体系

研究生课程体系的设计和规划,要完整贯彻研究生培养目标和学位基本要求,保证课程体系与培养目标、学位基本要求相一致。关注研究生课程体系的层次性,即课程内容知识的纵向衔接和递进,课程在高深层级上的逐步深化和专门化,课程在智力运用的宽度和深度层面上对研究性要求的逐步强化。坚持以能力培养为核心、以创新能力培养为重点,注重不同培养阶段课程设计的整合、衔接。优化课程结构,丰富课程类型,根据实际的需要加大跨学科课程开发力度,增加研究方法类、实践类、研讨类和系列讲座类等课程。

根据学科发展、人才培养需求变化和课程教学效果,及时完善、更新课程体系和课程内容。统筹考虑本科、硕士和博士培养阶段,合理安排研究生课程内容,提高课程"含金量",加大课程的训练强度,提高课时投入效益和学习效率。适应教育和人才竞争国

际化的需要,引进吸收和自主开发相结合,加快课程国际化的进程。

二、明确课程标准,强化研究生课程进入、监控、评估和退出机制

根据研究生培养目标和学位基本要求,确立研究生课程目标,明确研究生课程(建设)标准,强化研究生课程的宏观管理,实现研究生培养按需、按标准设课。

充分发挥研究生培养单位现有的学术组织和管理部门的作用,建立和完善新设课程的申报、审批、退出机制。对于申请新设课程,应从课程性质、课程目标、适用对象、选修要求、师资力量、主要内容、教学方法、学分学时、考核方式等方面进行全面审查,突出对课程预期效果的论证、审查。对初步审查通过的新设课程,应加强对课程开发工作的指导和监督。新设课程开发达到预期标准的,方可批准正式开设。

对已设置课程的实施情况和实施效果进行定期审查,保证已设置课程符合培养需要并保持较高质量。除管理部门和内外部专家外,应注意吸收在读研究生、毕业研究生和用人单位等以有效方式参与审查工作。对于不适应培养需要的课程应及时进行调整。对于质量未达到要求的课程提出改进意见并对改进情况进行跟踪审查,对于无改进可能或改进后仍不能达到要求的及时调整开课教师另行开设。

三、完善开课条件,提高对授课教师的资格要求

授课教师的水平是研究生课程教学的重要保障,离开了高质量的研究生教学队伍,研究生培养质量也就无从谈起。因此,在明确研究生培养目标和课程开设标准的基础上,还需要进一步完善开课条件,提高对授课教师的资格要求,从而保证创新性人才培养的质量。例如斯坦福大学建立了严格的导师质量保障体系,从而保障了研究生培养的高质量。其导师遴选标准便包括有先进的专业工作相关知识、组织知识,积极的态度以及精湛的交流技能。

在完善开课条件、提高授课教授遴选标准的同时,还要加强对教师特别是新教师的教学指导与服务,帮助教师改进教学方法,提高教学能力和水平,从而帮助其成长为合格的研究生课程授课教师。建设教师教学交流和教学技能培训平台,有计划地开展教学经验交流与教学技能培训活动。

四、建立竞争机制,加强课程开设的动态性和选择性

作为创新型人才培养的基本手段,研究生课程的内容需要随着学科的发展而不断变化,特别是一些交叉学科,为加快发展,其课程内容需不断更新、及时增删。因此,研究生课程开设的动态性和前沿性是研究生创新的基础,研究生课程需要引领研究生把握前沿性热点问题,激发他们的创新思维。

同时,研究生教育并不是以培养共性化的研究生为旨归,而是使研究生在接受教育阶段,形成个性化的研究品格、研究定向、研究视野和独立思考能力,以获得独创的成果。因此,个性化是研究生教育培养目标的构成主体。而研究生个体的课程体系与其

自身实际适切与否,对他们的学术成长有很大影响,因此,研究生课程的可选择性非常重要。

而研究生课程开设的动态性和选择性,不仅需要课程规划和课程开设机制来保障,还需要引入竞争机制来激励和促使授课教师更为积极地参与课程建设,动态调整课程内容。

五、加大资源投入,激励和支持研究生课程建设

完善投入机制,加大资源投入。培养单位应统筹使用各类经费,加大对研究生课程建设、教学改革的常态化投入。加大纵向科研经费和基本科研业务费支持研究生培养的力度,确保对研究生课程建设、教学改革的经费投入。坚持长项不断、专项确保,择优扶持、分批建设。支持常态化的课程体系建设,与课程教学实际相结合,保证课程建设工作常抓不懈。设立课程建设专项经费,用于支持精品课程、优质课程、双语教学课程、全英文教学项目等重点课程和高水平课程的建设。

健全奖励体系,加大对教师参与课程建设和教学改革的激励。深化教师薪酬制度改革,提高研究生课程建设与教学工作在薪酬结构中,尤其是绩效工资分配中的比重。将承担研究生课程建设和教学工作列入相关系列教师岗位考核、职务聘用和专业技术职称评聘的要求,并适度加大权重。加大对研究生课程建设和教学改革项目资助的力度,支持教师积极投身课程教学改革与创新,将课程建设和教学的成果作为考评和专业技术职务评聘成果范围。

广泛利用校内外资源来支持和奖励研究生教学,建立或完善课程建设成果奖励政策,把课程建设与教学改革工作纳入学校和院系的工作考核、评价指标体系之中,并加大其指标权重,以提升课程教学工作地位。

第五章 研究生导师如何指导学生？
——研究生学习的组织与指导

研究生教育肩负着培养拔尖创新人才与发展创新科学技术的重要使命，在高等教育中具有重要的地位和作用。前面几章分别探讨了新的历史背景下研究生课程目标的定位、课程内容的调整、课程结构的改革等重要内容，本章则聚焦在课程实施环节，讨论如何更有效地组织和指导研究生学习。众所周知，研究生教育是建立在科学研究活动基础之上的教育。也就是说，研究生教育是以科学研究为主要特征，以培养研究生的科研能力为主要目的的教育。这种内在规定性决定了研究生指导工作具有整合科研与教学的特殊性，正如美国学者克拉克所言，研究生教育"以科研为首要的成分，教授的作用在于把科研和教学结合起来——科研活动十分恰当地成为一种教学模式。学生的作用就是把科研和学习结合起来——科研活动转变为一种学习的模式"[1]。考虑到研究生课程实施的复杂与相关内容的庞杂，本章将选择从课程学习指导、科研指导与学位论文指导三个方面展开讨论。

第一节 师徒制与导师组制

从世界各国实施研究生课程的状况来看，由于各自历史文化传统的差异，对研究生教育目标的定位不同，在研究生教育理念及其制度安排上不尽相同，出现了师徒制和导师组制等各具特色的研究生指导形式。当然，这两种指导形式孰优孰劣，不能简单定论，关键是看哪一种形式更符合自己国家的历史与具体情境，更能反映出研究生学习的基本特点，更适合面向未来的研究生的专业成长。

一、研究生学习的基本特点

作为一个特殊群体，研究生在学习目标、任务、方法、过程、结果以及环境等方面都区别于本科生。如果说本科生学习主要是帮助其在某个领域中打下较扎实的基础的话，那么，只有到了研究生阶段他们才真正接触学术研究层面的活动，将知识创新提上

---

[1] 伯顿·克拉克.探究的场所——现代大学的科研和研究生教育[M].王承绪,译.浙江教育出版社,2001:1.

了人才培养的议事日程。因此,对学术研究的强烈关注构成了研究生学习的本质特征。概括而言,研究生学习具有以下特点。

(一) 更强的内在学习动机

研究生学习不单单以通过某项考试为主要目标,更在于知识的累积、创新和发展。后者也正是科研活动的本质,它需要研究生投入对知识的长期探索、不断质疑和修订的过程中去。研究生不仅要掌握相关领域的基础知识,更要具备发现新问题、寻找新方法的研究能力。而这些知识与能力获得之不易决定了研究生的学习属于高级的、复杂的学习,是艰苦的、创造性的脑力劳动。而能够将研究生的学习过程与学业成就紧密联系起来的是其内在的动机。[1] 因此,研究生的学习活动只能基于自我监控的、深入的思考与积极参与才能持续,而外部的指导仅仅辅助性地促进了知识的内化与创新而已。

(二) 更鲜明的问题导向

研究生的学习与研究紧密结合在一起,他们的学习近似于真实的学术实践活动,必须面对和解决具体存在的理论问题或实践问题。研究表明,真实的学习包括以下几项特征:① 提供一个能反映知识在现实生活中使用方式的真实情境;② 开展真实的活动;③ 以专家为榜样改善自己的行为;④ 多元角色和多元视角;⑤ 合作构建知识;⑥ 反思;⑦ 联结;⑧ 辅导与支架;⑨ 真实的评估。[2] 与中小学生及本科生不同,研究生的学习不局限于参考书中相对确定的内容,他们常常以某个问题为焦点,广泛涉猎、梳理与问题有关的资料,经过自己的思考、加工或实验,最终理解并解决问题。正是这种真实的学术实践活动使得基于问题的学习成为研究生学习的主要方式。

(三) 更明确的创新要求

基于问题的学习也意味着研究生的学习具有创新性。实际问题是复杂且变动不居的,知识为解决问题而服务。要解决问题,就不能拘泥于书本,而必须根据需要创造性地应用知识以达到解决问题的目的。首先,要用创新的眼光去发现有价值的问题,提出自己解决问题的方案,并在学术实践中加以验证;其次,要坚持以怀疑的、批判的态度对待书本知识,对不同的理论观点进行比较分析,力求发现已有知识存在的不足和未来发展的空间。只有这样,培养学术研究后备人才或培养高级实践人才之研究生教育目标,才有可能真正实现。

---

[1] 谢鑫,蔡芬,张红霞.因"志"施教:不同求学动机的 PhD 需要差异化培养吗?——来自中、美、英、德四国学术型博士生调查的证据[J].高教探索,2021(06):70-80.

[2] Herrington, J., Reeves, T. C., & Oliver, R. Authentic Learning Environments. Handbook of Research on Educational Communications and Technology[C]. New York: Springer, 2014:401-412.

（四）更多元的学习途径

除了常见的课堂教学和实验室工作以外,研究生学习的途径还有很多,如参与导师的研究课题、参加学术会议、听讲座、与同学讨论、学习网络课程、自我反思等。在上述不同学习方式中,不仅需要研究生个体积极参与,而且要加强其合作与沟通能力的培养,拓展与相关专业的老师与同学之间的交往空间,充分利用各种专业共同体来促进自我反思和专业成长。多途径的研究生学习活动能够强化研究生的专业意识,拓展研究生的学习思路,从而更好地保证学习的广度与深度,同时发展合作与交流的策略与技能,这些对研究生未来从事各种工作都具有难以估量的价值。

（五）更宽松的学习氛围

研究生大部分都是成年人,相对于本科生而言,他们的人生经验较为丰富,思想比较复杂,对学习的要求和期望较高,在学习上具有很强的目的性,会根据自己的需要和兴趣确定学习目标和内容。而且,其知识观和学习观也发生了很大的变化,不再视书本知识为确定的、不能怀疑和更改的权威知识。因此,从管理工作实践来看,无论是研究生管理部门、教学院系,还是指导教师,都不会像管理本科生那样过于干涉研究生的学习自主权,而是尽量为其提供相对宽松的学习环境,让其自由探索。在这个意义上,正如梅贻琦在《大学一解》中所言,"学校犹水也,师生犹鱼也,其行动犹游泳也,大鱼前导,小鱼尾随,是从游也。从游既久,其濡染观摩之效自不求而至,不为而成"①。

二、研究生导师的指导:师徒制

我国研究生培养主要采取导师个别指导与导师组集体培养相结合的方式,以导师负责制为主。研究生主要跟随导师进行科研训练、设计实验、论文撰写等学术活动。导师不仅关心研究生的学习情况和科研进展,亦关心学生的品德、生活。在某种意义上,我国的研究生培养方式与德国的师徒制比较类似。②

（一）师徒关系的类型及对研究生成长的功能

作为研究生在学习期间各种人际关系中最基本、最重要的关系之一,导师和研究生之间形成的师徒关系极为重要,其紧密与融洽程度如何,以及是否始终以研究生成长为关系维持的出发点,将直接影响到研究生的学习质量、科研活动及学术成果。

1. 师徒制

所谓师徒制,通常是指在传统的手工作坊里学徒跟随经验丰富的师傅学习一门技

---

① 汪建华.大学通识教育课程变革史论[M].成都:西南交通大学出版社,2019:260.
② 冯凯瑞,杜静.走向多元平衡:组织变革视域下的德国博士生导学关系探析[J].成都师范学院学报,2022,38(06):96-103.

艺,其中师傅为某一领域的行家里手,学徒则通常年轻或资历较浅。学徒在长期的实践中遵从师傅的教导,认真观察和模仿师傅的技艺,在学得专业技能的同时也往往潜移默化地习得师傅的处事方式和专业操守。

这种广泛存在于手工作坊中的师徒制后来被借鉴到研究生教育中,即在研究生培养过程中,"研究生作为学徒或助手师从于导师,导师通过耳提面命的方式在与其密切而经常的接触中展现自己的优点成就、独特风格、个人魅力和生活方式,广泛而深入地了解学生的愿景诉求、个性特长和学术能力,以'手工生产'的方式教会学生为人、为学的基本准则,坚定而虔诚地追求学术研究的真正旨趣"[①]。这种一对一的师徒制通过导师的亲身示范,引领着学生的跟随学习,在潜移默化中实现研究生培养的基本目标。

虽然我国研究生培养的主要形式依然是师徒制,但与最早形成该模式的德国相比还是略有不同,如德国基本上无课程学习的强制要求,因而更个人化、自由化,而我国在重视论文指导的同时,还要求研究生修读一定的课程,这是借鉴了美国的研究生培养模式。但无论如何,师徒制中导师的作用非常大,其对研究生的信任、认可、激励和培养,使其成为研究生走向真正研究之路和学术人生的决定性人物。

2. 师徒制的类型

虽然师徒制的内涵很清楚地表明了导师在研究生学习与成长过程中扮演着重要的示范者和指导者角色,但由于具体指导情境和师生交往方式的差异,现实中的导师与研究生关系呈现出迥然不同的特点。鉴于导师指导主要有两个基本维度:其一为任务维度,表现为对研究生学业成就的关注程度;其二为情感维度,表现为对研究生情感关怀的强度。据此,可以区分出四种基本的师徒表现形式,见图5-1。

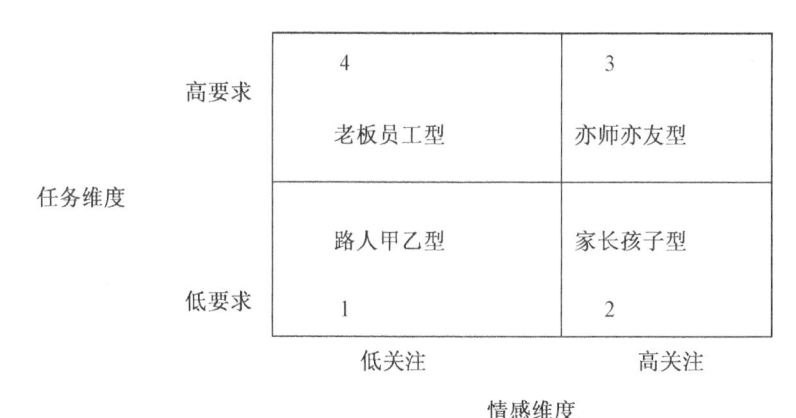

任务维度	低关注	高关注
高要求	4 老板员工型	3 亦师亦友型
低要求	1 路人甲乙型	2 家长孩子型

情感维度

图 5-1 导师与研究生的关系类型

来源:作者自绘。

---

① 黄正夫,易连云.从师徒规训到协同创新:研究生培养范式的转换[J].研究生教育研究,2014(02):38-42.

其中,第一种师生关系类型可称之为"路人甲乙型",比喻导师与研究生之间关系松散,形同路人,导师在学业上对研究生没有太多要求,平时师生交流和交往甚少,导师对研究生的教育管理相对松散;第二种师生关系类型可称之为"家长孩子型",比喻导师与研究生之间感情深厚,如同家人,其中导师非常在意研究生自己的意见和想法,不会过多地对研究生提出学业上的各种要求,有时候甚至有过分迁就、溺爱之嫌;第三种师生关系类型可称之为"亦师亦友型",比喻导师与研究生之间心理距离不大,既是师生,又是朋友,其中导师不仅对研究生有较高的学业期待和要求,而且能够给予及时的专业帮助和情感支持;第四种师生关系类型可称之为"老板员工型",比喻导师与研究生之间关系主要是工作关系,导师会将研究生单纯地作为科研劳动力,师生间缺乏真诚有效的沟通和合作。

以上的分类当然是为了叙述的方便而提炼出来的,因此其特征的概括也相对极端,而现实中的师生关系大多居于不同极端之间的某个位置。但无论如何,从有利于研究生成长的角度而言,培养亦师亦友型的师生关系应该是努力追求的目标。

3. 师徒关系对研究生成长的功能

研究生的生涯形成是一个开放过程,会受到各方面多种因素的影响。通常来说,生涯选择与研究生的个人兴趣有关,同时,其自我效能感和结果期待也会影响其生涯选择的目标与行动。但不能忽视的是,在上述影响过程中,包括社会支持、所处工作或教育环境等与选择行为临近的环境因素发挥了非常重要的作用。

而导师与研究生之间形成的师徒关系正是可以为研究生提供社会支持的重要环境因素之一。一般来说,师徒关系对研究生成长的功能可分为人际网络功能(networking help)、工具性功能(instrumental help)和社会心理功能(psychosocial help)。所谓人际网络功能是指导师帮助研究生与所属的学术领域建立起人脉,增进联络机会;社会心理功能指的是导师为研究生提供的必要而适时的社会心理帮助;工具性功能则指导师向研究生提供的与学术或专业相关的帮助。研究表明,社会心理帮助和工具性帮助直接影响着研究生能否形成正确的职业方向,能否提高自我效能感和形成良好的结果预期。[①]

(二) 师徒制的本质特征

师徒制作为"导师—研究生关系"之一种形式,有其产生与发展的时代背景,尤其是当教授拥有较高的学术权威,整个高等教育还处于精英化教育阶段,接受研究生教育者更是少之又少时,其强调导师的言传身教和研究生的耳濡目染是合理的。但随着研究生教育的迅速发展,该制度也不断受到挑战并作出改变。下面我们不妨以最典型的德

---

① Curtin, N., Malley, J. & Stewart, A. J. Mentoring the Next Generation of Faculty: Supporting Academic Career Aspirations Among Doctoral Students [J]. Research in Higher Education, 2016, 57(6): 714-738.

国博士教育来把握师徒制的本质特征。

1. 教授的绝对权威

在严格意义的师徒制中,导师被定义为负责向研究生提供指导,负责其学术、技术和道德发展的人,即全面负责研究生的培养工作。当然,导师在研究生的入学和毕业等环节也扮演着决定性作用。如在德国,其博士生教育传统上并没有严格规定的培养程序:博士生入学无须参加考试,只需取得大学毕业文凭及优良的结业考试成绩,再向一位教授提交博士阶段的研究计划,获得导师同意后即可在其指导下开展研究。教授在此过程中拥有绝对的权威,这是因为德国大学的学术活动以教席为基本单位,传统上一个专业方向只设一个教席,由一位教授与少数几位助理教授或讲师以及若干研究员构成一种金字塔式的组织结构。该专业的教学、科研以及事务性工作皆需听命于金字塔顶端的教授,包括博士研究生在内的各类教学科研人员对教席有着很强的依附性。

2. 科研工作至上

从培养过程来看,德国的博士生一般不需要修习课程,大学也没有对博士研究生的中期考核。所以,整个攻读博士学位的过程,就是博士生独立进行科研而非接受系统教育的过程。在此过程中,研究生与导师朝夕相处,共同致力于科学研究。学生是导师的助手,导师指导学生从事相对独立的研究活动,鼓励学生在研究、学习中扮演积极主动的角色,同时要求学生以取得有独创性的学术成果为目标。在这种高度自由的、极其个人化的培养过程中,导师对博士生一对一的指导就成了最关键的因素。另外,在博士论文的评阅和答辩环节,导师也发挥主导作用。博士生完成论文后,其导师是论文的第一评阅人,另有导师联系的同行专家担任第二、第三评阅人。论文评阅通过后,博士生将进行口试和公开答辩,通常由博士生导师主持,答辩委员最后将对博士论文的成绩作出评定,通过后便可正式得到博士学位证书。

3. 经师与人师

需要指出的是,师徒制中的导师与学生之关系不仅是一种学术指导关系,更是一种深厚的情感关系、人格关系。所以在德语中,博士生导师被称作"博士之父"或"博士之母",就从一个方面体现了这种密切的关系。常言道:桃李不言,下自成蹊。一个学术造诣深厚的导师,其身上散发出的人格魅力和学术精神常起润物细无声之教育功效,无形之中成为学生效仿的对象。这种基于导师人格的感召而不断强化的师生关系有助于形成浓厚的学术氛围,培育学生潜心治学的素养。从这个角度而言,师徒制中的导师较好地诠释了经师与人师的平衡,有机地把学生的成才与成人的双重目标统整起来。这种良好的师徒关系往往可以维持很长时间,许多学生在毕业多年之后依然与导师保持着密切的联系。同时,从学术研究的传承与发展而言,这种制度非常有利于学术团队的稳定和科研工作的持续,有利于学术派别的产生与发展。

(三)师徒制的问题与面临的挑战

虽然师徒制作为一种培养研究生的方式存在较长时间,且为各国学术界培养出大量学术储备人才,但毋庸讳言,任何事物的发展都存在两面性,特别是从 20 世纪 80 年代开始,随着研究生教育规模的扩张以及知识生产模式的转变,师徒制面临着一系列挑战,其本身存在的一些问题也日益凸显出来。

1. 师徒制过分依赖导师个人的指导,会产生人才培养上的风险问题

导师与研究生之间建立起亦师亦友的关系,的确最有利于研究生的成长。但实际情况常常是部分指导教师或事务繁忙,或责任感意识不强,或指导能力欠缺等诸多原因,并没有切实有效地发挥其导师的作用。正如前文有关不同类型师生关系的讨论所指出的那样,当导师不能把对研究生的严格要求与适当的专业支持有机结合起来,就很难创设一个理想的有利于研究生发展的学术环境,其结果必然导致研究生要么放任自流,要么浅尝辄止,要么沦为知识劳工。可见,强调一对一的传统师徒制是非正式的、个人化的,缺乏系统的组织和监督,一旦导师对研究生的指导责任难以保障,则人才培养的风险随之而来。

2. 高校扩张加重了教师的工作负担,导致教师对博士生指导不足

有效的师徒制一定是有规模限制的,即有一个合理的师生比例,如欧美和中国香港一些大学关于一个导师指导的在读博士生不超过 6 人的规定,就是希望保障师生之间正常而合理的交流互动。但随着世界范围内高等教育规模的迅猛发展,越来越多的人选择攻读研究生学位,其结果是师生比严重失衡,导师指导的研究生数过多而无法给以全面及时的指导;反过来,由于导师指导缺乏或不及时,越来越多的研究生,特别是博士生的修业年限越来越长,经常触碰修读时长的最后期限,甚至最终无法顺利完成学业。

3. 对导师的模仿学习更多取决于研究生的自觉反思,缺乏制度性帮助

有效的师徒制学习,不仅可使研究生作为学徒熟悉如何撰写研究计划、申报基金课题、调查研究、撰写学术论文以及投稿等基本的科研工作流程,而且可使他们在实际的教学情境中习得大量实践性教学知识,以及在真实的教学场景中通过实际观察、习得指导教师的缄默知识,从而为其将来胜任教师工作奠基。但遗憾的是,在实践过程中,缄默知识并不被研究生认为是其学习的重点部分,因此经常出现研究生对指导教师的缄默知识"视而不见"的现象。而即便一些研究生会大量旁听导师的授课,从中学会很多教学知识,但其更多关注的是导师的授课内容、教学法知识,对于其中最关键的学科教学知识则少有关注,更准确地说是没有能力关注。

总之,师徒制是一把双刃剑,其有利的一面在于权责分明,便于导师履行职责,因材施教;但其不利的一面是较易束缚学生的思维,造成研究生知识面狭窄。如今,面临高等教育规模不断扩大带来的生师比失衡,及其相伴而来的将人才培养责任系于导师一人的风险,纯粹的一对一的师徒制受到极大的挑战。正是由于外部环境的剧烈变化,传统师徒制的固有优势逐渐丧失。就连师徒制的起源地德国也自 90 年代开始建立研究生院的培养模式,希冀发挥学术共同体的力量,加大跨学科的研究广度。

三、研究生导师的指导：导师组制

无论是我国主流的导师负责制，还是德国的师徒制，其本质上皆属于单导师制，即一名研究生仅有一位导师，一位导师可以指导多名研究生的培养模式。随着研究生规模的扩大，教学资源不足的问题接踵而来，一主多辅的团队导师指导模式（即导师组制）应运而生。从实践来看，导师组制在美国、英国、加拿大和澳大利亚等国普遍存在，基本已成为"规范"。

（一）导师组制的组织及对研究生成长的功能

顾名思义，导师组制在导师的安排上避免了传统师徒制过于将责任与权威集于一人的风险，而且更强调导师之间的分工合作，注重为研究生提供一个跨学科，至少多视角分析和讨论问题的空间。

1. 导师组制

研究生指导小组由1名主导师和3—5名具有不同知识背景、学术专长的副导师组成教学小组，共同指导1名研究生。一般在学生入学一年内成立，负责人为学生的导师，导师通过双向选择来确定，成员通常由主导师根据研究生选题方向聘请。

在导师组中，主导师主要负责学生的研究课题计划、论文准备；指导委员会负责主持相关课程考试、检查论文完成情况，并对最后的论文答辩负有指导、咨询和把关的责任。团队导师会定期检查和指导学生的学习情况，通常为每月1—2次。其主要内容包括：研究生汇报其研究进度、进展、论文撰写情况、对后续研究的展望、研究中存在的问题等；团队导师与研究生共同讨论；团队导师为研究生提出意见和建议。

2. 导师组制的组织及对研究生成长的功能

首先，导师与研究生互相选择。"导学关系被认为是研究生在学习中取得成功的基础"，高质量的导学关系能够提升学生的整体幸福感和学业满意度。[①] 一般而言，研究生入学之初，导师和研究方向暂不确定，由学院或系研究生顾问对研究生的选课、学习时间、导师的选择等问题做出指导和建议。在学习相关基础课程期间，研究生对学院内各导师的研究领域和工作情况进行了解，导师亦会对学生的学习情况、科研能力等方面进行考察，为以后导师与学生之间的双向选择奠定基础。研究生可告知研究生顾问其研究兴趣，由研究生顾问帮助其选择导师；研究生亦可自主联系心仪的导师。

其次，研究生培养强调"课程学习＋论文指导"。以美国为例，其高校要求研究生培养必须进行系统的课程学习，以提高理论基础，把握学科前沿。根据课程的功能和性

---

① Vähämäki, M., Saru, E., & Palmunen, L. M. Doctoral supervision as an academic practice and leader - member relationship: A critical approach to relationship dynamics[J]. The International Journal of Management Education, 2021, 19(3): 100510.

质,其研究生课程可分为专业课程、选修课程、外语课程、方法论课程和跨学科课程。在完成课程学习后,研究生就着手准备学位论文研究计划书。论文研究计划要求达到3条标准:① 对本领域的知识或实践作出贡献;② 选题及研究规模合适;③ 学生能够有效地执行研究计划。指导小组评审学位论文研究计划时,要参考学生以前的学习成绩和指导教师的评价,评审结果有通过、部分通过和不通过3种。论文研究与写作完成后,送交指导委员会成员及相关专家审阅、修改,指导教师一致同意后,送交答辩委员会。通过答辩后,博士生根据答辩委员会提出的问题和建议修改论文,将修改稿送交答辩委员会审阅同意后,向学位委员会递交终稿。

基于上述基本组织形态,导师组制在发挥基本的人际网络功能、工具性功能和社会心理功能上,较之传统师徒制有了新的特点:第一,为学生提供的关系网络更大;第二,更有利于研究生及时从导师组成员处获得工具性和心理上的帮助。从而在帮助研究生准确地进行学术定位、形成较正面的结果预期和提高其自我效能感等方面发挥更加强大的作用。

(二) 导师组制需处理好的三大关系

导师组制使研究生获得指导途径不再局限于某一个导师,而是多方面的知识互动,多学科的交叉融合,这有助于培养研究生的创新能力,催生创新思维和创新成果。虽然导师组制存在着上述所言的优势,但徒法不足以自行,还需要厘清以下基本问题,处理好三个基本关系。

1. 处理好主导师与指导委员会成员之间的关系

导师组制的实施改变了传统的一对一的学徒式的教学模式,发挥导师组集体的优势,是对研究生导师制的重要补充,可有效发挥各个导师的协同效果,避免个人主观意识对学生的影响。为此,一定要明确主导师和指导委员会及其成员的具体职责和工作范围,通过制度化约束保证该体制的顺利执行。如明确主导师在研究生培养全过程的主要负责人角色,明确各委员在面试、中期考核、答辩等各培养环节中的责任。

另外,在指导委员会成员的选择上要基于研究生科学研究和论文写作的真实需要,导师组尽量由不同学科和专业的指导教师构成,由不同知识层次的指导教师构成,由不同专业特长的指导教师构成。导师组内指导教师的实验仪器和设备、科研课题面向本导师组内的所有研究生,实现共享。导师组成员同步地要建立合理的学术梯队,建立一支老、中、青相结合的导师组。只有如此,导师组制的制度优势才有可能发挥出来。

2. 处理好课程学习与科学研究之间的关系

虽然博士研究生与硕士研究生之间、学术学位研究生与专业学位研究生之间在培养目标上存在差异,但培养在某一领域的高级专业人员是其共同之处。作为人才培养的两大重要领域,课程学习与科学研究各有侧重,相辅相成。如课程学习可以较为系统地教授学科知识,可以通过师生、生生之间的互动,激发研究灵感,研究生还可以通过对导师上课方式的学习和借鉴,慢慢领悟做好教师的基本要求等;而科研活动重在创新,强调研究生分析问题、解决问题的能力,当然也包括在与人合作时的沟通能力等。

事实上,研究生的课程学习与科学研究的确是相辅相成,共同服务于人才培养这一根本任务的。如前者注重的是研究性教学,后者也同时向研究生提供研究伦理、与导师及同学相处之道等基本教育。可见,从培养一个合格的研究生的角度而言,课程学习和科研工作均需重视,不可偏废,尤其不能人为割裂。

3. 处理好校内导师与校外导师之间的关系

在更多情况下,导师组的成员来自同一单位。但随着学术交流越来越国际化,各种专业学位研究生的培养越来越强调其实践能力培养的大背景下,导师组成员的来源更为多元化。既可以是校内导师合作,组成导师组;也可以是与企业或政府机构合作,组成导师组;还可以是与国内其他大学或科研机构合作,组成导师组;甚至可以与海外大学合作,组成导师组。通过多方面的沟通协调,尽可能制定出大家都认可的、方便可行的管理制度。同时,要规划好必要的经费,以保障跨部门、单位、地区合作交流机制的良好运行。

鉴于导师组成员的日益复杂化,充分考虑到不同人员的工作性质、专业特长以及特殊需求,应制定切实可行的培养方案,如与企业或政府机构合作,应与研究生的"社会实践经历"相结合;与其他高校或科研机构合作,要发挥"第二校园"的积极作用;与海外大学合作,则不仅要注重培养研究生的国际视野和国际竞争力,同时也要推动导师与海外导师的合作与交流。

(三) 导师组制实施中的困难与问题

研究生数量与多样性的增加导致对教师的需求增加,拥有一名以上的导师能够更好地支持学生发展。[1] 客观而言,实施导师组制,学生可以从不同的导师身上学到跨学科知识、研究方法知识、科研论文写作知识,保证了所获知识的前沿性;导师可从不同角度考查学生的学习、工作情况,及时发现学生工作中的亮点和不足之处,为下一步工作奠定基础。而且导师之间也可以取长补短,提高导师的水平,有利于师资队伍水平的提高。[2] 不过,该模式在改进传统的一对一指导模式不足的同时,也具有了新的复杂性,也有一些问题需要正视。

1. 关于导师组制,一些高校存在有名无实的现象

即相关的研究生培养手册上写明实行导师组制,但事实上依然是一对一的师生指导模式。作为一个团队,导师组应该有利于成员之间相互学习、取长补短、合作交流,但

---

[1] Kumar, V., & Wald, N. Ambiguity and peripherality in doctoral co-supervision workload allocation[J]. Higher Education Research & Development, 2022:1-14.

[2] Olmos-López, P., & Sunderland, J. Doctoral Supervisors' and Supervisees' Responses to Co-supervision[J]. Journal of Further & Higher Education, 2017,41(6):727-740.

从一些案例来看,这种"合作"要么是形式化的,要么是碎片化的,并没有真正发挥小组制的特殊功能。①

究其根源,其一在于导师组内无明确的权责划分,导致成员之间相互推诿,使原本的多导师指导变成了无导师指导;其二在于有的导师过于强势,喜欢大包大揽,强调个人在研究生培养过程中的作用;其三在于部分专业不管导师水平的高低、科研经费的有无,将研究生在所有导师中进行分配,没有明确的具体分工和协作关系,体现不出导师组集体的力量。这些原因的存在,使得一些导师组在实践中貌合神离,没有真正发挥其制度优势。

2. 导师组制本身对多元与差异的关注,必然带来意见的不一致

如前所述,选择导师组成员时的基本原则就是尽量寻找学科不一样、专长有差异、年龄有距离的教师,形成互补优势,这样做的好处是让团队里存在不一样的专业声音,从而为激发研究生创新思维提供可能。但出人意料的是,一些研究生非常不习惯这样的专业环境,他们表示自己被小组里多元的观点弄得晕头转向,无所适从。因为作为学习中的个体而言,研究生更希望在导师组那里获得较为明确的、方向性的意见,而非意见不一的众声喧哗。②

另外,虽然新知识的生长往往出现在学科的边缘和交叉处,但社会管理机制明显滞后,社会中缺乏有效评价跨学科研究生之学术成果的机制。③ 换言之,当一项跨学科成果被传统学科领域的专家评价时,常常命运难卜。

可见,如何充分发挥指导小组制的优势,实践中还有很多工作需要去逐步完善。下文将基于我国学术学位研究生和专业学位研究生的指导实践,进行更具体而深入的讨论。

第二节 学术学位研究生的指导

学术学位研究生教育以培养科研人员和学科专家为旨趣,培养这类研究生关键在于通过系统而完整的学科知识的学习,帮助研究生形成较为扎实的本学科领域的知识基础,进而寻求知识的创新与发展,因此,课程设置应该以学科知识体系为框架进行构建,培养活动要体现出探究性。本节拟从课程学习、科学研究与学位论文三个方面探讨

---

① Löfström, E., & Pyhältö, K. What Are Ethics in Doctoral Supervision, and How Do They Matter? Doctoral Students' Perspective[J]. Scandinavian Journal of Educational Research, 2020, 64(4):535-550.

② Guerin, C., & Green, I. "They're the Bosses": Feedback in Team Supervision[J]. Journal of Further and Higher Education, 2015, 39(3):320-335.

③ 程晋宽,李云鹏,薛李. 如何改进跨学科研究生教育?——基于美国的经验与启示[J]. 研究生教育研究,2022(04):90-97.

学术学位研究生培养中的导师指导工作。

一、对学术学位研究生课程学习的指导

在学术学位研究生培养的整个过程中,研究生课程学习是研究生培养工作的重要组成部分,是研究生掌握坚实基础理论和系统专业知识的重要途径,它体现了学校的教学思想,直接影响着学校研究生教育质量。

(一) 基本内涵

学术学位研究生攻读学位期间,通常既要完成规定课程的学习,也要完成学位论文的写作,部分学生还要参与导师的科研项目。三项工作又围绕同一个中心进行,即培养学术学位研究生的科研能力。

为了实现此一目的,一方面需要让研究生通过参与课题研究而得到训练,另一方面应该积极地将科研能力的培养渗透到课程学习的全过程。毕竟课程学习是研究生教育的基础,是研究生获取知识和培养能力的主要渠道。是以,关于学术学位研究生的课程学习就不是简单地接受一些现成的知识而已,其本身就是一个探究的过程,是将科研有机融入课程学习中的过程。

(二) 我国学术学位研究生课程学习指导中存在的问题

当前我国学术学位研究生课程学习及指导中存在的主要问题是,课程内容陈旧,与本科内容重复,研究性和前沿性不够,教师授课的方式仍然以灌输式为主。也就是说,研究生课程学习存在一定程度的"本科化"倾向。

1. 课程学习内容的脱节、重复、滞后和随意现象

课堂是教师指导研究生的一个重要阵地,其呈现的内容是否合适将直接影响到研究生的学习效果。在一项针对某高校研究生的课程满意度调查中,16%的学生反馈任课教师存在不按规定的课时进行教学,随意增减课时的情况;12%的学生指出教师会因为私事而随意调整上课时间;7.64%的学生反映部分教师上课随意,照本宣科,缺乏责任心。这一系列现象的产生与高校"重科研轻教学"的大学教师评价体系密不可分。[1] 这是研究生课程学习中较为普遍地出现脱节、重复、滞后、随意等现象的根本原因。

所谓课程学习的"脱节性"是指导师对学生的知识水平了解不够,上课内容与本科阶段的内容无法衔接。所谓课程学习的"重复性"是指由于导师之间沟通较少而出现了不同的老师在不同的课堂讲相同的知识的状况。所谓课程学习的"滞后性"是指由于教材的更新速度较慢,很多导师以陈旧的课本进行教学,不能满足研究生对新知识的需求。所谓课程学习的"随意性"是指导师由于更关注科研绩效而随意变更教学内容,如

---

[1] 丁宇,王誉榕,姚林群.我国研究生课程建设状况的实证研究[J].黑龙江高教研究,2021,39(02):69-74.

有意识地将课堂教学引向相关的课题研究,甚至打乱或脱离教学大纲的安排。其结果就是研究生教育部分课程内容的高深知识缺失,或者只是对本科课程内容的横向扩展,而并没有凸显研究生教育在课程内容上的要求和特色。

2. 课程学习方式仍然以听讲为主

课程学习方式是指研究生在学习过程中,为了达到课程学习目的所采用的一切方法的总称。研究表明,在互联网时代,我国大部分研究生课程学习依然保留集体授课模式,教师主要传授理论和讲解一些老旧的案例,讨论、实验、调查、翻转等学习手段运用少,学生积极性和学习兴趣调动不够,现代化学习手段应用不多。[①] 这种讲授课(lecture)最基本的特点是"以学科内容为导向"和"教师讲、学生听"。它更多代表的是教师做了什么,而不是学生学了什么,甚至有可能是学习并没有在真正意义上发生,学生能够记住的东西很少,也很难把学到的知识应用于现实生活和未来工作之中。这种教学不利于教学、科研与学习的整合。

作为对"教师讲,学生听"的传统教学模式的矫正,当前我国研究生教学实践中一个比较常用的方法是"教师讲授+学生报告"(lecture + presentation)。其中学生报告从形式上体现了学生学习的主体性,但究其实质,如果教师的教学目标更多地定位于记忆和理解等低阶目标,那么,在报告环节出现知识灌输现象依然是大概率事件,只不过灌输知识的主体从教师转换成了某一名学生,即由个体学生把现成的知识和结论直接塞给其他学生。[②] 所以,对于其他大多数学生而言,仍然处于被动听讲、缺乏参与机会的状态。

3. 课程学习效果的考核形式过于单一

课程考核和成绩评定是研究生学习的重要一环。高校一般在其颁布实施的《研究生课程管理和考核暂行规定》中多有明确规定。如某校规定,"研究生应当参加学校研究生培养计划规定的课程和各种教育教学环节的考核,考核成绩合格,即取得该门课程的学分。考核成绩评分,以学期末考核成绩为主,并参考平时成绩",且规定了必修、选修等不同课程的及格标准和考试的形式。虽然课程考核的规定很明确,但实践中导师们对研究生课堂的效果并不太在意,考核大多是通过小论文、开卷或闭卷考试、项目等相对简单的考查方式进行,而且导师批改作业后也很少就其中存在的问题与研究生及时反馈。

这种现状事实上是与研究生的期望相背离的。一项调查显示,研究生希望专业课程考核内容与方式有难度,这样会激发他们全力以赴去完成,进而会提高他们对学习的

---

① 姚文韵,沈永建,沈亦丹. 互联网发展与研究生教学改革[J]. 江苏高教,2018(11):73-76.
② 杨春梅. PBL:研究生课程学习与科研训练整合的有效机制[J]. 学位与研究生教育,2014(7):6.

满意度。相反,如果考核内容比较简单,能轻易完成,那将降低他们对学习的满意度。①这说明,研究生在课程学习过程中并不满足于对基本知识的掌握,而更希望具有挑战性的考核。

(三) 国外关于学术学位研究生课程学习指导的案例

为了更好地认识学术学位研究生课程学习的特点,寻找解决我国学术学位研究生课程学习中存在问题的办法,有必要了解和借鉴研究生教育经验丰富的西方国家的一些做法。下面以杜克大学(Duke University)为例,分别介绍其实施的"Bass 连接"项目和习明纳(Seminar)教学模式,探讨有效的研究生课程学习模式。

杜克大学创办于 1838 年,是一所私立研究型大学。US News 公布了 2023 年世界大学排名,杜克大学名列第 25 位,在美国南部居于首位。它是美国常春藤联盟学校的成员,有"南方哈佛"的美誉,其研究生课程学习也非常具有特色。

1. "Bass 连接"项目注重跨学科教育

"Bass 连接"项目[2]以跨学科交流为目标,旨在通过创造一种新的课程教育模式,吸引全体教职人员、本科生、研究生、博士生以及博士后一起进行合作式和基于问题式的团队学习,以培养学生解决实际问题和合作的能力。

该项目具体目标主要有三点:第一,对于学生而言,掌握问题为中心的专门知识和团队合作为导向的技能,并运用这些知识和技能进行跨学科的研究,探索和解决社会和文化方面的一些综合性问题;第二,对于学校的教职人员,将教学、研究、延伸领域和学科方法整合在一起,探索并解决特定主题在社会和文化方面存在的难题;第三,学校的管理部门、院系和研究机构要对学校的基础设施进行规划性的调整,以支持、保证和达成以上目标。

下面以"教育与人类发展"方面的"Bass 连接"项目为例,更具体地研究其运行机制。该项目专门制定了一个跨学科的框架,鼓励学生和教职人员参与到开发数据和工具的实践中去,将家庭教育、学校教育以及社区教育更好地衔接起来。其中,"教育"不只局限于正式的 12 年制的中小学教育,还包括通过家庭和社会渠道所获得的非正式教育,而"人类发展"主要包括健康、社会和家庭的对接、人的幸福感、收入和工作等方面的内容。

教育途径主要是根据学生参与的目的和不同层次的参与方式,进行"角色"选择,设置相应的课程和不同的学分,从而促进团队合作和研究。"Bass 连接"项目的参与学生主要有"学者"(Scholar)和"专业人员"(Specialist)两种角色。

---

① 刘扬,雷庆.工科研究生教学质量满意度调查研究——以 A 大学为例[J].学位与研究生教育,2010(05):51-55.

② 伍艳,范晔.杜克大学跨学科人才培养项目模式的建构研究——基于 2014—2018 Bass Connections 年度评估报告分析[J].高等理科教育,2021(04):54-65.

第一种角色,如果学生加入项目团队的目的在于获得学分,该项目将通过文理学院(College of Arts & Science)为他们提供 1 个学分并授予他们"专业人员"的身份。这些学生必须参加每周一次的会议并且每周完成 5—10 个小时与该研究相关的工作。第二种角色选择即表现突出的学生将被授予"学者"身份,并受邀参加每周一次的课程,他们还可以获得额外的 0.5 个学分。每周一次的课,主要是通过演讲者提供概念和技术方面等的额外知识,从而促使团队的工作更顺利地开展。

学生有三种层次上的参与,并获得学分。第一,任何对该领域感兴趣的学生都可以参加这一领域的每周校园表演,同时参加与教育和人类发展相关的课程或合作课程。第二,那些有特殊技能的同学可以申请获得"专业人员"的身份。专业人员需要进行文献综述、收集数据和分析数据等团队提供研究支持的活动,这样便可以在文理学院获得 1 个学分。第三,经过激烈竞争筛选的学生可以获得"学者"的身份。他们除了要与教职人员和专业人员一起工作外,还需要额外参加每周一次由校外学者讲解的课程,学期结束后,他们可以在文理学院获得 1.5 个学分。

由上可见,通过系统而有序的安排,项目实现了跨学生层次、学科团队、课程和课堂的"四位一体"。每个人因自己的特长和优势而分工不一,有的负责文献综述,有的负责相关数据的收集,有的负责数据分析等。大家的研究能力、合作能力、创新能力和终身学习能力等四项能力因此得到很好的培养。

2. 习明纳研讨式教学

习明纳教学是指在大学或者研究生院里教师和学生为研究某一问题定期见面,在老师指导下以学生为主,采用小组或单独形式共同讨论和研究的交互式教学方式,真正达到"学有所获、教学相长、日学日进"的教育目的。

杜克大学习明纳教学组织过程:

(1) 课程结构

每一门课程均分为两个部分,也称为两种类型。一类是教师授课类型,一类是学生发言与教师共同讨论类型。后者即称为"习明纳"。"习明纳"是对课堂讲授内容的消化、理解和运用。

(2) 时间分配

"习明纳"的引入,导致教师授课时数的变化。教师讲一门课的时间减少,另一半时间为"习明纳",即学生讨论、发言,以及与教师共同研究和探讨问题,时间的多少由学生人数确定,每门课程每位学生"习明纳"的发言一般不能低于 20 分钟。

(3) 教学方法

在"习明纳"教学中,根据教师和学生两个主体来具体阐释他们的教学方法。

对于教师来说,在前期准备中,教师要编排本学科非常重要的阅读文献,指导学生阅读;要对前沿性的有研究价值的题目进行思考,提出参考性的选题;每周都必须在一个固定的时间在自己办公室等待会见学生,就学生的选题、资料等方面的问题提供咨询与指导,帮助学生拟定发言题目、提纲。

在"习明纳"中,教师多是帮助学生选定问题和分组。在学生发言中,教师也要发表自己的见解,与学生共同切磋。不过发言仍以学生为主导,教师只是参与其中。

对于学生来说,前期准备中,学生要作一次认真的发言,必须阅读有关问题的大量资料,除了教师指定的资料之外,学生还必须扩大自己的阅读范围,扩展自己的理论视野。学生的发言要以充分的文献为基础,在发言前必须向教授提交一份发言题目的文献索引,并且要标出自己所引用和感兴趣的文献题目。这种教学范式迫使学生常常泡在图书馆里和资料室中,学生学习的重心不是去背教材,而是以阅读为中心的思考。

具体组织时,每次"习明纳"的组织者或领导者大多是从学生中推选产生,也可能是学生轮流担当。这样一个学期下来,几乎所有的学生都有机会担任一次"习明纳"的主要发言人或领导者。领导者的任务是一方面确保成员谈话的自发性和非正式性,另一方面确保讨论不偏离主题。"习明纳"的每个成员都会积极参与其中,在每次"习明纳"的最后他们总会感到意犹未尽。

"习明纳"在教学设计上注意对学生进行合作学习的训练,培养合作研究的精神,它允许甚至提倡学生2—3人准备一个研究项目,共同设计选题,共同提出一个研究方案,拿出一篇研究论文。在口头发言中,可以集体口头汇报,但强调每个人发言的必要性,要求合作小组每位参加者的口头发言必须在20—25分钟。以小组为研究单位,给学生提供了合作学习的机会,加强了他们之间的合作性和互补性。

(4) 教学层次

在低年级教学中,"习明纳"是以文献阅读及其评析为重要内容的,旨在对学科经典的、重要的、有新见的文献进行分析与研究。在高年级教学中,主要是对问题的研究,但这种研究又是以大量的文献阅读为基础的。

(四)我国学术学位研究生课程学习指导的改革策略

研究生的课程学习应该注重有效性,实现有效教学的重要观念和方式是"研究性教学",其内涵是以类似于科学研究的方式组织教学和引导学生获取、运用知识并培育学生创新精神,提高学生实践能力的一种新型教学模式。换言之,研究性教学将研究性贯穿于教学活动全过程,着重培养学生的创新精神和实践能力。

1. 提供明确具体的教学指导

明确具体的教学指导直接关系着课程教学目标能否有效实现。从国外大学研究生课程学习的指导经验可见,在学期开始的第一堂课之前,研究生通常会收到任课教师关于本课程的教学指导,即教学大纲。教学指导大体包括课程目标、基本内容、教学方式、一般要求、考核方式、参考书目等;教学指导还具体地列出每一次课讨论的主题及相关的必读物和辅助读物(文献阅读清单)。这样的教学指导具体详尽,从学期开始的第一次课到学期的最后一次课都有明确的主题和具体的要求,不仅使研究生对教师的整个教学计划有相当程度的了解,而且研究生可以安排和调整自己的学习计划,使教师的教和自己的学保持同步,真正做到教与学的统一。这将促进研究生知识结构的合理构建和科研能力的有效提高。

2. 根据研究生培养方案统筹课程学习工作

实践中,应提高导师对课堂教学的理解和认识,加强导师之间的沟通和联系,减少重复授课;导师应时刻加强自己对本学科前沿的敏锐性,并将它们带入课堂教学中,丰富课堂知识;在每个学期开始之前,导师应认真准备一学期的授课计划,关注本门课程所对应的知识,不能仅限于对自己课题的关注,导师要树立课堂教学与科研并重的观念,将课堂教学与科研、实践相结合。在教材的选用方面,要注意教材的时效性,关注学术前沿,随时更新讲义等辅助工具,打造适合研究生学习的专业型讲义。相应地,教学过程应该改变传统的以导师为主体的教学,发展成为"学生是主体,教师是主导"的教学,鼓励学生质疑、思考。

3. 优化研究生课程学习方式

课堂教学不仅注重启发研究生思维,引导研究生积极思考、参与讨论,还要求研究生自己去讲、去实践,这样研究生课程学习方式就不限于传统的听讲,还有研讨、教授直接指导下的科研实践等多种方式。从国外高校的情况来看,研讨是最普遍采用的方式,它主要包括教师概要式讲述和专题研讨两部分。前一环节有助于研究生掌握课程的相关知识。后一环节主要是由教师围绕主题组织研究生讨论,内容包括对与主题相关的阅读书目中的疑难问题寻求解答,研究生阐述各自对有关理论的理解和评价等。实践证明,这种教学方式有利于培养研究生独立思考、快速概括和明确表达自己观点的能力,激发他们的创造性思维和学习的积极性,使他们很快接触到相关的学术前沿问题及有代表性的理论和观点。总的来说,国外高校教师在研究生教学中,采取灵活多样的教学方式去调动研究生学习、研究的积极性和主动性,培养他们的科研能力。

4. 布置适当的课外学习任务

除了课堂学习外,导师应该给研究生布置课外学习任务,如一定量的课外作业和阅读等。课外学习任务既可帮助研究生更好地吸收、消化课堂教学内容,也可以引导研究生自己探索、研究。关于阅读,相关书目通常应该在开学初发给研究生的大纲中列出来,大纲同时也应明确规定每次课程学习后的阅读任务。关于专题性课程学习,教师则应要求每个研究生针对每个专题写出一篇小论文,课程结束时,还要求完成一篇高质量的论文,以训练研究生做专题研究的能力,提高他们的论文写作水平。从国外高校的经验来看,研究生的作业在学时分配中占的比例较大。有着重于课堂内容的,主要针对概念,以问题的形式出题;有称为图书馆作业的,给定学生一个题目,让学生到图书馆检索资料,对该课程所涉及的技术和发展写出综述报告,并在报告会上报告。通过完成这样的课外学习任务,提高研究生文献检索和资料处理能力。

5. 发挥课程学习评价的发展性功能

课堂教学的目的不仅是让研究生掌握知识,更重要的是培养研究生的科研能力和创新意识。学校要提高对研究生课程学习效果的考核要求,要求研究生积极主动地参与课堂教学进而更好地完成教学目标;要求研究生多练多写进而提高论文写作能力;要求研究生多思多想进而提高问题分析与问题解决能力。这种合理而严格的考核,将有助于全面考查研究生的学习状况,促进研究生科研能力的提高。当然,仅仅通过平时各门课程的考试和测验是不够的,我们还可以借鉴国外大学的做法,在课程结束后要求研究生通过一些关键的考试。如在美国,有硕士学位的综合考试,博士生在选择导师和做论文之前,必须通过博士学位候选人资格考试。总之,在研究生课程学习阶段,要充分发挥学习评价的发展性功能,这样不仅有利于监督研究生的课程学习状况,而且有利于研究生能力的培养。

二、对学术学位研究生科学研究的指导

对于学术学位研究生来说,培养科研能力是关键,除了前文讨论的通过把科研活动与课程学习紧密结合起来,开展研究性学习之外,还要让研究生参与导师的课题研究,辅以定期的课题研讨,在科研实践中给予研究生具体的指导。

(一) 基本内涵

研究生科学研究指导工作指的是为了培养研究生发现问题、分析问题和解决问题的能力,而采取的有系统的训练研究生科研能力的活动。平时的科研实践活动一般由学生提出一个小型的研究计划,在任课教师的指导下用一段时间去完成,最终写成学术论文或调查报告。通过研究生与任课教师的不定期接触和任课教师对研究生的个别指导,培养研究生的科研能力。

一般来说,欲顺利完成研究生科研指导任务并达成目标,通常需要具备三个条件。"一是有合适的研究选题即研究生开展研究的问题对象和需要完成的研究工作任务,研究选题应当依据培养目标设定;二是具备培养条件,包括导师的指导能力、完成研究任务所需要的各项支撑条件(如科研条件、学习条件、生活保障等);三是有相应的运行机制,使研究生、导师、学校等各方面的职责任务是明确的,工作流程是清晰可操作的,工作要求是规范可考核的。"[①]在这三个条件中,选题是前提,条件是保障,机制是关键,三者相互关联,缺一不可,共同确保指导过程有效顺畅进行并实现培养目标。

(二) 对我国学术学位研究生科学研究指导的现状

通过梳理文献发现,一些机构和学者主要从研究生参与科研的情况和研究生对科研训练的满意度两个维度分别进行了大量的实证调查。例如,中国学位与研究生教育发展报告课题组2005年的调查结果显示,博士生参与课题较多、一般、较少的比例分别为60.6%、29.9%和6.7%,硕士生参与课题较多、一般、较少的比例分别为41.9%、

---

① 施亚玲.研究生指导模式的多样化演变分析[J].高教探索,2014(06):108-111.

36.4%和15.5%;①中国博士质量分析课题组在2007年开展的全国博士质量调查结果显示,除人文学科外,其他学科80%以上的博士生在读期间均至少参与了一项课题研究;②周文辉等人从研究生参与科研项目的数量、质量、作用、导师科研补助、学校科研支持等方面考察了研究生对参与科研训练情况的评价,发现目前仍有44.2%的研究生缺乏科研体验,参与过科研项目的研究生对科研训练的满意率为81.3%③。

但是,根据赵世奎等人的研究,上述研究均没有涉及参与科研项目对研究生培养质量影响的内在机理这一根本问题,即没有反映出参与科研项目和研究生培养质量之间的联系。他们通过对参与不同的项目类型和不同的科研组织方式对研究生培养质量产生的影响进行深入研究后,得出两个结论:

其一,参与高水平科研项目是提高研究生培养质量的重要支撑。研究生在读期间无论参与纵向课题还是横向课题,都会对培养质量带来显著的影响。比较而言,在独立科研能力、研究方法的良好训练、掌握论文写作基本规范和立足学科前沿开阔视野四个方面,参与纵向科研项目对提高研究生培养质量更具有明显优势。

其二,不同的参与课题方式对提高培养质量的效果有明显差异。总体而言,在导师指导下承担部分科研工作对提高研究生培养质量的效果更为明显,而主要从事诸如数据录入、资料查阅、开展实验等辅助性工作的研究生对培养质量的满意率相对较低。校所联合培养研究生对培养质量的满意率较低,一个可能的原因是在课题研究中研究生更多地承担了数据录入、资料查阅、开展实验等辅助性工作,参与核心研究工作较少。

综合这些研究,我们发现,我国的研究生绝大多数就读期间有机会参与各种课题研究,这对于提升他们的科研能力有很大的积极作用。但不容忽视的是,部分研究生没有从事技术性核心研究工作,只是承担了一些诸如数据录入等这样的简单体力劳动,他们在此过程中收获有限,其对参与课题研究的认同度也较低。

相反,与人文社会科学、管理学研究生在科研项目中更多地承担了数据录入、资料查阅等辅助性工作不同,农学、理学研究生更多地承担了实验室相关课题实验工作。对于这些研究生来说,其在科研能力的提升上也进步更大。而且,结合研究生指导实践也很容易发现,导师通常对纵向课题的研究与结题等事项更加重视,因此他们在指导研究生开展纵向课题时投入的时间和精力也更多,相反,在横向课题上则放手让学生去做的时候多。这也反映出导师自身的投入程度很大程度上影响了研究生的专业提升。

（三）国外关于学术学位研究生科学研究指导的案例

学术学位研究生科研能力的培养是一个长期的过程,需要设计者系统地考虑各个

---

① 中国学位与研究生教育发展报告课题组. 中国学位与研究生教育发展报告(1978—203)[M]. 高等教育出版社,2006:177.

② 中国博士质量分析课题组. 中国博士质量报告[M]. 北京大学出版社. 2010:80.

③ 周文辉,黄欢,刘俊起,等.2022年我国研究生满意度调查[J].学位与研究生教育,2022(08):21-27.

方面的因素,而从实践中寻找可资借鉴的成功经验也是学习的重要手段。下面以哈佛大学哲学博士生科研指导为例,分析其是如何将研究生的科研训练制度化的。

哈佛大学在研究生培养过程中基于尊重学生兴趣的原则,采取顾问式的培养形式,在一年级,学生会有一位顾问(Advisor)进行指导,顾问被称作研究生研究指导者(Director of Graduate Studies,DGS)。顾问作为导师,指导的时间通常为一年,在研究生选择真正的导师之前充当导师的角色。哈佛大学文理研究生院对哲学博士生的指导方式采用指导老师与指导委员会相结合的制度。

哈佛大学对研究生的科研训练主要是通过习明纳、实验室轮转、担任研究助理和助教、参与课题研究的方式进行。导师对研究生的科研指导和训练贯穿在这些活动当中。

1. 课程学习中的科研训练

(1) 习明纳

在社会科学和人文学科,老师对研究生的科研训练一般是通过习明纳的形式。举办习明纳的教授,一般都是某一领域的专家,对某一课题进行过深入的研究,有一定的研究成果。习明纳的上课形式以讨论为主。授课老师指定阅读文献或提出研究问题,学生要在课前阅读指定的文献资料,在课堂上阐释自己对这一研究问题的认识、理解和看法,并在同学间展开深入的讨论,授课老师则通过引导性发言和提出问题,对学生讨论中的不同观点发表自己的看法,并进行总结发言。课程要求学生针对研究主题撰写3—5篇研究报告或短论文。

(2) 实验室轮转

实验室轮转(Laboratory Rotations)是哈佛大学自然科学相关领域研究生科研训练的重要途径。哈佛大学理工科专业中,在选择论文指导教师之前,博士生要按要求在不同实验室轮转学习。学生需要在2—4个实验室轮流做实验,在每个实验室停留约4—12周,跟随不同的教师学习和工作,熟悉3—4个分支领域。[1] 在每个实验室轮转结束时,参与的学生需要撰写标准的科研报告,并且要作一个15分钟的口头报告,另加5分钟的提问和回答。在这一活动中,学生将有关轮转工作的情况报告给合作者、教师和同学,指导轮转的教师和参与的教师会根据学生的报告内容、努力程度、口头与书面表达能力和学习态度进行评分。轮转结束时,学生可以根据参与实验室的研究经历,以及自己的研究兴趣,选择一个完成学位论文的实验室和自己喜欢的导师。而导师也可以在学生轮转过程中了解和观察学生,并从中选择满意的学生。之后,学生进入导师的实验室,从事相关研究。

2. 担任研究助理和助教

在哈佛大学,学生担任研究助理(Research Assistants,RA)是研究生科研训练的

---

[1] Harvard University. Chemical Biology[EB/OL]. [2022-10-14]. https://gsas.harvard.edu/degree-requirements/departmental-requirements/chemical-biology.

方式之一。一般在第二学年,在博士生实验室轮转结束后,博士生如果对实验室科研项目感兴趣,经导师同意,可以留在实验室,申请研究助理职位。例如,哈佛大学文理研究生院生物系,学生第一年经过实验室轮转对实验室有所了解后,从第二学年开始,大部分研究生将作为研究助理进入所选择的实验室参与项目。在实验室中,学生可以和导师经常接触,可以得到导师的直接指导。对于实验中出现的问题或遇到的困难,导师可以随时提供帮助,学生的科研能力得到训练。

自然科学博士主要的科研训练方式是在实验室工作,人文和社会科学的博士主要是担任助教的工作。通过博士考试的博士生可以申请助教的工作,工作时间每星期不超过10小时。助教的职责是帮助教师批阅本科生的作业和试卷,辅导教师在课堂和实验室为本科生提供指导,准备教师上课演示用的器材和材料,将资料发布到网上,主持辅导班和讨论小组,负责协助教授开展大班讨论课程。

3. 参与课题研究

学生参与课题研究是博士生科研训练的一个主要方式。每一个课题组(Research Groups)都是由一位资深的学术带头人领导,并由多名教授、博士后人员以及在读研究生组成研究团队。

博士生在满足院系有关课程和考试要求后,可以参与这样的课题组,这个组的老师会成为学生的指导老师。学生在课题研究组进行科研活动。课题组中的学生、教授及其他成员,可以通过例会、讨论会等形式相互交流,讨论研究进展,探究研究问题。科研组成员同时进行若干个科研题目,当一个项目结束时,这些学生要写一篇详细的科研报告或论文。通过课题组,成员可以相互合作发表论文。

4. 其他科研训练方式

参加研究交流会。研究交流会(Research Workshops)将研究生、教师和访问学者集中在一起,分享讨论学生感兴趣和个人正在进行的研究工作,其中包括很多跨学科的主题。其目的是建立一种学术交流环境,为研究生提供一个学习构思和撰写学术论文、研究计划、学位论文的机会。

参加学术会议及学术报告。博士生通过参加学术会议和学术报告,可以了解到本专业最前沿的学术动态、最新的研究成果,对自己的科研工作有一定的帮助。

(四)我国学术学位研究生科研指导的改革策略

基于我国研究生科研训练中存在的主要问题,结合国外高校比较成熟的培养经验,我们需要系统设计,精心谋划,寻找有效地促进研究生科研能力提升的途径。

1. 制订完整的培养计划

个人培养计划是加强研究生科研训练的指导性纲要,可以用来作为指导研究生学习和研究的指南,帮助其掌握培养方案中规定的专业知识和技能,成为合格的高级学位获得者。从国外高校的经验来看,它们十分重视导师为研究生制订个人培养计划,一般说来,研究生入学后,便在导师的指导下制订完整的个人培养计划。如美国的研究生培养计划是学生在导师和一个系或跨系的研究生指导委员会指导下制订的。而对英国博士生来说,导师往往会结合博士生的具体情况,与其一起制订既切实可行又能使其研究创新能力及其他方面的能力得到综合提高的计划,其中包括参加讨论、出席会议、与其他学生共同进行研究等。在充分讨论和协商的基础上,师生共同制订的培养计划为研究生日后的研究工作和论文写作奠定了基础。

2. 改进指导技巧和方法

导师的水平不单单表现为自己学术上的造诣,而且表现为培养研究生卓有成效的方法和风格上。因此,导师要重视指导研究生的技巧和方法。如英国导师主要通过指导、引导和建议来提高研究生的学术水平。所谓"指导"是指从研究计划的制订、课程的修习到论文选题、写作和答辩,导师都对学生予以适当的、适时的指导;所谓"引导"是指在研究方向上,尤其是随着研究的深入,在出现多个研究方向时,导师凭借自己的知识和研究经验对研究生进一步的研究予以正确引导,使之少走弯路,尽可能快捷地按培养计划完成任务;所谓"建议"是指导师在整个指导过程中,主要是对研究生提出建议而不是命令或指示。英国导师的这种指导方式,培养了研究生独立思考、解决问题和开展科学研究的能力。在德国,博士生是以科研助手的身份受聘于指导教师的,导师只对博士生进行方向上的指导,要求博士生跟随自己从事科研工作,以言传身教的方式将自己的学术精髓传给博士生,在这个过程中,博士生清楚地了解到导师的学术思想和工作方式,有助于帮助他们认识到自己的不足,激发学习热情,提高学习效率。

3. 注重科研实践训练

研究生教育和科研实践是紧密联系在一起的,研究生导师要让研究生参与课题研究,在科研实践中直接培养研究生的科研能力。通常那些学术水平高、科研能力强的导师拥有的研究项目也多,他们让研究生参加课题研究,让其在工作的过程中与自己保持接触,得到更多的指导。在英国,导师的主要任务是向研究生介绍本学科的前沿问题,使他们的学位论文有很高的起点。导师特别重视研究生科研能力的培养,要求研究生加入自己主持的有关课题中,参与实际的研究工作,在研究实践中培养研究生的科研能力。在美国也是如此,导师会在实践中对研究生进行科研训练。可见,研究生参加导师科研工作的过程也就是研究生的培养过程。这就要求导师必须承担一定的研究课题,对于那些长期没有课题的导师应减少甚至取消招收研究生名额。

4. 科研机会制度化

充足的科研学术训练机会是研究生培养和提高学术创新能力的必要条件。研究生参加学术训练的机会主要有参与课题、参加学术交流会议、参与学术实践活动等。一些研究生培养单位对学生参加学术训练的机会方面没有给出明确规定,而是要求研究生在校期间必须发表至少一篇学术论文并在导师的指导下独立完成学位论文工作,学位论文选题除具有学术价值之外,还应对国家和地方经济建设、科学进步和社会发展有重要意义,要突出学位论文的创新性及先进性。学生毕业后要能够在本领域独立承担新原理、新技术的研究和开拓工作。培养单位只对培养结果提要求,未对培养条件作规定。学校直接为研究生提供的学术训练机会少,研究生申请省市级项目、国家级项目、科研基金等科研项目的能力不足;学校、部门、教师申请的有限的纵向科研课题资源主要在学校、部门和教师层面进行分配,学生参与学术训练的机会不足,难以保证学术创新能力培养目标的实现。因此,应在校内设立面向研究生的创新课题支持项目,允许研究生单独或组队申报课题,由校内专家评审,由研究生担任课题负责人,导师负责宏观指导和帮助,并设立不同级别的经费支持等级,对合格项目给予经费支持。对项目进展情况进行中期审查,并设有撤销制度。对如期完成的合格项目划分评价等级,在学生和老师评定奖项过程中予以较高权重,激发学生和导师的参与热情。

三、对学术学位研究生学位论文的指导

学术学位研究生最终都是要在导师指导下独立完成一篇学位论文的,该论文质量的高低将决定该研究生有无可能参加答辩并获得学位。同时,作为研究生教育阶段的一项最终成果,学位论文也反映了经过若干年训练和培养出来的研究生的质量,其质量即将进入人才市场接受社会的检验,重要性不言而喻。

(一)基本内涵

对研究生学位论文的指导是导师指导的一项重要内容,也是影响研究生教育质量的重要因素。它具体包括与研究生一起商讨并最终确定研究问题,在研究生撰写研究论文期间定期不定期给予帮助等。

相关研究表明,大部分研究生认为导师指导对论文的完成有很大影响。疏离性导学关系不仅使研究生学术训练不足,而且使学生陷入"自我怀疑"或"漫无目的"的状态,降低了论文完成的速度与质量。[①] 导师指导频率越高,学术学位硕士生的学术激情也越浓厚,导生合作越频繁,学术学位硕士生的学术激情越高涨。[②] 从研究生指导的实践来看,相较于研究生课程学习和日常科研训练,导师更加重视研究生学位论文的指导,良好的师生关系也更多体现在导师指导研究生完成学位论文的细节之中。

(二)我国学术学位研究生学位论文指导中存在的问题

在学位论文写作过程中,导师的职责主要包括引导研究生开阔视野,从有关文献的查找、整理、思考、分析中发现问题,探索具有理论和实际意义的议题,确定研究方向;指导研究生在选题和学位论文撰写时参考相关文献,写好文献综述,确定研究方法,合理

---

① 杨青.博士生为什么延期了——人文社科博士生延期毕业原因及作用机制分析[J].中国高教研究,2021(07):90-97.
② 刘梓晔.学术型硕士研究生学术激情的影响因素研究[J].高教论坛,2022(09):94-100.

借鉴、引用相关学术规范,及时纠正研究中的偏差和错误。从指导实践来看,还有不尽如人意的地方。

1. 论文选题常忽视学生的自主性

通过对非全日制研究生学位论文选题来源的调查发现,30.3%的非全日制研究生学位论文选题来自个人选定,5.6%来自导师选定,64%来自与导师讨论选定。① 那些与导师讨论选定的题目实质上也多为导师课题的一部分或相关部分。这样做的好处是将学生带进了学术的前沿,毕业后成果容易发表,容易被学界承认。同时,导师对相关研究驾轻就熟,指导起来更加得心应手。不过也存在明显的不足,那就是课题不是研究生自己所选,不是自己学习过程中的发现,使得研究生选题能力的培养受到影响。

2. 研究生研究能力训练不足

研究生在学习和研究过程中,一般只能得到一位导师的指导,很少能够得到其他导师的指点和帮助。由于只有一位老师进行指导,可能面临着指导方式较为单一、部分导师的指导缺乏针对性,以及导师在指导力量上投入不足和指导方法创新不够等相关问题。而最直接的后果是研究生基本学术训练不足。

如在文献收集和分析方面,研究生在最后的学术论文中表现出参考文献水平参差不齐,对文献以简单罗列为主,系统述评较少,且没有自己的分析框架,不能充分利用已有文献辅助研究。在研究方法方面,研究生要么是缺乏系统的研究方法训练,要么是实际运用能力不强,结果思辨性研究在文科学位论文中占的比例过大,实验、统计等现代社会科学研究方法采用的很少。

3. 学生数过多影响导师的指导频率

导师作为研究生培养中最直接且关键的因素,对研究生的科研创新能力发挥着重要影响,也自然影响着研究生的论文完成周期。有研究基于2016年首都高校学生发展状况调查的数据,采用处理效应模型控制学生选择导师的内生性后,估计了导师对博士生科研发表的影响。研究发现,导师的学术指导显著正向影响博士生科研产出,这种影响主要通过作用于博士生科研参与实现。② 这是因为研究生在论文写作过程中一定会遇到各种各样的困难,如果这些困难远远超过学生既有的能力,则很容易让研究生产生焦虑、烦躁等负面情绪。而导师的适时指导可以有效化解这些消极情绪,帮助研究生更有效地开展研究工作。

在某些学校,生师比未得到有效的控制,会导致出现一名导师负责多名学生的状况。有研究数据显示,我国研究生规模在2000至2019年间增长了9.51倍,但导师规

---

① 程鹤立.非全日制研究生学位论文指导研究[D].西南大学,2014:28-29.
② 吴嘉琦,罗蕴丰.博士生导师如何影响博士生科研发表?——基于2016年首都高校学生发展状况调查数据的分析[J].复旦教育论坛,2020,18(05):55-62.

模只增加了 4.2 倍。2019 年我国研究生生师比已达到 6.20,而美国的生师比只有 3.63。① 另一项研究结果显示,导师指导规模在 10 人左右时达到对博士生科研能力培养的最佳影响效果,但 2017 年我国博士生导师指导规模为 15.9 人,超出了最优规模。②

4. 指导效果还有很大提升空间

研究生对导师指导的满意度在一定程度上反映了导师指导的效果。由于导师面对的研究生数量过多,学生接受导师指导频率过低,有 53% 的学生对导师指导频率非常满意,30.8% 的学生对导师指导频率表示满意,16.2% 的学生对导师指导频率表示出"一般""不太满意"和"不满意"。③ 在另一项关于研究生与导师沟通满意度的调查中,仅 14.95% 的研究生在与导师的实际沟通频率上选择"很多,不定期",35.51% 的研究生选择"两三周一次",28.66% 的研究生选择"每周一次",选择"每月一次""每学期一次"的比例分别为 9.66%、2.18%,还有约一成的研究生选择了"很少,不定期"。④ 从论文指导的内容、方式和指导频率等方面对研究生进行的满意度调查显示,大部分研究生满意度较低,主要原因在于导师指导过多采取集体交流,针对性不强,流于形式,讨论学术问题的机会不多等。

(三)国外关于学术学位研究生学位论文指导的经验

研究生学位论文的写作是一件大事,国外大学的导师除了平常定期或不定期地与研究生就其论文选题、研究方法的取舍、研究框架的建构、数据的获取、观点的推敲等不断交流外,大学管理层面建立起完善的考核制度也是保障研究生论文质量的重要条件,因为该制度清晰地向研究生传递了每一次考核的基本要求,让研究生按部就班地完成每一阶段的准备工作。

这里以加拿大院校英语专业博士学位论文考核评估为例,讨论在研究生学位论文写作过程中评价的重要功能。大致来说,博士生欲顺利进入论文答辩环节,有 4 个主要阶段需要"闯关",这 4 关分别是:专业领域考试(Area Examination)或资格考试(Qualifying Examination)、批准开题、论文研讨会和论文审核答辩。表 5-1 呈现了论文评估的过程。

---

① 王应密,叶丽融. 我国研究生教育规模扩张的发展失衡与应对[J]. 黑龙江高教研究,2020,38(11):77-83.

② 鲍威,吴嘉琦,何峰. 如何适度布局博士生规模——基于导师指导规模与博士生培养质量的关联性分析[J]. 中国高教研究,2021(04):75-81.

③ 周文辉,黄欢,刘俊起,等. 2022 年我国研究生满意度调查[J]. 学位与研究生教育,2022(08):21-27.

④ 胡楠,李志. 硕士研究生与导师沟通的现状及满意度影响因素研究[J]. 高教学刊,2022,8(25):57-60.

表 5-1　加拿大院校英语专业博士学位论文评估过程

评估阶段	具体要求
专业领域考试或资格考试	考试旨在检测博士生专业知识掌握情况及其科研水平
批准开题	学生在顾问或其他教师的指导下确定论题,此后与论文指导教师确定论文指导委员会人员(通常由论文指导教师和另外两名教师组成)
论文研讨会	研讨会由研究委员会或负责人召集,针对学生的开题报告提出建设性修改意见
论文审核答辩	论文在达到论文指导委员会的要求后,还需通过论文委员会(指导教师、两名论文指导委员会成员以及至少一名外校或其他院系教师)的审核答辩

资料来源:王雪梅.加拿大英语专业博士课程设置、学位论文评估对我国外语专业博士生学术能力发展的启示[J].外语界,2013(06):49-56.

如表5-1所示,在论文撰写的前期阶段,博士生根据个人兴趣确定研究领域,并在通过相应的专业领域考试或资格考试后提交博士论文开题报告,就某一领域进行更深、更广的学术研究。从实践来看,一些学校组织的专业领域考试多是与该生未来准备研究的论文选题有关,或者是宏观政策背景,或是重要的理论架构。当研究生顺利通过资格考试,也就意味着他对拟研究的议题具有较为扎实的知识储备了。

因此,"资格考试"是决定研究生能否进入论文撰写阶段的必要程序。譬如,滑铁卢大学规定博士生在申请博士学位前必须参加三次考试,考试前确定具体研究方向。考试分两门笔试和一门口试,考试合格后方可提交开题报告。在论文研讨会后,学生必须根据导师和委员会提出的意见修改开题报告,并在规定时间内提交修改报告。如果两次提交开题报告都未通过,博士生将被取消资格,退出研究项目。

由此可知,加拿大高等院校在批准博士论文开题、开题答辩等方面更加重视论文撰写资格审核和论文指导委员会的过程性指导作用,特别注重发挥论文指导委员会的集体指导作用。相比较而言,国内院校的博士论文指导多为导师负责制,而且对于论文撰写资格的审核相对宽松,虽然实行中期考核,但一般无资格考试环节。在一定意义上,两者体现出"宽进严出"和"严进宽出"的差异。

(四)我国学术学位研究生论文指导的改革策略

学位论文是研究生进行的一项完整的学术研究,良好的研究成果是以科学的理论、正确的研究方法和规范的研究程序为保障的。但从前文描述的情况来看,研究生论文指导工作还有很多环节亟需改善。

1. 加强研究生学位论文撰写能力的培养

首先,要强化研究方法的训练。由于很多研究方法的掌握需要一定的数学知识作基础,课程难度很大,很多研究生望而生畏,虚以应付,甚至刻意回避。如果在课程学习阶段不能学好研究方法课程,而导师又不能及时弥补这一欠缺,就会导致学生研究能力训练不足。因此,导师要在平时注重对研究生研究方法的训练,指导学生用合适的方法进行研究。

其次,要培养研究生发现问题的能力。指导研究生自己寻找问题、发现问题,是学位论文指导的重要内容;尤其是在论文的选题阶段,这是导师指导工作的主要目标。能够发现问题才能解决问题,在很多情况下发现一个新问题甚至比解决一个问题还重要。论文题目是否可行,学生是否适合研究这样的题目,学生能否在规定的时间内完成,需要导师提供及时而准确的帮助。在论文题目的选择上,导师要帮助学生选择一个合适的主题,引导学生避免陷入无价值的领域,以使学生更有效地利用时间进行有意义的研究。

再次,要培养研究生的文献收集和分析能力。导师应指导学生搜集到最新的资料和论文,了解该选题的国内外研究状况,明确哪些问题已经解决,哪些问题还没有解决或有争议,哪些问题还没有人进行研究,哪些问题值得研究,以此确定论文的研究重点。

2. 完善导师个人指导与集体指导的协调机制

虽然我国众多高校采用导师负责与导师组集体培养相结合的研究生培养方式,但集体制度并没有很好地贯彻或没有充分发挥作用,除上专业课、参加中期考核、开题、预答辩等环节之外,研究生平时大部分时间只与自己的导师接触、交流,而与其他的导师很少联系交流,形成了导师有事情只找自己的学生,学生碰到难题也只找自己的导师的格局,这样不利于师生交往和学术创新。特别在研究生数量不断增加的背景下,一个导师带十几个、二十几个研究生的现象也比较普遍,根本无法做到因材施教式的具体指导。在这种情况下,需要加强引进学科领域内的优秀人才,增聘实践经验丰富的行业高管担任校外兼职导师。

利用导师组改变传统的师承一人的方式,发挥教师群体的作用,就显得更加重要和不容忽视。即便一直实施导师制的英国牛津大学,现在也打破了原有一对一的导师关系,实行更具灵活性的"双导师制"(two named supervisors)。[①] 博士生可采取两位导师共同指导的方式(不分主次);也可选择一位为主导师,另一位为第二导师。导师的选择范围广,如跨系或跨部门联合,但每位导师均有各自明确的权力和职责,目的是防止未来指导过程中出现权责不清的状况。

3. 提高研究生学位论文指导的及时性和有效性

导师对研究生学位论文指导不足,部分原因在于招生与培养人数过多,需要研究生招生与培养体制的改革;对于导师教学任务及行政任务繁重等原因导致的指导不力,高校应采取有效措施对导师进行管理,促使导师能真正担负起对学生进行指导的责任。同时,在导师如何指导学生的问题上,也应当保证导师拥有较大的自主权。导师对学位

---

① 韩萌. 英国一流大学博士生培养机制及其启示——基于牛津大学教育学院的经验[J]. 高等教育研究, 2016, 37(08): 96 - 104.

论文的指导需要导师的自觉和责任意识。可以借鉴国外经验,建立健全导师指导职责和考核制度,将导师指导频率具体化,使导师定期掌握研究生论文写作的进度和状况,以便给予适时的指导。如在撰写论文的前期,导师要保证研究生的题目不仅界定明确,而且应易于处理。对一些本质上不易界定的主题,规定一个研究视角或讨论边界,从而帮助学生确定一个有意义且可行的研究方向,以保障研究的顺利进行。

要把握好指导的宽与严的限度,应注意在给予学生宽松的学术环境的同时对学生严格要求。学位论文的创新,需要导师给予研究生宽松自由的学术环境。这要求导师在学生的论文写作过程中,对学生所提出的一些观点进行启发和引导,平等地与学生讨论学术问题,鼓励研究生做出创新性的成果。对于研究生在学术上的观点与分歧,要与研究生进行平等的讨论,冷静地分析各种可能性。

4. 加强研究生学位论文指导的考核环节设计

我国一些高校研究生论文评估过程主要包括中期审核、开题答辩或开题报告会、盲审、论文答辩等。其中中期审核主要考核学生的课程学习、科学研究、思想品德等。开题答辩或报告会主要考核学生选题的可行性,确定学生是否可以开始撰写论文。有的学校规定开题报告必须获2/3以上专家同意;如未达到要求,须在两个月内重新开题;如重新开题仍未通过,则论文撰写资格被取消。盲审分为校内盲审和校外盲审两类,有的高校要求聘请5到7名专家评阅论文,其中外单位专家不少于3名,外地专家至少1名。有的高校则要求所有博士论文均参加双盲评审。就论文答辩而言,各高校一般采取导师回避制度。答辩委员会委员以博士生导师为主,而且至少应有2位外单位同行专家。

相较于加拿大高校研究生学位论文评估更加重视论文撰写资格审核和论文指导委员会的过程性指导作用,特别注重发挥论文指导委员会的集体指导作用,我国研究生指导多为导师负责制,而且对于论文撰写资格的审核相对宽松,虽然实行中期考核,但一般无资格考试环节。

第三节 专业学位研究生的指导

专业学位研究生教育培养的是高层次的技术与管理人才,他们应具备一定的理论,同时更应是一流的实干家,是高层次复合型人才。课程设置以"职业能力"为本位进行设计,而不是以掌握某门学科的知识体系为目标,"模块式"体系对培养这类研究生非常有利,课程教学要突出问题导向,强调与实践的联系,学位论文的选题也需要贴近行业实践,以能够找到实际问题的解决方法为重要标准。

一、对专业学位研究生课程学习的指导

在课程学习的目的、内容和方式方法上,专业学位研究生显然有别于学术学位研究生。从一些高校关于专业学位研究生培养目标的描述和培养方案的制定上,可清楚地

看到专业学位研究生的课程更注重实践能力的培养,更注重研究生在实践基地进行教育实践活动。

(一) 基本内涵

专业学位研究生的课程学习是实践导向的、问题导向的,强调基于教育情境的学习。因此,对专业学位研究生课程学习的指导就应该有一个转向,即从学科本位转向实践本位。在此前提下,导师要推动研究生实践基地建设,要加强实践课程的完善,要落实双导师制度,要实施案例教学等。

虽然我国专业学位研究生开展的时间不是很长,但从实践来看,上述基本特点在课程内容的设置、课程学习方法的选取等方面都有所体现。如2014年3至4月全国教育专业学位研究生教育指导委员会组织了8个专家组,对全国24所院校教育硕士专业学位研究生教育培养工作进行了调研,认定专业学位研究生"课程教学形式多样化,案例教学得到重视"。① 院校都在尝试开设专门的案例课程、建立案例库或编写出版案例教材。案例来自在职教育硕士生的教学生活,具有较强的针对性。授课教师能够有意识地采取讲授式、现场观摩、讨论式、探究式、案例式、合作式、模拟训练式等多种教学方式(尽管有些方式如案例教学运用不是很熟练,但运用的意识还是比较强的)。

(二) 我国专业学位研究生课程学习指导的特殊问题

虽然我国专业学位研究生课程学习一定程度上体现其自身特点,但总的来说还存在许多问题,暂时撇开与学术学位研究生在课程学习方面类似的问题之外,专业学位研究生的课程学习还存在所谓"特殊问题",因此在指导上也需要特殊对待。

1. 课程学习内容的特色不明显

专业学位研究生教育的发展中,各高校自觉不自觉地存在着沿袭学术学位研究生教育培养模式的倾向,在培养方案制定、课程设置、教材建设、教学及教学管理等各具体环节,以学术学位培养模式为蓝本,对论文和答辩程序的要求也与学术学位基本相同。有些高校为了体现差别,就在专业学位研究生的课程学习和论文要求方面降低标准,以使专业学位研究生能够顺利获得学位证书,其结果自然是无法彰显专业学位研究生课程学习的特色。

在一项针对专业学位硕士研究生对于院校培养的意见和需求的实证研究中,大部分专业学位硕士研究生都指出"专硕与学硕未能做到分类培养",他们认为目前学校未能很好地实现对专硕与学硕的分类培养,学校总体上是按照学硕来培养的。② 这里不

---

① 周险峰.教育硕士专业学位研究生培养的进展、问题及对策——基于二十四所培养高校的调查分析[J].学位与研究生教育,2015(02):36-40.
② 师悦,汪霞.专业学位硕士研究生需要什么样的培养环境——基于硕士生意见调查的实证研究[J].中国高教研究,2021(11):35-41.

排除两种学位研究生有一些通用的课程需要在一起学习,也不排除不同类型研究生在一起学习可以取长补短、共同进步,但鉴于专业学位研究生的特殊性,实践类课程、案例类课程应该占相当比例,没有理由出现这么多的时间重叠。

2. 课程学习的方式依然传统老旧

专业学位研究生的课程学习内容很丰富,不仅有培养计划中明确规定的或理论性的或实践性的显性课程,而且包括在生活实践中的隐性课程。这里主要还是从课堂教学这一重要环节去讨论其课程学习的基本状况。有研究显示,教育博士研究生在"课程授课形式设置合理""课程可选择性大,选修课程丰富""课程教学注重理论联系实际""课程教学过程中实践教学的比例较高"方面的满意率较低。[①]

这反映出目前对专业学位研究生课程学习的指导工作依然传统陈旧:指导过程普遍存在缺少质疑和互动,没有形成"批判性讨论"的氛围。导师更多是"教授知识",研究生更多是"接受知识",这非常不利于他们形成对新知识探索的习惯和能力。同时,导师无法得到研究生对课堂教学的真实反馈,不能及时地改进教学,可能造成研究生的不满,恶化师生关系,进而直接影响到研究生个体的发展,研究生科研能力和创新能力的提升。

3. 双导师指导制度运作不畅

根据不同专业学位类别特点探索导师组制,组建由相关学科领域专家和行(企)业专家组成的导师团队共同指导研究生,是我国专业学位研究生管理的重要政策。但是,在实际实施过程中,行(企)业专家及其所在机构没有能够充分发挥作用,没有能够为研究生的专业实践提供有力支撑,其表现或是覆盖面小,只有一部分研究生能够进入联合培养机构进行职业实践;或是涉入度浅,部分研究生的实习实践只是走马观花;或是含金量少,部分研究生的实习实践活动缺乏技术创新和技能训练的深度。

在对某大学"专业学位研究生培养模式"所做的一项调查中,有45.8%的专业学位研究生还没有分配校外导师。而接受问卷调查的校外导师中,参与专业学位研究生课程教学的比例仅为50%。在专业学位研究生教育相关政策制定和落实过程中,在研究生培养方案制定、课程教学和讲座、学位论文指导等环节,校外导师参与度明显不够。[②]

(三)国外关于专业学位研究生课程学习指导的案例

哈佛大学身为世界著名学府,其商学院的 MBA 培养享誉全球。在培养 MBA 的过程中,哈佛商学院创造的案例教学法及其编写的案例是其取得成功的一个重要原因。下文将重点探讨其案例教学法的组织。

---

① 王亮,郭丛斌.教育博士专业学位研究生培养质量满意度研究——基于某综合性高校教育博士研究生就读体验调查的实证分析[J].学位与研究生教育,2020(04):52-59.
② 李术才,蒋红光,朱太锐,等.综合性大学专业学位研究生教育发展的困惑、困境与出路[J].学位与研究生教育,2022(05):63-72.

哈佛的案例教学是一种启发式、讨论式、互动式的教学形式,[①]它的主要特点是把现实中的问题带到课堂,把教学的双方带到矛盾的冲突之中,把枯燥单调的理论章节变成解决真实问题的公开讨论,把教师的单向教授变为师生之间的教学相长,把个人的思路变为集体的智慧,教师的讲授不再是提供问题的答案,而是告诉学生一个观察问题的视角,提供一个分析问题的方法。这种教学方式针对性和实用性很强,力求把学生已有的理论素养、知识文化转变成解决真实问题的实践能力。

1. 案例教学的基本流程

哈佛的案例教学过程一般分为下面三步:

第一步,布置案例作业及分发案例材料。案例发放其实是学生自学的过程,因为一个案例的篇幅通常为20页左右,有的多达30—40页,包括背景知识、理论说明等内容,学生不仅要花费大量时间阅读,还需要在课后进行准备。

第二步,学生独立作业与集体讨论。在课程正式上课前,学生一般会组成小组,4—5个人先进行小组内的案例探讨,这样既可以促进学生对案例的理解,又可以让学生互相交流想法,进行思想碰撞。

第三步,教师的引导与学生的讨论。正式上课时,老师会先指定一个学生起来说明案例,分析问题并提出解决问题的手段,或者指出实现公司目标的方法和途径;然后其他学生从自己的角度来分析同一个案例,阐述自己的看法,以及在哪些地方比第一个发言者更好。学生们往往讨论激烈,老师必须努力控制局面,引导发言,使讨论能够按照正常秩序继续进行下去。课后,教授会开出一系列书单,使学生找到分析此案例的理论支持和必要知识。这些参考书的内容如果是学生学过的,可以巩固提高,如果没有学过,就要认真补习。

2. 教师在案例教学中的作用

每次案例讨论,学生都需要进行课前的独立思考、课前的小组讨论和课中的个人发言,否则就会"掉队"。这种满负荷、高强度的训练必然要求学生做好时间分配。[②] 作为授课教师,需要通过专门的"管理案例教学导论课程"使学生对"管理案例教学方法"有正确认知,告诉学生案例学习的方法和技巧,引导学生做好时间分配,高效完成各阶段的案例学习任务。

从事案例教学的教师必须经过专门的培训,熟悉并习惯于这种教学法。一个教师从不熟悉到熟悉案例教学,至少要花2至3年的时间。教师的作用虽然不同于直接授课,但要介绍分析框架或理论工具,引导学生的分析过程,对学生的不同观点及时进行分类梳理,对有些重要的理念给予提示。这些都要求教师熟悉案例,有广博的知识,较

[①] 牟晖,郝卓凡,陈婧. 中美案例教学法对比研究[J]. 管理案例研究与评论,2021,14(04):457-463.

[②] 孙伟,陈涛. 以参与者为中心的哈佛管理案例教学法及其启示——基于哈佛商学院PCMPCL项目的述评[J]. 武汉科技大学学报(社会科学版),2015,17(01):97-103.

强的逻辑分析、要点概括和驾驭课堂的能力。

3. 对案例教学的评估

对案例教学进行全面的评估,是哈佛案例教学组织的重要环节,这样的评估一般每周都要进行一次。

哈佛大学对案例教学的评估分为三个层次:首先,是对教学内容的评估。学生将从"你认为教学的内容是否对你的工作有帮助""还有哪些要改进的方面""你有什么好的专题和意见"等方面做出反馈。其次,是对教师的评估。主要问题有"你认为教师的讲授是否清晰""是否很好地组织同学发言""课堂讨论的时间长还是短""与翻译配合是否好"等。最后,是对案例材料的评估。主要问题有"你认为该案例的选择是否恰当""每天的阅读量多还是少""案例的翻译是否准确"等。校方会根据学生的反映,及时调整教学的内容,同时将意见反馈给教师,帮助教师改进自己的案例教学工作。

综上所述,案例教学不同于传统讲授式教学,它强调研究生的主动性和主体性,目的是通过设计一系列教学运行机制来让学习者参与到整个管理案例教学过程中,以此体验基于真实事件的管理案例所描述的特定情景,并以当事人的角色在面临复杂的、不确定的情况时作出合适的决策。这种基于具体情境的、展现矛盾冲突的、彰显学生主动性的教学方式非常适用于专业学位研究生的课程教学。目前,国内除了 MBA 教育广泛建立案例库和使用案例教学之外,包括教育、法律等其他专业学位研究生教育教学指导委员会也积极呼吁,提倡案例教学这种以参与者为中心的教学方法。

(四)我国专业学位研究生课程教学指导的改革策略

2015 年 5 月,教育部下发《关于加强专业学位研究生案例教学和联合培养基地建设的意见》,提出加强案例教学,重视案例编写,提高案例质量,创新教学模式,完善评价标准,促进教学与实践有机融合;同时,加强联合培养基地建设,创新建设模式,构建长效机制,规范基地管理,严格培养过程,建立激励机制,加强示范引领,切实推动专业学位研究生培养模式改革。在此政策引导下,除了在讨论学术学位研究生课程教学改进时提及的注意事项外,专业学位研究生的课程教学还特别需要解决以下几个问题。

1. 重视研究方法的训练

研究方法和研究方法论是科研能力的核心要素。方法论的优劣,能够直接决定一项科学研究的质量。目前,我国研究生培养对研究生方法论的训练不够重视,研究生对论文规范,如论文摘要、关键词、注释、参考文献规范的掌握还不是很到位,论文选题也不够科学,题目大、内容空的学位论文比比皆是。

在课程学习的早期阶段开设研究方法课,向研究生介绍研究的一般程序、基本原则和基本方法,是他们接受研究方法训练的一个有效途径。有了这种训练,研究生才能为以后承担科研任务做更好的准备,其后的学位论文质量也才会有保证。在研究方法课的学习过程中,必要的训练应该包括如何提出问题、如何查阅文献、如何收集材料、如何分析材料、如何得出结论、什么是合理借鉴与引用、什么是技术不当构成抄袭剽窃等等。这些都是真正的学术研究所遵循的一般路径与基本规范。既然学术研究的根本目的是创新,其最基本的学术规范就应以保证创新为基础。

2. 加强案例库建设,优化研究生教学方式

正如前文阐述的那样,研究生学习具有自主性、创新性等基本特点,但目前专业学位研究生的课程学习仍然是以听讲、课堂讨论、小组作业与汇报等为主要形式的传统教学方法。研究表明,学习方式比学习内容更显著地影响学习收获。对于学生而言,有时尽管课程内容过于理论,与实践联系较少,但如果教师以认真的教学态度对待课堂教学,尽量在课堂中将理论知识与行业实践相联系,特别是注重使用案例教学法、情景模拟教学法、"互联网+教学"法、行动学习法等实践教学方法,学生会有更大的收获和满意度。① 否则,培养具有创新精神和创造能力高级实践人才的目标将难以达成。

为此,要借鉴哈佛大学 MBA 经验,加强案例库的建设,特别在专业学位研究生教学中更多运用案例教学法。目前,我国高校的 MBA 课程也较多选择了案例教学法。如华东师范大学 MBA 教育中心设计推出了综合案例课堂,改变原有依据单门课程内容设计案例讨论的传统教学方法,改为由多位教师同堂围绕同一案例或同一主题对学员进行整合型训练。针对企业面临的同一个问题,学生们以不同的角色从不同的角度来思考,不再受到以往单一专业课程的限制,最大限度上模拟了真实企业复杂的管理实务,有利于培养学生的分析与决策能力。如其设计的以"某国际集团的战略问题"为案例的综合案例课堂,组织学生先去企业调研,学生对企业有了实地考察,有了现场情境的体验,再回来组织综合案例课堂。以"某公司库存问题"为案例的综合案例课堂,学生分为 8 个小组,每个小组扮演一个企业角色,如董事长、企业独立董事、财务、营销团队等,针对企业面临的同一个问题,必须按照规定的角色来思考问题,解读案例。在整个综合案例课堂的讨论中,从案例的设计到最后总结点评,几位指导教师发挥着主导作用,把握讨论方向,启发与引导学生,使讨论始终围绕论题深入开展,同时也为学生提供了足够的发挥空间,使其能够展现各自职业经历的优势,以此深化学生对企业经营管理实务的认识。②

3. 推进实践基地建设,完善研究生实践学习模式

为保证校外实践的长期健康发展,学校要拿出专项经费支持"走出去"的实践教育,院系也要相应地在这方面加大投入,相关部处要做好整体规划,制定管理办法,统筹安排,促进联合。学校及学院要与实践基地充分沟通、统筹规划、合理布局、密切配合、重视效益。实践基地的建设既要面向政府部门、国有企业、军工单位及西部地区,也要支

---

① 孙怀林,肖鹏.基于实践能力提升的专业学位硕士研究生培养模式研究[J].黑龙江高教研究,2018(08):95-98.

② 李学昌.构建以职业能力训练为导向的案例教学体系——华东师范大学 MBA 教育综合改革试点工作特色成果与经验总结[J].学位与研究生教育,2013(11):11-15.

持各学科根据自身特点在民营、合资和独资企业建立多种形式的实践基地,而更重要的是充分发挥实践基地人才培养的功能,探讨有效的实践教学模式,而非挂牌了事。

如华南理工大学开设了"工业工程课程设计"企业实践基地现场教学课程,其总体设计思路为:

① 学生综合应用已经学过的各门专业课程知识,解决企业实际工程问题。

② 课程采用学校与企业合作形式,大部分课时由企业导师在企业现场指导完成。

③ 课程的组织形式是"现场课题+学生小组+企业导师"。从企业现场选择研究课题,组成学生小组,每个小组配备 1—2 名企业导师,每个小组定向解决企业的一个实际应用问题。

④ 依据对企业产生的实际效益,由企业导师组考评课程成绩。

⑤ 企业实践教学基地选择考虑:适合工业工程领域方向的制造类企业;有校友在企业担任高层管理者;企业有参与研究生教育的热情和积极性;企业距离学校较近且交通便利。

⑥ 企业导师的选拔符合三个条件之一:高级工程师、生产技术部门负责人、硕士以上学位获得者。

⑦ 与现场教学课程相结合,在工业工程领域全日制工程硕士研究生中尝试推行"实践能力"登记证书制度,激发学生参与实践活动的积极性,提升学生的就业竞争力。[1]

二、对专业学位研究生科学研究和教育实践的指导

对于专业学位研究生来说,要更好地适应社会发展的需要,成为各专业领域的高级人才,不仅应掌握坚实的专业理论知识,具有较强的实践能力,还应该能够结合工作实际,学习并掌握科学研究的基本方法,具有一定的科研能力。

(一) 基本内涵

对专业学位研究生实际工作能力的培养,是实践与经验不断积累的过程。通过工作实践,促使研究生掌握本学科本专业的各种技能,具备较强的问题分析能力、严密的逻辑思维能力和独立处理本专业领域实际问题的能力。从专业学位研究生的培养目标来看,其科学研究素养的提升是与教育实践活动紧密联系在一起的,即研究生发现并解决现实问题的过程就是其培养思维能力的过程,也是培养研究生对理论与实践之辩证关系的理解过程。专业学位研究生只有掌握了相关专业知识和基本实践能力,且了解实践需求,才能找到科研的方向;同时,研究生只有把了解的实践需求和学到的专业知识付诸实践活动,才能创新知识,推动相关学科的科学发展。

---

[1] 杨雷,孙延明,陈小平.全日制工程硕士企业实践基地现场教学课程的创新探索[J].学位与研究生教育,2014(02):35-39.

(二)我国专业学位研究生科学研究和教育实践指导的现状

根据国家宏观政策的指导,我国专业学位研究生相较于学术学位研究生,无论是从发展速度还是规模,均呈现突飞猛进的态势。不过,如何凸显其学位的特殊性,其实践性如何保障,还应不应该强调其科研能力的培养,这些问题的悬置使得专业学位研究生在科学研究和教育实践等方面的指导工作陷入摇摆不定的状态。

1. 专业学位研究生科学研究的指导

导师的引导对研究生科研能力的培养具有举足轻重的作用,这点对专业学位研究生来说尤为重要,因为专业学位研究生要么已经具有很丰富的实践经验,迫切需要导师的指导,帮助他们从纷繁复杂的现实环境中抽离出来,进入系统的、概念化的思考时空去;或者一直生活在大学校园,社会经验还不是很丰富,但由于其修读专业学位研究生,一下子接触那么多活生生的实践案例,也迫切需要导师的指导,帮助他们有机地把理论知识与实践案例结合起来。

不过,高校中关于专业学位研究生科学研究指导的实际状况还有不尽如人意之处,其主要表现有二:

其一是不重视专业学位研究生的科研指导。在一些导师的心目中,专业学位研究生并非培养以科研工作为旨趣的学问家,而只是培养面向工作实践的高级专业人士,因此,在指导中会较之学术学位研究生主动降低对专业学位研究生的学术要求,如在发表论文数、发表论文期刊级别,甚至学位论文字数等方面都调低标准。这种目标上的调整自然影响到整个研究生的指导过程,影响到导师的投入,也影响到研究生的自我定位。

其二是不能够有效地为专业学位研究生提供科研指导。由于学科的分化和研究工作的不断深化,经常有一些导师常年深居象牙塔中,对火热的一线工作实践有距离感,不能很好地培养专业学位研究生的科研能力。为此,专业学位研究生教育强调校内偏理论研究的导师与校外偏实践的导师的合作,实行双导师制度。而从实践来看,这又是困扰专业学位研究生教育的一大难题,双导师之间究竟如何进行合作与对话,如何通过双方的互动产生理论与实践的有机结合,其本身就非常复杂而玄妙,更遑论其中伴随着责权利如何清晰界定、教育经费如何充分保障、研究生不同地点学习活动的制度安排等管理上的问题需要一一落到实处。

2. 专业学位研究生教育实践的指导

学术学位研究生与专业学位研究生都强调实践能力的培养,但两者有着明显的差异。学术学位硕士研究生推崇的是专业实践,主要是依托科研平台通过科研训练来完成。专业学位研究生所指向的实践能力更多的是职业实践,借此发展特定职业岗位所需要的职业能力、综合素质。因此,必须构建专门的、独立的、符合其教育特征的培养体系和支持网络,尤其是实践教学资源系统以及实习实践平台。

但是,从目前的实际情况来看,一些高校在专业学位研究生教育中自身缺乏实践能力强、了解社会职业需求的教师,又缺乏社会合作教育的渠道;既不能从有关企业或行业部门聘请到高水平的工程技术人员和管理人员参与教学和指导工作,又不能为研究生的职业实践和论文选题、研究提供实际帮助,致使培养模式缺乏实践教学这一块,使专业学位研究生教育失去应有的生命力。

一项对湖北省省属高校全日制教育专业学位研究生进行的调查表明,学生对于现有课程结构的满意度不高,有77.78%的学生认为在现有的课程体系中,理论课程设置较多;有58.89%的人认为方法技能课程设置得较少;另有59.63%的人认为学科方向课程设置较多而教师素质培养的课程较少,其中认为实践性课程少的学生占比45.12%。[①]

这种在非真实情境下所进行的教学,倾向于用概念、原理和定义来填充学生,所形成的知识其实是一种惰性知识。由于这种惰性知识没有与学生的既有经验发生有效连接,故在短期记忆后极有可能随即忘却,而所记忆的知识也很难应用于解决真实情境中的问题。应该说,这种教学难以保证专业学位研究生的教学质量,更不利于研究生实践能力的培养。

(三)国外关于专业学位研究生科学研究和教育实践指导的案例

对于专业学位研究生来说,其科学研究工作与教育实践工作常常是二位一体的,因为专业学位研究生的科研不是纯粹的基础理论研究工作,而是偏工作实践的应用性研究;同样的,专业学位研究生的教育实践,也不是简单观看与欣赏实践指导老师的工作,而是要在自己具体的教育实践活动中发现问题,提炼问题,进而尝试解决问题。以下将从美国麻省理工学院化学工程类专业硕士研究生的实践教学指导案例,来进一步探讨上述问题。

美国麻省理工学院(Massachusetts Institute of Technology,MIT)是美国一所综合性私立大学,位于马萨诸塞州剑桥市。2016—2017年度,MIT位列QS世界大学排名世界第一、US News世界大学排名世界第二、世界大学学术排名(ARWU)世界第五、泰晤士高等教育世界大学排名第五。

MIT采用学术导师制度,在不同的学习阶段,研究生配有不同的学术导师。在刚入学时,学校为每个研究生配备的学术导师是研究生指导委员会的成员之一,其主要职责是给予研究生学术(包括选课)、生活、心理等各方面的指导。在第一个学期末,选择做毕业论文的学生可以确定研究方向,并选择论文指导教师,此时论文指导教师即为学术导师。在实践学校时,驻地指导员(MIT教员)成为学术导师。

MIT化工类专业硕士培养的最大特色是实践教学,以化工学院特有的David H. Koch实践学校著称。MIT专业硕士研究生必须作为实习生进入世界著名的David H.

---

① 郭劲松.全日制教育专业学位研究生培养路径探析——以湖北省属高校全日制教育专业学位研究生培养质量状况调查为基[J].教师教育论坛,2018,31(11):52-57.

Koch 实践学校,在常驻实习地的 MIT 教员(驻地指导员)指导下,在两个实践点分别实习两个月,即进行一个学期的实践学习。①

学生在 MIT 教员的指导下,以小组的形式进行具有实际应用价值的项目研究。具体运作方式为:学生随机组成 3—4 人的小组,以小组为单位进行 3—4 个分别为期 1 个月的项目。每个项目必须进行 3 次以上的正式讨论,并提交 1 份项目任务书和 1 份书面总结报告,项目必须严格控制在 4 周内完成。MIT 教员作为实践点主管,负责评估学生的技术、沟通和专业能力,协助项目准备,指导项目开展,协调资源并帮助解决技术难题。

为了让学生真正做到"在实践中学习",实践学校项目主要覆盖化学工程的重要专业领域,如热力学、热质传递、应用化学、动力学、反应器设计、系统工程及应用数学。在实践期间,学生必须承担自己不擅长的专业领域(根据初评结果确定学生擅长和不擅长的领域)的项目。常驻工厂的 MIT 教员(驻地主管)与技术人员紧密合作,确保项目的安排既符合核心教育理念,又有利于解决公司的实际问题。

针对实践公司与 MIT 驻地主管共同提出的项目,学生需进行文献调研、分析工厂生产数据、咨询装置操作人员、部署专业软件、开发数学模型、设计实验并进行研究或评估工厂运行程序等相关研究工作。通常工厂设计的项目任务较重,学生必须充分合理地利用工厂各种资源,在日常安排很紧凑的情况下完成项目。项目研究可锻炼学生在实践中运用化工知识、项目计划及实施、团队协作及领导能力、沟通技巧和书面表达等必备的各方面的能力。

从上面的案例可以清楚地看到,在专业学位研究生的指导过程中,实践课程的指导教师是如何高度参与到研究生指导工作中去的,以及又是如何有机地将专业学位研究生的科研训练与实践教学融为一体的。

(四) 我国专业学位研究生科学研究和教育实践指导的改革策略

根据我国专业学位研究生的培养目标,结合我国研究生教育改革的宏观背景和现实诉求,借鉴国外高校在专业学位研究生科学研究和教育实践指导过程中的成功经验,需要进一步加强以下工作。

1. 确立科研指导与教育实践指导二合一思维

如前所述,专业学位研究生培养目标的特殊性决定了其科学研究活动与教育实践活动的内在一致性。相较于学术学位研究生主要采取学科发展导向,以知识的积累与创新为目的不同,专业学位研究生是实践导向的,问题解决导向的,理论应用导向的。或者是,其研究的问题必须来自实践,研究的方向在于寻找解决实践中存在问题的可行方法和策略。

---

① 吴艳阳,徐心茹,辛忠. 中美化学工程类专业硕士培养方案比较分析——以麻省理工学院和华东理工大学为例[J]. 化工高等教育,2016,33(03):30-36.

为此,在专业学位研究生的指导过程中,要有意识地避免造成科学研究与教育实践的人为割裂和人为分等,需从课程设置开始就逐步打通两类活动的界限,采取融通的方式将科研指导的目的与教育实践的目的结合起来;在具体的课程实施环节,将研究生学习的中心逐步转移到实践基地,通过完善的制度设计,保障学习计划的顺利进行。

2. 发挥实践指导教师及基地的主体作用

一旦明确了实践基地及教育实践指导教师在融合专业学位研究生科学研究与教育实践指导中的关键地位,其应该扮演的主体性角色就呼之欲出了。但从目前专业学位研究生的教育实践工作的安排来看,距离这个目标还有很大的差距,高校还全程掌控着培养的诸环节,实践基地发挥的作用相对有限;高校内部导师主导着研究生的指导工作,教育实践指导教师偏安一隅。

事实上,20世纪后期的日本就出现了"人才培养移位于工业"的现象。一些日本企业更喜欢在企业范围内部提供同等的研究生训练,让年轻的工作人员在完成工业和政府的科研项目中学习科研的方法和培养科研的能力。一些最主要的制造业公司每年招聘数百名以上的硕士研究生,公司对他们进行训练投资,把研究和开发人员派到国外研究生院学习,然后回国进行科研,允许他们提交论文,从而在工作和研究中获得博士学位。这也可以为我国提供一个以工业为基础、连接科研与教学和学习的典范模式。

三、对专业学位研究生学位论文的指导

虽然从目标、内容和形式等方面,专业学位研究生的学位论文有其自身的特点,但其在基本学术规范等方面依然要求严格。而且,作为研究生学术水平和获取学位的重要证明文件,其重要性更是不言而喻。因此,加强其学位论文的指导是非常必要的。

(一) 基本内涵

专业学位研究生教育主要培养高层次应用型人才,撰写论文的目的在于增强研究生研究实际问题、解决实际问题的能力,学位论文要突出社会性、经济性和实用性价值。在这一点上是明显区别于学术学位研究生论文要求的。同时,专业学位研究生除了在校集中上课外,还有相当的时间需用于工作实践或实习。对这类研究生实行校内外双导师培养,更有利于研究生实践能力的提升和论文质量的提高。

基于上述认识,教育部与人力资源社会保障部联合颁发《关于深入推进专业学位研究生培养模式改革的意见》(教研〔2013〕3号),明确提出"强化学位论文应用导向",要求"专业学位论文选题应来源于应用课题或现实问题,要有明确的职业背景和行业应用价值。专业学位论文应反映研究生综合运用知识技能解决实际问题的能力和水平,可将研究报告、规划设计、产品开发、案例分析、管理方案、发明专利、文学艺术作品等作为主要内容,以论文形式表现"。

（二）我国专业学位研究生学位论文指导的特殊问题

依据上述教育行政部门关于专业学位研究生学位论文之"应用导向"的目标定位和基本要求，各专业学位研究生培养机构分别对其单位的研究生培养方案进行修订，并采取相应措施逐步落实。但从一些研究数据来看，专业学位研究生论文指导中实际存在的问题还是不少。

1. 论文选题"实践性"不明显

专业学位论文要体现研究生层次和专业学位的特性，并不能强调一定是纯粹的学术研究，但也不能降格为实际工作的简单总结，而要体现作者具有综合运用所学理论与知识解决实际问题的能力。因此，导师是否依据专业学位的特点来指导学生就显得非常必要。一项以教育学科为研究对象，对北京大学、华中科技大学两校282篇博士学位论文进行文本分析的调查发现，当前专业博士学术化问题已相当严峻，具体表现在：论文选题普遍缺乏明确的专业属性和问题导向，重理论轻实践，研究内容过于倾向宏大叙事；案例研究比例较低，基于理论框架剖析研究问题较多；政策建议可操作性不强；博士生导师普遍缺乏实践经历等。[①]

之所以如此，跟研究生导师中很大一部分人的知识结构有关，他们承担的课题为各类纵向科研基金项目，重在开展基础理论研究，对直接解决生产生活中实际问题的研究较少。加之一些导师在客观上缺少解决实际问题的能力，对实际问题缺少了解，不具备在这方面选题的能力，在主观上更愿意围绕自己的基金项目选题。这就使得各种专业学位研究生在论文选题上出现尴尬的状况，即由于导师习惯于选择各种偏理论性研究的问题，使得专业学位硕士们不得不以己之短比人之长，同时还因此接受他人对自己基础差、层次低等的贬低之辞。从实质上说，这种情况是疏远了专业学位的职业性和实践性，背离了专业学位教育的宗旨。

2. 学术训练的机会不足、强度不够

相当一部分的专业学位研究生由于来自实践部门，平时更关注工作中出现的各种实际问题，其在相关理论基础和研究方法上较为薄弱。有研究表明，导师是否提供较多参与科研课题的机会对专业学位研究生的就读收获有非常显著的影响。这是因为专业学位研究生的培养应充分考虑到其培养规格的独特性，有针对性地开展培养工作；为学生提供参与科研课题的机会不仅能训练学生的研发能力，某种程度上也能够为专业学位研究生的学习提供一种更加友好和平等的学习环境，提高其归属感和对专业学位的认同。

但现实情况是，专业学位研究生参与导师科研课题是较少的，有多方面原因：其一，

[①] 刘进，葛浩，林松月. 专业博士学术化：挑战与应对——基于对282篇博士学位论文的文本分析[J]. 学位与研究生教育，2022(05)：48-53.

这些学生的科研能力明显不如学术学位研究生,无法胜任导师的科研任务,于是导师在给研究生分派任务时常常有意无意地忽视专业学位研究生;其二,专业学位研究生需要处理大量的实践工作,如非全日制研究生在学习的同时还兼顾单位里较为繁重的工作任务,全日制研究生也需要有较多的时间和精力去实践部门实习。当然,以上理由不构成专业学位研究生缺少学术训练的理由,反过来说明了加强其学术训练的必要性和紧迫性。

3. 双导师制度执行不力

对于专业学位研究生来说,相关政策已经明确规定需要实施双导师制度,但有的培养单位根本就没有关于双导师制的考虑,有的形式上有规定但缺乏实际行动,有的关于校外导师资格、校外与校内导师职责、学生与校外导师关系、校外导师的奖惩等问题的规定混乱模糊,无法形成有效的管理政策。① 也有比较好的培养单位制订了双导师制的相关规定,但囿于传统的观念,只想让校外的"牛"到学校"拉犁",不想让这些牛"吃草",甚至连一个与校外导师相称的"校外导师""校外讲师""兼职教授""兼职副教授"等荣誉称号也不想给,② 结果挫伤了一些优秀校外导师的积极性。

从调查结果来看,只有58%的受访者接受双导师指导,即由两名具有高级职称的导师联合指导研究生培养工作,其中一名来自企业,一名由学校选派。而32%的研究生接受单一导师制,即由学校的导师全面负责研究生的培养工作。接受导师组制的受访者只有7%。③ 加上个别校外导师自身素质和修养不高,定位不准,责权利不清,工作繁忙,精力不济,缺乏经验,与校内导师配合不好;个别学生不会正确处理与校外导师的关系,缺乏积极主动性等,都是双导师实践中常见的问题,直接影响着双导师制作用的发挥,结果使得有些专业学位研究生的论文还是由校内导师来指导。

(三)国外关于专业学位研究生学位论文指导的案例

对专业学位研究生学位论文的指导工作既包括论文写作方面的具体事宜,也包括指导制度方面的管理问题。从前面我国专业学位研究生学位论文指导实践中存在的主要问题来看,如何处理好双导师制度是其中的关键,因为双导师之间的合作与分工并非简单的拼凑,是实现专业学位研究生在科学研究与教育实践方面融合的根本保证。这里以英国工程博士培养的案例来探究国外较为有效的指导经验。

"双导师制"是英国工程博士培养过程中的培养模式,是由大学指定的学术导师和联合培养企业指定的企业导师双方共同指导。"双导师制"并不是导师只有两人,工程

---

① 张汶军,蔡亮.我国教育硕士高质量发展的困境与对策——以H大学的办学实践为例[J].集美大学学报(教育科学版),2022,23(01):66-71.
② 黄振中."双导师制"在法律硕士教学与培养中的完善与推广[J].中国大学教学,2012(02):27-30.
③ 韩宗银.我国在职研究生培养体系研究[D].中国地质大学,2013:33-43.

博士项目的候选人需由两名学术导师和一名工业界导师进行监督。[①] 学术指导教师学识渊博,负责保证学生的学术方向;工业界导师实践经验丰富,一方面负责为学生从事的研究项目提供技术和管理支持,另一方面要保证公司目标在项目中的实现。双方导师共同参与工程博士的培养计划,指导课程的选择、实习训练项目的制定、论文的写作等,定期召开评议会,检查、监督工程博士生的学习进度、发展状况等。同时,为了保证质量,在确定导师人选之后,工程博士中心强制要求企业导师和学术导师接受正式的入门培养,明确各自的权利和义务,清晰教育和企业的边界,促进"双导师"的沟通合作。

工程博士学位论文在内容和形式上都与哲学博士学位论文存在明显的不同。在内容方面,工程博士学位论文要求学生的学位论文选题与其实践活动相关,最好与其工程实践环节关系密切,不仅考察论文写作者的学术研究能力,还关注其面对工程实践问题的解决能力。[②] 工程博士专业学位研究生教育要求学位论文要能解决实际的问题,在工程实践应用研究方面有所创新,导师会要求其论文中的假设推论要在实际工业项目中被证明,且与企业要求解决的问题相匹配。在论文形式上,工程博士论文可以是一篇高水平论文,也可以是由一系列小的实践项目研究论文组合成的学位论文。论文完成后,导师要对论文进行审查,认可后递交学位委员会组织答辩。答辩的结果一般有五种:无条件通过;通过但要作小的修改;通过但要作大的修改;不能授予工程博士学位,但可以授予哲学硕士学位;不通过。当然,在同意授予工程博士学位后,学生就丧失了同时授予哲学硕士的资格。

从英国工程博士专业学位研究生学位论文指导的情况来看,有以下几个方面的经验可以借鉴。

其一,从制度上明确双导师之间的责权利是重要前提,否则很容易出现没有人管或抢着管的乱象。

其二,对双方导师进行专门的培训,让他们清楚地知道"双导师"制度的特殊意义,并通过深入的研讨,帮助双方导师切实明白如何践行双导师制度的精髓。

其三,明确专业学位研究生学位论文不同于学术学位研究生学位论文的具体要求和标准是关键,它可以让导师和研究生都很清楚论文该如何选题,从哪里寻找研究问题等。

其四,明确规定实践导师在学位论文答辩委员会中的构成,从而保障实践教师的地位和话语权。

(四)我国专业学位研究生学位论文指导的改革策略

专业学位研究生通过学位论文的训练与写作,可以加深其对专业领域知识的掌握

---

① 王文礼.英国工程博士的主要特征和再定位[J].高教发展与评估,2022,38(01):82-92,125.

② 马爱民,汪志强.美英工程博士教育发展模式的比较与借鉴[J].学位与研究生教育,2020(08):22-28.

和理解程度,提高其发现问题的敏感度,增强其解决问题的信心与能力。而有效的论文指导可以让上述目标更容易实现。为此,指导专业学位论文必须坚持紧密结合实际,突出学术性和职业性的高度统一,突出理论与实践的结合,突出解决实际问题能力的培养等基本原则。

1. 重视专业学位研究生学位论文训练的作用

学位论文训练作为专业学位研究生培养过程中的重要环节,同时也是培养质量的重要保障性环节,必须得到足够的重视。高校等相关培养机构不能将这一环节流于形式,要切实抓好,要制定明确的学位论文标准并严格执行。同时,在培养方案的设置中,必须充分考虑学位论文训练所占的比重,切实提高专业学位研究生的就业能力。

在此过程中,帮助学生明确专业学位研究生论文的特点是很重要的。我们以工程博士与哲学博士在论文内容和形式上的差异来进一步明确专业学位研究生学位论文的基本特征(见表5-2),以避免盲从学术学位研究生学位论文的要求。

表5-2 工程博士与哲学博士学位论文的差异

	工程博士	哲学博士
内容上	源于"专业实践应用",要求学位论文能解决实际的问题,在工程实践应用研究方面有所创新	基于"学术研究",特别强调学位论文"学术创新""知识原创"或"拓展学科领域前沿"
	可以有假设推论,但必须要在实际工业项目中被证明	以推理、假设的形式得出所要解决问题的结论
形式上	一般都涉及知识产权方面的问题,通常由企业与学生协商解决	一般是对知识求真的研究,探索知识本身的问题
	可以是由一系列小的实践项目研究论文组合成的学位论文	一篇高水平的论文

文献来源:作者自制。

在指导过程中,要充分发挥导师的作用,明确导师职责。导师在专业学位研究生进行科研或学位论文训练的过程中,要充分发挥引导作用,帮助其选题,鼓励并支持学生,特别在学生遇到困难时,要提供学术支持,帮助其解决难题。辅助学生完成学位论文训练,更好地发挥学位论文训练的效果。

2. 采取有效的指导方法

导师指导学生完成一篇高质量学位论文,除了要有正确的指导思想、好的选题、高度的责任心,还要有好的指导方法。考虑到专业学位研究生的特殊性以及每位导师自己独特的指导风格,很难说有一个共同指导模式。不过,结合专业学位研究生的论文指导实践,还是存在一些基本方法的。

概括而言,有效的论文指导需要处理好以下几个环节:① 尽早规划与落实。导师要根据自己的课题研究情况、学生的职业意向和兴趣,尽早明确研究生的论文研究方向。② 高度重视论文开题环节。使学生学会如何发现问题、提炼课题,学会如何分析问题、找出关键,学会如何理论联系实际、提出方案,并在酝酿研究方案中学会深思、学会创新。③ 加强过程性指导。利用周报周会,及时了解研究生的研究情况,了解研究中遇到的问题并给予及时指导,必要时及时开周会或小组讨论会,面对面讨论,提出解决方案。④ 坚持教指委的规范与标准。导师要根据选题类型,指导研究生规范学位论文形式,对照不同形式论文的基本要求和评价指标,高标准、高质量地完成学位论文。⑤ 严把论文修改定稿关。在导师指导下反复修改,不仅使研究生学会写论文,而且更重要的是以导师认真严谨的作风感化学生,使研究生养成认真的习惯和严谨的学风。①

3. 落实专业学位研究生的双导师制度

根据2009年《教育部关于做好全日制硕士专业学位研究生培养工作的若干意见》(教研〔2009〕1号)和2013年《教育部、人力资源社会保障部关于深入推进专业学位研究生培养模式改革的意见》(教研〔2013〕3号),专业学位论文选题应来源于应用课题或现实问题,要有明确的职业背景和行业应用价值。专业学位论文评阅人和答辩委员会成员中,应有不少于三分之一的相关行业具有高级职称(或相当水平)的专家。相应地,需要聘请实践经验丰富的校外导师进行双导师分工指导,优势互补。

校外导师不仅熟悉本单位的技术和管理工作,还熟悉整个行业或产业的现状和发展趋势,了解行业或产业发展中的主要问题和发展方向,有助于专业学位研究生了解行业实际,获取社会经验和工作技能,提升人际交往能力、社会适应能力和实践能力。校内导师要充分发挥校外导师的优势和作用,优先选择有良好合作关系或朋友关系的专家为校外导师,加强交流,与校外导师共同制订学生的培养计划、实践计划,共同确定实践项目和学位论文选题。如有高校要求专业学位研究生的学位论文选题均要来源于企业合作的应用课题,或直接将他们派往企业,以突破企业关键技术来命题,强化工程实践能力培养,推进专业学位研究生培养与用人单位实际需求的紧密联系,积极探索人才培养的供需互动机制。

---

① 杨国华.全日制工程硕士研究生学位论文指导浅议[J].学位与研究生教育,2015(02):28-31.

第六章　如何保障研究生课程学习的质量？
——研究生课程的考核与评价

　　我国研究生的培养主要采取理论学习与研究实践相结合的模式。其中，研究生课程是理论学习的主要载体，参与科研项目实践是进行科学研究的主要方式。《中华人民共和国学位条例》明确规定，高等学校和科学研究机构的研究生，或具有研究生毕业同等学力的人员，只有通过硕士（博士）学位的课程考试和论文答辩，成绩合格，达到一定学术水平者，才能授予硕士（博士）学位。其中，获得硕士学位者需要在本门学科上掌握坚实的基础理论和系统的专门知识，具有从事科学研究工作或独立担负专门技术工作的能力；获得博士学位者需要在本门学科掌握坚实宽广的基础理论和系统深入的专门知识，具有独立从事科学研究工作的能力，在科学或专门技术上做出创造性的成果。[①]由此可见，无论是硕士研究生还是博士研究生，课程学习是必不可少的环节。

　　但是长期以来，我国研究生课程建设没有得到应有的重视，存在课程制度不够健全、课程体系不够合理、课程内容不够前沿、研究生课程学习投入不足等问题，影响了课程学习在研究生人才培养过程中作用的发挥。北京理工大学学位与研究生教育研究中心对全国50家研究生培养单位共计16918名研究生的满意度调查结果发现，三分之一以上的研究生对课程体系的合理性、课程内容的前沿性不满意，对课程教学在提升自己的学习兴趣、实践能力和创新能力方面的作用评价也都偏低。[②] 如何保障研究生课程学习的质量，成为提升研究生培养质量无法规避的议题。

　　《国家中长期教育改革和发展规划纲要（2010—2020年）》明确提出要制定教育质量国家标准，建立健全教育质量保障体系。为了提高研究生学习质量，教育部基于研究生课程建设的现状，于2014年12月制定了《关于改进和加强研究生课程建设的意见》（教研〔2014〕5号）[③]，进一步强化课程学习在研究生培养中的重要作用，要求各培养单位予以高度重视。其中，明确规定研究生培养的目标，强调以研究生成长成才为中心，

---

　　① 中华人民共和国教育部. 中华人民共和国学位条例[EB/OL].[2022-11-08]. http://www.moe.gov.cn/jyb_sjzl/sjzl_zcfg/zcfg_jyfl/202204/t20220421_620264.html.
　　② 研究生教育质量报告编研组. 中国研究生教育质量年度报告（2015）[M]. 中国科学技术出版社,2016:102.
　　③ 中华人民共和国教育部. 教育部关于改进和加强研究生课程建设的意见[EB/OL].(2014-12-05)[2022-11-28]. http://www.moe.gov.cn/srcsite/A22/s7065/201412/t20141205_182992.html.

以打好基础、强化能力、长远发展为目标,尊重和激发研究生的兴趣,注重培养其独立思考能力和批判性思维,全面提升创新能力和发展能力。研究生课程学习的考核和评价既要系统考虑研究生的培养目标,同时还要兼顾研究生阶段学习的自主性、研究性和专业性等方面的特点。《中国教育现代化2035》提出要制定紧跟时代发展的多样化高等教育人才培养质量标准,加强课程教材体系建设,科学规划课程,分类制定课程标准,充分利用现代信息技术,丰富并创新课程形式。① 《加快推进教育现代化实施方案(2018—2022年)》也明确提出完善高等教育质量标准和监测评价体系。② 教育部、国家发展改革委、财政部发布的《关于加快新时代研究生教育改革发展的意见》(教研〔2020〕9号),明确提出加强课程教材建设,提升研究生课程教学质量。要求培养单位紧密结合经济社会发展需要,完善课程设置、教学内容的审批机制,优化课程体系,加强教材建设,创新教学方式,突出创新能力培养,加强体育美育和劳动实践教育。规范核心课程设置,打造精品示范课程,编写遴选优秀教材,推动优质资源共享。将课程教材质量作为学位点合格评估、学科发展水平、教师绩效考核和人才培养质量评价的重要内容。③

第一节 研究生课程学习质量的内涵与评价

党的十八大以来,我国研究生教育规模突破性增长,而且研究生教育规模的扩大是在重视质量的前提下完成的。④ 课程学习是研究生培养工作的重要组成部分,是研究生开展创造性研究活动的前提,研究生课程学习质量是研究生培养质量保障体系的重要内容。要保障课程学习的质量,首先要明确研究生课程学习质量的内涵,其次要客观公正地对研究生课程学习质量进行考核和评价。

一、研究生课程学习质量的内涵

课程学习作为研究生培养的必要环节,是研究生深入开展科学研究活动的重要基

---

① 中华人民共和国中央人民政府. 中共中央、国务院印发《中国教育现代化2035》[EB/OL].(2019-02-23)[2022-10-17]http://www.gov.cn/zhengce/2019-02/23/content_5367987.htm.

② 共产党员网. 中共中央办公厅、国务院办公厅印发《加快推进教育现代化实施方案(2018—2022年)》[EB/OL].(2019-02-23)[2022-10-23]. http://www.moe.gov.cn/jyb_xwfb/s6052/moe_838/201902/t20190223_370859.html.

③ 中华人民共和国教育部. 教育部、国家发展改革委、财政部. 关于加快新时代研究生教育改革发展的意见[EB/OL].(2020-09-21)[2022-10-17]. http://www.moe.gov.cn/srcsite/A22/s7065/202009/t20200921_489271.html.

④ 中华人民共和国中央人民政府. 研究生教育这十年:教育规模突破性增长培养机制不断深化[EB/OL].(2022-06-15)[2022-10-17]. http://www.gov.cn/xinwen/2022/06/15/content_5695718.htm.

础。在探讨研究生课程学习质量的内涵之前,首先需要对课程这一概念进行梳理。对于课程这一概念,研究人员、行政管理人员、教师和学生有着不同的理解。但是,他们大多认可将课程定义为学生为获得学位所需要的一系列正规学术经历。在此,正规学术经历包括专题讨论会、研讨课、座谈会、实习、实验课等各类学习经历,其范畴已经超越了传统意义上的"教学课程"。这种概念界定的重要意义在于,基于学生的视角,将课程理解为学生特定的学习经历组合。为了凸显课程的综合性和学生的学习经历,拉图卡(L. R. Lattuca)和斯塔克(J. S. Stark)将课程定义为"学术规划"(Academic Plans)。[1] 所谓规划,是包括目的、行动、结果以及评价等要素在内的总体蓝图。任何学术规划的最终目标均在于孕育学生的学术发展。

为使研究生课程学习质量的考核与评价策略更具操作性和针对性,在探讨如何考核和评价之前,需要厘清研究生课程学习质量的内涵。质量是研究生培养的生命线,对质量概念的界定不明确,质量评价也就缺乏依据。明确研究生教育质量的概念,是构建研究生课程教育质量保障体系的前提。研究生教育质量是一个多维概念,其主体、要求、内容、影响因素和评估都具有多元性特征,应该实行全方位、全过程、全员参与的质量管理。[2] 同时,一流大学研究生课程建设的内在逻辑还要坚持教育性与研究性相结合。[3]

因此,对研究生课程学习质量的界定不能只局限于传统意义上的教学课程,而是指研究生通过一系列的学术经历满足专业培养的总体目标要求,同时能满足研究生个性化学习和发展的要求。由于研究生教育是高层次的专业性教育,探究精神和创新能力是研究生学习质量的重要特征,研究生不仅能够在本门学科上掌握坚实宽广的基础理论和系统深入的专门知识,还具有从事科学研究工作或独立担任专门技术工作的能力,而博士生更强调其做出创造性的成果。研究生课程学习质量的考查具体包含研究生课程学习状态、学习过程、学习结果等方面。

二、研究生课程学习质量的评价

研究生课程学习质量评价是相关机构依据一定的评价标准,借助有效的评价手段和技术,对研究生课程学习成果进行评估的过程。研究生课程学习质量评价根据人才培养方案和课程标准,构建科学、量化、可操作的评价体系,有组织、有计划地对学生的课程学习进行检查、诊断,引导研究生学习,促进研究生创造性的发挥,检验教师课程教学效果,推动教师改进教学方式。

---

[1] Lattuca, L. R., & Stark, J. S. Shaping the College Curriculum: Academic Plans in Context [M]. 2nd ed. San Francisco: Jossey Bass, 2009: 1-52.

[2] 陈启杰,朱君萍. 研究生教育质量及其多元性特征探析[J]. 复旦教育论坛,2014,12(05):17-22.

[3] 胡莉芳. 教育性与研究性——一流大学研究生课程建设的内在逻辑[J]. 清华大学教育研究,2022,43(01):62-69.

研究生课程学习质量评价是研究生教育质量保障体系的重要组成部分,而研究生教育质量保障体系又是建立在研究生教育质量保障机构和活动的基础之上的,按照质量保障的主体可以划分为外部质量保障体系和内部质量保障体系。研究生教育的外部质量保障体系是指以促进和提高研究生教育实施机构中人才培养、科学研究、社会服务等活动的质量为基本目标,以政府(教育行政主管部门)、社会、企事业单位和社会中介组织、评价机构为主体,通过政策导向、投入支持、立法约束、评价监督等手段和措施,使研究生教育最大限度地满足国家政治、经济、文化、科技发展需求的一个特定系统。[①]研究生教育的内部质量保障体系是指研究生教育培养单位内部,为实施连续有效的质量监控和不断提高质量所建立的管理机制。[②] 研究生教育质量保障体系贯穿研究生教育的各个环节。以学科专业为基础开展研究生培养是我国高校研究生教育的主要模式,课程学习又是研究生培养的主要方式,保障研究生课程学习质量是提升研究生教育质量的重要一环。

研究生课程学习质量评价是研究生教育质量评估的重要方面,根据前文对研究生教育质量保障体系的分类,可以将研究生课程学习质量评价分为外部评价和内部评价。欧美国家高等教育发展历史悠久,其研究生教育质量保障体系较为健全,相应的研究生课程学习质量评价也较为成熟。下文通过介绍和分析欧美国家研究生课程学习质量评价的实践活动,探讨研究生课程学习评价的策略选择。

1. 外部质量评价:以美国、英国和澳大利亚为例

学生是课程学习的主体,是课程的直接体验者,关注学生的发展状况,重视学生学习过程和学习结果的考核,将学生体验调查纳入研究生质量保障体系之中是欧美高等教育发达国家的普遍做法。美国、英国和澳大利亚都开发了具有代表性和全国影响力的调查问卷。

(1) 美国的研究生学习经历调查[③]

美国的研究型大学本科生就读经历调查(Student Experience in the Research University, SERU)团队在2014年开始研发研究生就读经历调查项目(SERU Graduate Students Survey, gradSERU)。这项调查从课程经历(curricular experiences)、课外经历(包括公共/社区服务)(cocurricular experiences including public/community service)、研究经历(research experiences)、教学经历和专业发展(包括企业和政府的就业和实习)(teaching experiences and professional development

---

[①] 梅红,宋晓平. 研究生教育外部质量保障体系建设思考[J]. 研究生教育研究,2012(06):13-18.

[②] 阎为民,栾忠权,杨菁. 研究生教育和谐的内外部质量保障机制的构建[J]. 研究生教育研究,2011(02):33-37.

[③] UC Berkeley. gradSERU Survey Design[OB/OL]. [2022-11-08]. https://cshe.berkeley.edu/seru/about-seru/seru-surveys/gradseru-survey-design.

including employment and internships in business and government)、个人生活状况（personal life and conditions）和社会生活状况（social life and conditions）等六个维度反映研究生的培养质量。以学业参与和研究参与、时间利用、学习结果、个人发展、计划和愿景、满意度和背景特征等为测量重点，考核和评价研究生的就读经历。

（2）澳大利亚的研究生学习投入与体验调查①

澳大利亚教育研究委员会 2010 年推出的研究生学习投入调查（Postgraduate Student Engagement Questionnaire，PSEQ）主要从学业挑战度（academic challenge）、主动学习（active learning）、生师互动水平（student and staff interactions）、教育经历丰富度（enriching educational experiences）、学习环境支持度（supportive learning environment）和工作学习融合（work integrated learning）等六个维度评估研究生的学习与发展情况，基于高阶思维（higher-order thinking）、一般学习成果（general learning outcomes）、一般发展成果（general development outcomes）、职业准备（career readiness）、平均总成绩（average overall grade）、放弃学位的倾向（departure intention）和整体满意度（overall satisfaction）等七个指标衡量研究生的学习产出。

（3）英国研究生学习经历和研究经历调查

英国的研究生学习经历调查（the Postgraduate Taught Experience Survey，PTES）②面向授课型研究生（taught postgraduates）开展，主要调查研究生课程教与学（teaching and learning）、学习参与（engagement）、评估和反馈（assessment and feedback）、论文或重要项目（dissertation or major project）、组织和管理（organisation and management）、资源获得（resources）、支持体系（support）、技能发展（skills development）等方面。英国的研究生研究经历调查（Postgraduate Research Experience Survey，PRES）③主要面向研究型研究生（research postgraduates）展开，主要调查研究生的导师指导（supervision）、资源获得（resources）、研究文化（research culture）、进展与评估（progress and assessment）、责任（responsibilities）、支持体系（support）、研究技能（research skills）、专业发展（professional development）等方面。

上述研究生在读经历调查都是保障研究生学习质量的外部评价模式，其突出的特征有以下几点：第一，"以学生为中心"的质量评价理念。重视学生的需求与满足，突出课程学习为学生的成长与发展带来积极变化。改善学生的学习体验，将学生体验纳入

---

① Australian Council for Educational Research. Australasian Survey of Student Engagement (AUSSE) [OB/OL]. [2022-11-09]. https://www.acer.org/au/ausse/survey-instruments.

② The University of Edinburgh. Postgraduate Taught Experience Survey (PTES) [OB/OL]. [2022-11-09]. https://www.ed.ac.uk/students/academic-life/student-voice/student-surveys/postgraduate-taught-experience.

③ The University of Edinburgh. Postgraduate Research Experience Survey (PRES) [OB/OL]. [2022-11-09]. https://www.ed.ac.uk/students/academic-life/student-voice/student-surveys/postgraduate-research-experience.

质量保障体系。第二,以"证据"为基础的可持续的评价方式。越来越多的研究生教育质量评估采用结构化问卷开展调查,并且是持续进行的,有利于全面系统地评价高校人才培养质量。第三,重视全国性第三方教育机构在质量评价中的组织和管理作用,第三方评估是研究生教育质量评价与保障体系的重要力量。①

2. 内部质量评价:以斯坦福大学为例

高等教育比较发达的国家都非常重视研究生培养质量,以斯坦福大学为例,其研究生教育副教务长办公室(Office of the Vice Provost for Graduate Education,VPGE)和学校其他机构提供大量的机会和资源(包括项目、课程和活动等形式),鼓励学生积极参与其中。斯坦福大学研究生专业发展框架(Graduate Professional Development Framework,GPDF)②突出了交流(communication)、教学与指导(teaching & mentoring)、专业精神(professionalism)、多样性、公平性和包容性(diversity, equity & inclusion)、领导与管理(leadership & management)、职业发展(career development)等六项专业能力。斯坦福大学强调,培养专业能力是终身学习的过程,即使研究生很可能已经通过课程学习、研究活动、实习经历或志愿者经历具备了多项专业能力,但是学校为其进一步提升以上六个方面的知识、技能和能力提供了很多机会。此外,这六项专业能力之间存在以下关系:① 相互关联(interrelated),学生可以不同组合方式提升这些能力;② 非线性(non-linear),学生可以根据自身需要,选择以任何顺序侧重于提升某一(些)方面的能力;③ 可迁移(transferable),以上能力具有普适价值,不管研究生属于什么学位类型、来自什么学科背景、有着怎样的职业发展目标,该框架都尽可能地满足所有研究生的专业能力发展需要。

斯坦福大学的研究生专业能力发展框架旨在帮助学生利用学校丰富的资源来满足个人兴趣和实现个人目标。通过这个交互式框架,实现以下三个方面的目标:其一,思考个人优势及确定发展领域;其二,探索资源、项目、活动和其他学习机会;其三,潜心于个人学术和专业发展。斯坦福大学研究生的专业能力发展具有较大的自主性与自助性,学生需要明确三个问题:一是要优先发展哪些能力,二是在哪里能找到学习机会,三是如何充分利用学校资源。专业能力发展既是一个学习与成长的过程,也是一个探索与发现的过程。研究生专业能力框架的六大领域均包含不同维度,每个维度又包括具体的能力要求与目标(如表6-1所示)。

---

① 韩晓燕,金帷. 英国研究生问卷调查:现状与启示[J]. 学位与研究生教育,2015(05):72-77.
② Stanford Office of the Vice Provost for Graduate Education. Professional Development[OB/OL]. [2022-10-15]. https://vpge.stanford.edu/professional-development/overview.

表 6-1 斯坦福大学研究生专业能力框架

内容	维度	能力要求和目标
1. 交流	1.1 写作	(1) 采用规划技巧有效写作 (2) 采用有效的策略和术语对所做工作进行交流,以对学界、跨学科和非学术受众(例如政策制定者和公众等)产生影响 (3) 采用包含丰富信息的可视化、叙述性展示对研究主题和基于数据的发现进行交流
	1.2 演讲和展示	(1) 在课程、工作面试、会议和论文答辩等情境中,表达要有说服力 (2) 采用讲故事、叙事性、可视化和多媒体等手段来呈现引人入胜的演示文稿
	1.3 人际沟通	(1) 在各种教育的和专业化的情景中与他人进行有效、真实的沟通,并能够意识到不同情景中的沟通规范可能会有所不同 (2) 能够意识到自己和他人的感受、看法和行为及其对沟通的影响 (3) 倾听、提供和接收富有成效的反馈意见并寻求改变
2. 教学与指导	2.1 课程与培训设计	(1) 为正式课程、非正式教学情景和在线学习环境制定教学大纲、具体议程、课程计划和学习结果评价 (2) 开发与学习目标一致的教学内容和教学方法 (3) 使用有效策略来满足不同学习者的需求
	2.2 教学实践与评估	(1) 制定规范并开展全纳实践活动以促进学习社区内所有成员的公平参与 (2) 采用符合学习目标的教学技巧,例如讲课、动手活动或实验室活动,促进、展开、和引导讨论并加以指导 (3) 评估学习者对学习目标的理解和掌握情况,并基于反馈信息持续改进 (4) 运用教育技术和协作技术促进学习,并让学习者为适应专业环境做好准备 (5) 通过学生、同伴和指导老师的反馈不断反思自己的教学实践
	2.3 指导	(1) 通过积极倾听和培养成长心态发展赋权关系 (2) 支持被指导者找到资源、建立与支持社区的联系、解决问题和充分利用指导活动 (3) 跨越经验、技能、社会身份、价值观、目标和动机等方面的差异开展指导活动 (4) 集中指导所在领域的专业人员接班人,赞助和支持他们的职业发展
3. 专业精神	3.1 学术和研究诚信	(1) 了解有关学术诚信的原则、政策和实践,例如诚实、署名、合作和贡献归属 (2) 了解有关研究伦理的原则、政策和实践,例如宣扬真理、最小化错误、保护人类受试者、科学护理和使用动物、遵守公共卫生和安全法规、公平对待知识所有权和保护知识产权 (3) 了解所选择的研究问题和方法论的伦理维度,无论是隐性的还是显性的
	3.2 职业道德	(1) 了解所在组织、学科或行业的具体道德观念、规范、实践和准则 (2) 了解专业人员在当代工作场所中通常遇到的道德问题,例如保密和隐私、利益冲突、诚实、偏见、资源分配、知识产权和风险管理等 (3) 了解个人工作的道德基础、后果和影响

(续表)

内容	维度	能力要求和目标
	3.3 批判性和分析性思维	(1) 运用系统思维来识别和确定变量之间的关系、检验假设和控制混淆变量 (2) 基于数据得出合乎逻辑的结论，避免确认偏差和其他认知偏差 (3) 基于多角度的综合想法形成和提出论点 (4) 使用框架或标准集来评估程序或解决方案的质量
	3.4 压力管理和工作—生活整合	(1) 了解个人福祉的各个方面并为之付诸行动 (2) 管理压力、时间、精力和生活目标，并采用对健康有利的策略来应对具有挑战性的经历 (3) 制定专业计划并付诸行动，可以在教练、导师、赞助商和其他专家的帮助下来规划和执行
4. 多样性、公平性和包容性	4.1 包容的心态	(1) 终身学习各种背景下关于多样性、公平性和包容性的观点和问题 (2) 通过欣赏和参与不同的观点，激发新的探究角度、新的分析模式、新的发现和新的解决方案 (3) 认识到文化、身份、学科、个性和其他因素的差异，提高生产力并建立积极的联系 (4) 考虑多样性和包容性问题如何与个人的工作相交，例如，通过调查问询与弱势群体互动
	4.2 公平和包容的环境	(1) 通过了解公平和包容的历史障碍和当前障碍并努力消除之，创造更为公平和包容的空间 (2) 学习并有意识地参与有效策略，以促进团队、组织和机构的包容性和公平性 (3) 借助工具和策略与具有不同背景和观点的人开展有挑战性的对话和有效合作 (4) 鼓励不同背景、不同身份的个人，尤其是来自边缘化社区的个人，加入所在学科或专业，并取得成功
	4.3 团队合作与协作	(1) 正式或非正式地为团队做出积极贡献 (2) 意识到个人和团队互动中文化、身份、学科、个性和其他因素的差异，建立积极的联系并破除不利于生产力的障碍 (3) 促成会议以服务于不同目的，例如集思广益、融合想法、达成共识和知会利益相关者
5. 领导与管理	5.1 领导力和创业技能	(1) 通过制定和传达对未来的愿景来影响和激励他人 (2) 培养领导特质，包括谦逊、同理心、勇气、好奇心、自我意识、情商、真实性和服务精神 (3) 参与促进实践以了解利益相关者的观点，探索和推进能够广泛服务社区需求的想法 (4) 知道如何发挥自己的优势，何时领导，何时跟随
	5.2 人员和项目管理	(1) 在人员、资源和时间有限的情况下借助工具和练习完成复杂的项目 (2) 有效委派和授权他人独立工作以做出独特贡献 (3) 与参与项目的受监督者、同行和主管人员等广大个体进行富有成效的沟通

(续表)

内容	维度	能力要求和目标
	5.3 谈判与解决冲突	(1) 为自己和他人代言 (2) 自信地进行艰难的对话 (3) 协调团队从不和谐到为共同目标而努力 (4) 在压力和冲突中有效地与老板和雇主合作
	5.4 创新与解决问题	(1) 培养成长心态和专注于好奇心，接受挑战，对多种观点持开放态度，并从错误中学习 (2) 应用创造力和创新实践（如设计思维），寻找复杂问题的解决方案 (3) 促进小组和团队协作解决问题
6. 职业发展	6.1 职业探索和准备	(1) 通过探索和了解自己的技能、兴趣、价值观、偏好和目标来统一教育目标和职业目标 (2) 了解最符合个人兴趣、技能和价值观的职业路径和从业部门 (3) 了解和发展感兴趣的职业路径所需的技能和能力 (4) 明白个人拥有的适应各种职业的可转移技能和能力
	6.2 建立网络和关系	(1) 与包括专业协会在内的广大个体和组织发展和维护专业关系 (2) 建立和培育导师网络，以支持职业生涯各个阶段的专业成长 (3) 进行有效的交谈以了解专业和组织 (4) 利用在线工具与校友和附属机构保持联系
	6.3 求职技巧	(1) 通过简历、履历、求职信和数字平台呈现个人的多样化技能、学科知识、专业能力和专业身份 (2) 通过面试有效传达技术知识和专业能力 (3) 求职时多管齐下，包括利用公开招聘的信息和通过关系网络进入"隐性就业市场" (4) 协商待遇并准备入职 (5) 利用在线工具有效建立专业联系并收集各种机会信息 (6) 使用恰当的礼仪，例如在面试后发送感谢电子邮件

资料来源：Stanford Office of the Vice Provost for Graduate Education. The Six Professional Competencies[EB/OL]. [2022-12-06]. https://vpge.stanford.edu/professional-development/competencies-grad-grow.

从斯坦福大学的研究生专业发展框架不难看出，其研究生培养中知识和能力并重，学习能力、研究能力、教学能力和职业能力协同发展，而且不仅重视认知能力（如学科知识和技能、研究能力等），还非常强调非认知能力（如领导和管理能力、解决问题和批判性思维能力等）。

第二节 研究生课程学习过程的质量监控

当前，我国研究生教育正处于由大变强的关键阶段，加快提高研究生教育质量，已经成为研究生教育改革的核心要求。2014年,国务院学位委员会、教育部印发了《关于加强学位与研究生教育质量保证和监督体系建设的意见》,提出构建以学位授予单位质量保证为基础,教育行政部门监管为引导,学术组织、行业部门和社会机构积极参与的内部质量保证和外部质量监督体系。原有的以目标管理和结果导向为主的研究生培养管理模式呈现出诸多不适应之处,实施过程管理已经成为研究生培养管理的一种新趋势。《关于加快新时代研究生教育改革发展的意见》提出研究生培养单位要加强培养关键环节质量监控,完善研究生资格考试、中期考核和年度考核制度,完善分流选择机制。研究生培养过程管理是指为实现研究生培养目标,有计划、有组织地进行的包括研究生培养过程描述、过程设计、过程实施、过程控制和绩效评价等一系列研究生培养活动的总称。整个研究生培养过程由许多环节构成,对研究生学习过程的监控是对研究生整个学习过程的跟踪,包括对入学报到注册、课程学习、开题报告、实践实验、学位论文、成果创新等一系列研究生行为的记录和评价。

研究生课程不仅是传承知识、拓宽基础的需要,而且也是培养研究生创新能力的必要手段。创新能力培养要求研究生具有完备的知识结构与专业技能,这在很大程度上依赖于专门化的研究生课程。因此,实施研究生课程学习过程的质量监控是保障研究生教育全面质量管理中重要的一环,是研究生培养质量过程管理中的一个重要方面。

一、研究生课程学习过程质量监控的内涵与功能

研究生培养的过程管理是根据不同的学科和不同的专业特点,对研究生培养的每个环节提出一系列具体的目标和实施措施以指导研究生的培养工作。实施过程管理是提高研究生培养质量的关键,对研究生课程学习的过程进行质量监控是保障研究生课程学习质量的有效途径。

1. 研究生课程学习过程质量监控的内涵

研究生课程学习过程质量监控是指通过科学地设计、构建有效的质量监控体系,有目的、有计划、全面地跟踪、调查、分析学习环节中影响研究生课程学习质量的诸多因素,使影响研究生培养质量的主要因素以及培养过程中的关键环节始终处于受控状态,促进培养活动与培养质量反馈机制的有机融合,通过全过程、全方位的监督和控制,构建一个能够保障和提高研究生培养质量的稳定和有效的质量监控体系。

研究生课程学习过程质量监控体系一般由过程管理系统、质量评估系统、信息反馈系统三个主要子系统构成。① 其中,研究生课程学习过程管理是指制定课程学习的目标、监督研究生学习的过程、考核研究生的学习效果;研究生课程学习质量的评估需要跟踪研究生学习的动态过程,同时要规范考核工作的环节,科学设计考核指标、规范设定考核过程、严格控制考核标准;信息反馈系统是指及时发现研究生课程学习过程中存

---

① 韩国防,陈智栋,赵希岳,等.构建过程管理质量监控体系确保研究生培养质量[J].当代教育科学,2010(03):41-43.

在的问题并寻找相应对策。研究生课程学习质量信息反馈主要有院系对研究生课程学习情况的反馈、教师对学生课程学习的反馈、学生课程学习的自我反馈、其他外部机构组织对研究生课程学习质量的评价等。

2. 研究生课程学习过程质量监控的功能

研究生课程学习过程的质量监控将研究生课程学习质量考核和评价变成一个动态持续的过程。对研究生课程学习的全过程(从选课到上课再到完成课程作业)进行动态管理,使质量管理中的各个过程相互联系、相互依存,形成一个持续动态的整体过程,从而有效地保障研究生课程学习的质量。此外,研究生课程学习过程的质量监控使得研究生课程学习质量评价日趋规范化。在研究生课程学习质量管理中实行过程监控,对学习过程的每个环节进行监督与管理,并不断进行检测与反馈,高校相关部门及人员根据反馈结果做出调整与改进,进而提高研究生培养质量。

二、研究生课程学习过程质量监控案例

对研究生课程学习过程的质量进行监控,建立连贯、高效、可控的循环系统,是国内外高等教育管理机构为保障研究生教育质量的策略选择。下面通过分析欧洲临床医学研究生教育质量保障框架以及国内某大学一学院的学生评教案例,探讨构建研究生学习过程质量监控及精细化管理的实践模式,为完善我国研究生课程学习过程质量监控提供思考及启示。

1. 国外案例:欧洲临床医学研究生教育质量保障框架[①]

由欧洲医学专家协会(European Union of Medical Specialists,UEMS)2010年开发的欧洲临床医学研究生教育质量保障框架,是以过程控制与精细化管理为特征的临床医学教育质量保障参考模型。该框架通过引入ISO9001:2000标准[②]实现结果循环动态过程监控,ISO9001:2000标准基于过程化管理的任务框架,PDCA(Plan,Do,Check,Act)循环由"计划—执行—检查—处理"四个步骤组成。

该框架包括质量目标制定、过程管理方法运用、评价与完善三个阶段。临床医学研究所培养事务办公室制定人才培养目标,建立质量标准。研究生教育质量保障过程分为主体过程、支持性过程和一般日常过程。主体过程是直接控制培养质量活动本身(管理研究生理论教学质量,临床能力训练,临床实践轮转值班实施质量等);支持性过程是辅助性过程(管理研究生考勤,为师生提供教学和学习资源等);一般日常过程(日常教学质量控制审核,教学活动的绩效性评价等)评价、分析培养活动的过程,检查是否满足

[①] 刘隽,胡鸿毅.过程控制与精细化管理:临床医学研究生教育质量保障发展之路——欧洲临床医学研究生教育质量保障框架应用述评[J].复旦教育论坛,2013,11(04):86-91.

[②] ISO 9001:2000标准是由国际标准化组织制定的标准,组织要有提供满足顾客要求和适用法规要求的产品的能力,是实施、保持并持续改进质量管理体系有效性的基础。规定了文件控制、记录控制、内部审核、不合格品控制、纠正措施、预防措施六个文件化程序。

临床一线的需求和学生的需求,持续改进,完善计划,达到培养目标,最后形成一个循环系统。

2010年,意大利的帕多瓦大学率先应用这一系统监测临床医学专业研究生培养运行状态,整个临床医学研究生质量保障体系 ISO9001:2000 过程化需要一年半左右的时间。在此期间,以医学教育专家为主的跨行业专家小组需要完成3个内部 ISO9001:2000 标准指导性评价,确定原有培养体系中存在的问题并实施为期1年的改进措施。然后,再进行3个内部评估和第三方审核质量体系认证,第三方评价更关注过程。通过对2010年前6个月研究生培养活动状态的监控数据、学生学术活动满意度评价的综合分析,研究生培养事务办公室可以动态调整各环节质量改进目标和措施,确保该临床医学研究生培养质量保障体系满足 ISO9001:2000 标准要求。

2. 国内案例:以某大学一个学院的学生评教为例

学生评教是研究生课程学习质量过程监控的重要环节。现以某大学一个学院为例,探讨研究生课程教学效果评价的具体形式。为全面准确了解学院研究生课程的教学效果,以提升研究生课程学习质量,该学院特成立课程评价小组,自行设计课程评价问卷,对该学院2015—2016学年第一学期开设的16门研究生课程进行评价。本次课程评价采用网络问卷调查的方式,邀请修课学生匿名作答。

课程评价问卷包括教学准备、课程内容、教学方式、教学态度、课程考核、教学效果等6个维度,每个维度涵盖3—4个题目,共计22道题,另有一道题目调查学生对所选课程的总体评价情况。每个题目的得分划分为"优""良""中""差"四个等级,分别赋值为4、3、2、1。此外,还设计了开放式问题调查学生对课程开设情况的总体看法。

课程评价小组根据修课学生的反馈结果,对每门课程均提交一份课程评估报告,并将评估结果反馈给相应的任课教师。每门课程评估报告的具体内容包括23道封闭式题目及6个维度的均值、最大值和最小值,以及两道开放式题目("你对该课程最满意的地方是什么""你认为该课程在今后的教学中还有哪些方面有待改进和提高")的反馈信息。在16门课程分报告的基础之上,课程评价小组完成一份全院研究生课程评估的总报告。单门课程的评估报告示例如表6-2所示。学生对这门课程最满意的地方有以下几个方面:① 将社会热点问题引入课堂讨论,理论联系实际,启发学生思考,并对学生的讨论进行分析点评,促使学生学以致用;② 启发式教学,引导学生积极参与课堂讨论,注重师生互动,课堂气氛活跃,有助于拓展学生的思维;③ 提供丰富的课程阅读资料,老师准备充分;④ 老师治学严谨,具有较高的专业素养。此外,学生针对这门课程提出以下建议:① 进一步优化课堂时间分配,老师讲授部分再精细些;② 建议课程所涉及的调查数据更新到最近的年份,可能更能说明问题;③ 适当介绍课程中所涉及的研究方法;④ 增加实践案例。

表6-2 某课程评价情况(修课人数20人,参评人数:18人)

维度	题目	平均得分	最大值	最小值
教学准备	1. 有课程简介,便于学生了解课程内容、课程难度和考核要求,方便学生选课	3.94	4.00	3.00
	2. 有教学日历和授课提纲,并提前发给学生,有利于学生统筹安排学习与研究	3.89	4.00	3.00
	3. 有对课程阅读资料的介绍,推荐或提供相关参考资料,有利于学生进一步深入学习与研究	4.00	4.00	4.00
	4. 精心设计教学过程,妥善地安排学生的课前阅读与课堂研讨活动	4.00	4.00	4.00
	"教学准备"维度平均得分	3.96	4.00	3.50
课程内容	5. 内容合理,涵盖了课程所涉及领域的基本理论、核心问题或主要研究成果,可为今后的工作或研究奠定良好的基础	4.00	4.00	4.00
	6. 内容丰富,信息量大,视野开阔,有助于扩大学生知识面,完善知识结构	4.00	4.00	4.00
	7. 内容新颖,重点突出,有启发性和针对性,有助于加深学生对本学科的了解	3.89	4.00	3.00
	8. 内容及时更新,能够反映本学科的前沿动态,或与当前的社会需求紧密联系	3.83	4.00	3.00
	"课程内容"维度平均得分	3.93	4.00	3.50
教学方式	9. 能够根据教学内容和学生特点合理选择教学方式或手段,注重教学效果	3.94	4.00	3.00
	10. 能够驾驭教学内容,讲课有条理,表述清楚、准确	4.00	4.00	4.00
	11. 教学生动活泼,方式灵活,理论联系实际,激发学生的学习兴趣,引导学生积极参与讨论	3.89	4.00	2.00
	12. 积极探索课堂教学改革,促进生师互动,重视学生的学习投入,加强学生课前与课后的阅读、研究与思考	3.94	4.00	3.00
	"教学方式"维度平均得分	3.94	4.00	3.00
教学态度	13. 遵守教学规范,严格执行授课提纲,不随意调课、停课	4.00	4.00	4.00
	14. 教学态度端正,责任心强,对教学工作有热情、有投入,教学工作兢兢业业	3.94	4.00	3.00
	15. 平时注重和学生的交流与沟通,以各种形式及时答复学生的疑问或反馈学生的咨询	3.89	4.00	3.00
	"教学态度"维度平均得分	3.94	4.00	3.33
课程考核	16. 作业布置合理,要求严格,批阅认真,反馈及时	4.00	4.00	4.00
	17. 考核内容规范,围绕授课大纲进行,考核目标明确	4.00	4.00	4.00
	18. 考核方式灵活多样,既重视终结性评价,也重视过程性评价	3.94	4.00	3.00

(续表)

维度	题目	平均得分	最大值	最小值
	19. 考核结果规范,能反映学生的学习情况,体现公正、公平,及时让学生了解考核结果	3.94	4.00	3.00
	"课程考核"维度平均得分	3.97	4.00	3.50
教学效果	20. 通过该课程的学习,掌握了本学科的基础知识、基本理论,完善了知识结构	3.94	4.00	3.00
	21. 通过该课程的学习,了解了本学科热点的研究问题、前沿发展或改革动向,开阔了视野,增强了学习和研究的能力	3.89	4.00	3.00
	22. 通过该课程的学习,加强了专业阅读能力,提高了分析和解决问题的能力	3.89	4.00	3.00
	"教学效果"维度平均得分	3.91	4.00	3.00
	23. 对本课程的总体评价	3.94	4.00	3.00

第三节　研究生课程学习结果的质量考核和评价

根据目的导向的不同,教育评价通常分为形成性评价(又称"过程性评价")和终结性评价(又称"结果性评价")。其中,终结性评价是指学生接受阶段性学习后的评价,其结果一般以分数或等级表示,是一种以结果为导向的评价方式。对于研究生课程学习来说,终结性评价是高校普遍采用的方式。但是,传统的终结性评价过于强调对知识、技能的量化考查,忽视诸如学生学习兴趣、学习参与等不易量化的品质。基于这一现象,国内外学者们对结果导向的学习质量评价进行改进,使得终结性评价更加合理和规范。

一、研究生课程学习结果质量考核的内涵与方式

以结果为导向的教育(Outcome-Based Education,OBE)聚焦于学生受教育后能够达到怎样的能力和能够做什么的培养模式,教学课程设置和培养相关能力的实践活动等一切教育过程都是围绕实现预期要达到的学习目标展开的。多年来,在侧重认知能力的学生学习质量观的影响下,高校通常采用考试的方式对学生课程学习结果的质量进行考核,用考试的结果来判定学生学习质量的高低优劣。但是,随着学生学习质量观念的转变,学生学习结果质量的考核形式与标准也发生了变化,朝着更有利于发挥学生主体性的方向发展。

1. 研究生课程学习结果质量考核的内涵

研究生课程学习结果质量考核是基于结果导向的教育理念,明确学生课程学习的

目标,在学生接受课程学习之后,由院系、授课老师、学生及其他外部机构采用一定的方式,选取一系列指标,对学生课程学习结果进行考核,并将考核结果反馈给相关组织及个人,相关组织根据考核结果改进课程教学等工作,不断提升学生课程学习的质量。以结果为导向的教育主要强调以下五点:一是通过教育使得学生最后能够达到什么样的结果,这里所说的结果包括知识、素质、品德和能力等方面;二是我们为什么要学习这些知识;三是怎么准确地获取学生学习的结果情况;四是如何帮助学生达成我们预定的学习结果;五是如何保证学生能够取得这些学习结果。[1]

2. 研究生课程学习结果质量考核的层次

根据研究生课程学习质量考核的层次和对象不同,可以分为单一课程层面、专业课程体系层面、学生主体层面以及学生发展层面。

(1) 单一课程层面

针对某一门具体的课程,研究生学习质量考核主要关注以下几个方面的问题:学生在学完课程后,是否有能力学习更高层次的课程?一个课程班达到教学目标和完成课程预设学习结果的情况如何?课程的难度是否与学生的能力相匹配?课程的章节设置是否有利于学生获得更好的学习结果?教师设计的作业是否有利于学生习得期待的知识和技能?课程教学是否有助于学生对专业的综合性学习?为了尽可能全面地评价单一课程的学习质量,评价主体需要获取研究生在课程评价中的表现(考试成绩、论文、小组项目成果等)和教师的教学大纲及其对学生的学习期望,进而考查学生完成授课教师所设定的课程要求的情况。授课教师可以利用课程学习质量的形成性评价结果来提高教学质量,授课教师或者课程设置委员会还可以利用终结性评价结果来完善未来课程的规划,并帮助分析学生课程学习质量的差异,促进学生协调发展。

(2) 专业课程体系层面

针对一系列研究生专业课程,学习质量考核主要关注以下几个方面的问题:专业课程作为个体以及整体是否有助于学生获得预期的学习结果?专业课程的每一个组成部分是否有助于实现研究生教育的教学目标?专业课程安排是否具有连贯性,便于学生按照顺序积累知识和技能?专业课程设计与预设学习目标是否一致?专业课程教学是否符合研究生教育的整体目标?在此,可以利用常模参照评价方法,找出专业课程学习过程中存在的问题。根据专业课程体系的评价结果,进一步明确专业设置的目的,审核专业课程体系设置与学生学习质量是否一致,发现专业课程设置方面存在的问题或者缺失的内容,考查专业课程体系是否有利于学生积累知识和技能,确保学生获得所期待的学习成果。

(3) 学生主体层面

针对某一阶段(如一个学期或一个学年)学生修读的多门课程,学习质量考核主要

---

[1] 李志义,朱泓,刘志军,等.用成果导向教育理念引导高等工程教育教学改革[J].高等工程教育研究,2014(02):29-34,70.

关注以下几个方面的问题:学生的学习是否达到了预期的学习效果？学生的学习表现在这一时期是否有所提高？哪些因素影响学生的课程学习质量？学生在课程学习过程中存在哪些问题？课程培养体系的整体设计是否有助于提高学习表现？教师与学生之间的互动交流以及激励学生学习的情况如何？从学生层面对某一时期(如一个学年)的课程学习结果进行综合评价,需要获得一系列数据,跟踪评价学生个体的学习进展并对其进行增值性评价。最后,将课程学习的评价结果及时反馈给学生,让学生更好地理解他们的课程学习情况,并寻找改进的方法。授课教师也可以利用评价结果更好地了解自己的教学情况,更好地设计未来的课程教学,更加有效地与学生交流,激励他们提高学习效果。

(4) 学生发展层面

从学生发展的长远视角来看,研究生课程学习质量考核需要将目光从校园延伸到校外,不仅关注研究生在校期间某门课程或者整个课程体系的学习质量,而且应该关注研究生的就业能力和职场发展潜力。要实现这一目标,需要借助长期的追踪调查以获取研究生毕业后在劳动力市场的具体表现,如薪酬、晋升、满意度等方面的情况,还可以通过学生自我报告的形式获取研究生学习经历对其职场表现的影响,这能为培养单位适时调整培养目标、培养方案和培养策略提供有效的反馈机制。

3. 研究生课程学习结果质量考核的方法和手段

研究生课程学习质量考核是目前研究生培养过程中的一个薄弱环节,当前我国还没有建立针对研究生课程学习质量的评价体系,而建立长期有效的学习质量评价机制对研究生培养具有积极的导向和监督作用。进行研究生培养制度改革,仅仅更新课程内容还不够,课程考核形式也要及时更新。研究生学习目标重在培养分析和解决问题的能力,课程教学不应再沿袭单纯传授知识的模式,而需要把师生之间、学生之间的双向或多向交流作为经常性的教学手段,贯穿、运用于各门课程的教学过程。在课程考核方式上,也不应仅限于笔试或提交研究报告的方式,而应该结合课程特点,探索多样化的考核方式。

研究生课程学习质量考核按照不同的分类标准可做以下划分:根据评价主体的不同,可以分为学生评判性评价和教师评判性评价；根据评价组织的不同,可以分为校内组织的评价和校外组织的评价；根据评价时点的不同,可以分为形成性评价(过程评价)和总结性评价(结果评价)；根据评价参照标准的不同,可以分为标准参照性评价和常模参照性评价；根据评价手段的不同,可以分为定性评价和定量评价。研究生课程学习质量的评价工具主要有考试(Test/Exam)、测验(Quiz)、作业(Assignments)、小组项目(Team Project)、实习(Internship)、作品档案夹(Portfolio)、课程论文(Thesis)、考勤(Attendance)以及通过调查问卷获取学生自我报告(Self-report)的进步情况等。在具体的课程学习质量评价实践中,通常多种评价方法和工具组合在一起使用。

二、国外研究生课程学习结果质量考核案例

国外高校一直重视对研究生课程学习结果的质量考核,考核结果是决定研究生能否获得学位的重要依据。国外研究生课程学习结果的考核更具系统性和规范性,本书以加州大学伯克利分校研究生课程学习结果质量考核为例①,为我国研究生课程学习结果的考核提供借鉴。

加州大学伯克利分校研究生课程评估体系的特色具体表现在以下几个方面:① 课程背景评估。加州大学伯克利分校通过建设专业化的课程建设评审部门、标准化的课程建设评审程序、规范化的课程建设评审标准等措施,促使研究生课程建设评估达到"规范标准"的要求。② 课程输入评估。加州大学伯克利分校教师的任命、晋升、加薪、奖励等评估活动的开展主要着眼于教师的绩效表现,从而确保教师评估实现"激励绩效"的目标。③ 课程过程评估。加州大学伯克利分校十分重视教学评估内容的全面化、教学评估类型的多样化以及教学评估途径的多元化,从而形成研究生课程教学评估的"多元全面"特质。④ 课程成果评估。加州大学伯克利分校研究生课程效能评估"追求卓越"理念,既对在读研究生的课程成绩做出严格要求,又积极追踪调查毕业研究生的课程满意度。这使得加州大学伯克利分校的研究生课程效能评估成为一个连续、系统的过程,既能考查研究生课程的短期效能,又能评估其长期效能。

国外对研究生课程学习质量的考核有以下几个方面值得借鉴:第一,考核方式的多样性,除了传统的课程考试外,还有汇报、论文等形式;第二,考核内容的全面性,对研究生课程学习效果的考核不仅仅考核研究生是否掌握课程内容,更注重是否通过课程学习提升科研能力;第三,突出学生的参与,在校学生和毕业校友对课程学习结果的自评报告是评价研究生学习结果质量的重要方面;第四,与教师绩效挂钩,将研究生课程教学质量与教师绩效评价紧密联系,以调动教师重视研究生课程教学的积极性。

第四节 我国研究生课程学习质量考核和评价存在问题及改进策略

研究生课程学习质量评价是指采用科学的方法收集、分析学生掌握和应用知识及技能的信息,从而评定学生是否达到了学校、专业以及授课老师所制定的预期教育目标,并运用评价结果来提高课程教学质量的系统过程。研究生教育比本科生教育更加强调学生的自主发展,要求学生完成学位所规定的课程任务,旨在培养学生独立开展前沿研究和运用所学知识解决实际问题的能力。研究生课程学习质量的评价结果是考核

---

① 马健生,时晨晨.规范·绩效·多元·卓越——加州大学伯克利分校研究生课程评估体系的核心[J].外国教育研究,2015,42(05):3-14.

研究生是否有效掌握这些能力的重要手段。

事实上,《关于改进和加强研究生课程建设的意见》对研究生课程的考核和评价也提出了具体要求。第一,要创新考核方式。根据课程内容、教学要求、教学方式等方面的特点确定具体的考核方式,注重考核形式的多样化、有效性和可操作性,加强对研究生基础知识,创新性思维,发现问题、解决问题能力的考查。第二,重视教学过程考核,加强考核过程与教学过程的紧密结合,通过考核促进研究生积极学习和教师课程教学的改进提高。第三,探索建立课程学习综合考核制度。根据学校、学科、博士和硕士层次的实际情况,结合研究生中期考核或设立单独考核环节,对研究生经过课程学习后的知识结构、能力素质等是否达到规定要求进行综合考核。对于综合考核发现问题的,指导教师和培养指导委员会要对其进行专门指导和咨询,针对存在的问题进行课程补修或重修,确有必要的应对培养计划做出调整,不适宜继续攻读的应给予分流或淘汰。

一、研究生课程学习质量考核和评价存在的主要问题

虽然国内外对研究生学习质量评价有诸多探讨,但本质都离不开"定量评价"或"定性评价"的范畴,二者的区别在于具体评价方法的不同,而非方法论本身的区别。针对我国研究生课程学习质量评价的现状,有必要对其评价方法进行深入的改革,提高评价结果对研究生培养的促进作用。当前我国研究生培养日益重视确立和实施促进学习者个性化、创新能力、实践能力和学习能力发展的理念与方法,但是传统的课程学习质量评价无论在理念上还是方法上都难以满足促进研究生发展的需求。传统的研究生课程学习质量评价主要存在以下问题:

1. 课程学习质量的考核不规范,判定研究生的学习成绩存在较大随意性

目前,我国大多数研究生课程尤其是硕士研究生课程依然是以课堂讲授为主,授课教师根据研究生的平时表现和期末考试情况判定学生成绩。期末考试通常占较大比重,一般是以论文的形式进行考核,学生提交的课程论文质量参差不齐,而授课教师的判分区分度却不大。对于修读学生的平时表现如上课发言情况,授课教师一般不会详细备案,到期末时往往是根据印象进行判分,主观性较强。

2. 课程学习质量的考核方式单一,缺乏灵活性

目前,我国研究生课程学习质量考核过分依赖终结性评价,轻视过程性评价;重视知识和形式,忽视能力和内容;过分强调授课教师作为学习质量的判官,没有充分调动学生自评、同伴互评的积极性。例如,人文社科类课程大多以论文代替考试,这在客观上助长了学生的偷懒行为,建议授课教师根据课程要求采取检查读书笔记、开(闭)卷考试、调研报告等多种方式全面考查学生的能力。

3. 课程学习质量更多地趋向于"判定",而非"改进"

目前,我国研究生课程学习质量评价更多地趋向于基于"绩效责任"的"教学问责",这种学习质量评价方法是一种"评定",其缺陷表现在用常模参数对评价指标进行量化,

是静态、孤立、有失评价伦理标准的评价。此外,有相当比例的授课教师没有将学习质量评价的结果及时反馈给学生,不利于学生及时了解自己的学习情况,无法充分发挥学习质量评价对研究生培养的改进作用。

4. 课程学习质量评价与促进研究生发展的要求相背离

研究生教育的培养目标主要是提高研究生的理论素养、科研能力、创新能力和解决实际问题的能力。但是这在目前我国研究生课程学习质量的评价中没有得到足够的重视,评价理念和评价手段相对滞后,缺乏科学、有效的课程学习评价监督管理制度。而且,目前的研究生学习质量评估更多关注"当下"的表现,缺乏可持续的跟踪评价机制,难以获取研究生课程学习经历与其后续发展之间关系的有效信息。

二、研究生课程学习质量考核的改进策略

针对研究生课程学习质量评价中存在的问题,结合我国研究生的培养目标和研究生教育发展的实际情况,提出以下改进策略:

1. 规范课程学习质量评价,增强评价结果的客观性

课程学习是研究生培养过程的重要环节,课程学习质量评价的目的在于考核和提升研究生的学习质量,提高其理论水平,培养他们综合运用所学知识分析和解决实际问题的能力,为完成学位论文和步入劳动力市场打下良好的理论基础。研究生课程成绩是其学习质量的重要表征之一,考核方式得当,不仅能够反映研究生平时学习的真实水平,也能够考查教学目标的完成情况。

2. 倡导"以促进学习者发展为中心"的真实评价

这种评价是基于真实任务的、复杂的、能挑战学习者思维过程的评价,其评价标准能够充分反映学习者的多元化观点和多样化问题解决方案。在制定和实施这一评价的过程中,重视融合如下六个方面的评价理念:重视多样化、弹性化的评价方式和手段;重视学习者自我参照的增值性评价;重视可迁移、多元化的知识与技能;重视学习者观点的生成与建构;重视评价的持续性和实时性;重视评价的系统性和全面性。在上述评价理念的基础上,"以促进学习者发展为中心"的真实评价主张多元化、多样化、系统化的评价方法,如学习契约、量规、范例展示、学习档案、概念地图、绩效评价和自我评价等。

3. 建立长期有效的研究生学习质量评价追踪机制

对研究生的学习质量进行长期有效的追踪评价,不仅有助于了解研究生个体的学习历程,为其个性化发展提供有针对性的指导方案和发展建议,促进研究生的长远发展,而且有助于培养单位了解其招生策略和培养方案的实际效用,为高校和院系根据自身特点,设定合理的培养目标和培养策略,提供行之有效的参考信息。同时,对研究生进行长期有效的追踪评价,将视角从校园延伸到职场,搭建毕业学生和在读学生沟通交流的立交桥,有助于在读学生提前获得相关职场经验,为进入劳动力市场提前做好充足的准备。

第七章　研究生课程如何应对"互联网+"的挑战？
——"互联网+"时代研究生课程的重建

时任国务院总理李克强在2015年的《政府工作报告》中提出制定"互联网+"行动计划，推动移动互联网、云计算、大数据、物联网等与现代制造业结合，促进电子商务、工业互联网和互联网金融健康发展，引导互联网企业拓展国际市场。通俗地理解，"互联网+"就是通过将信息技术、大数据平台与传统行业进行深度整合，在提高传统行业科技含量的基础上，实现传统行业的战略升级，开发出崭新的发展业态。[1] 如今，"互联网+"正在深刻影响经济和社会发展的各个领域，教育领域也不例外。"互联网+"对教育的影响是全方位的，其中对课程的影响最直接、最明显。"互联网+"对课程的影响也得到了学者的广泛关注，包括对基础教育课程[2]、职业教育课程[3]、本科教育课程[4]的影响，而有关对研究生课程影响的研究则较为缺乏。基于此，本书将针对"互联网+"对研究生课程的影响进行深入分析。在"互联网+"时代，研究生课程需要新的设计思路，研究生课程资源需要进行重组，研究生课堂教学模式需要发生根本性转变。

第一节　"互联网+"时代研究生课程设计的新思路

"互联网+"对人才规格提出了新的要求，知识呈现方式由"层状"转向"网状"，并且更加注重学习的情境性。因此，研究生课程的开发与设计需要在课程目标、课程实施以及课程教学等方面充分考虑"互联网+"给知识、学习带来的新变化。

---

[1] 杨剑飞."互联网+教育"：新学习革命[M].知识产权出版社，2016：序言，194.
[2] 郭绍青，高海燕，华晓雨."互联网+"单元教学模式设计理论研究[J].电化教育研究，2022，43(06)：104-114.
[3] 刘海霞.互联网+背景下职业启蒙教育课程建设研究[J].中国职业技术教育，2020(08)：30-35.
[4] 王志强."互联网+"背景下视觉艺术教育通识课程实施反思与探究[J].中国大学教学，2020(05)：38-41.

一、课程目标凸显创新能力

在"互联网+"时代,创新已经不仅仅是个人和组织能否成功的关键,还关系到结构调整、经济转型能否取得成效,最终关系到国家、民族能否在新的历史潮流中取得竞争优势,这种影响比过去的任何一场革命都有过之而无不及。[1] "互联网+"时代创新无所不在,对创新人才的渴望和需求比历史上任何一个时期都更为迫切。2012年,教育部颁布了《教育信息化十年发展规划(2011—2020年)》,该《规划》明确提出要推动信息技术与高等教育的深度融合,以此来培养创新人才。研究生教育作为国民教育的最高层次,需要担负起创新人才培养的重任。早在2010年,美国发布了《前方的路:美国研究生教育的未来》,明确提出:"研究生教育不只是为学生提供高等知识和技能,还要进一步发展学生的批判思维能力,以及培养创新人才。"[2] 研究生创新人才的培养是一个系统工程,但不可否认,课程在研究生创新人才的培养工作中有着举足轻重的地位,是研究生创新人才培养中至关重要的一环。[3] 因此,"互联网+"时代的研究生课程设计必须确立培养研究生创新能力的课程目标,以此来更好地满足国家对高端创新人才的需要。

二、课程设置强调意义建构

"互联网+"时代,知识通过一种超链接形式将所有的知识点或信息连成一种错综复杂的三维立体结构、网状结构,而不再是像教科书那样按先后顺序依次排列的线性结构。[4] "互联网+"时代的知识呈现方式要求研究生课程设置需要从"层状"逐渐走向"网状","要求课程围绕某一'意义领域'进行设置,唯有如此,学习的课程越多,知识结构的'建构力'才会越强,'意义'才能一步步地得到加强并走向深化"。[5] 因此,在"互联网+"时代,研究生课程设置不仅要注重课程之间的纵向联系,实现知识学习的由浅入深,也要关注课程之间的横向联系,即研究生课程应该围绕某一"意义领域"进行设置,实现思维领域的延伸,能够帮助学生在头脑中形成知识的三维立体网络,从而更好地与"互联网+"时代的知识呈现方式相适应。

三、课程实施关注学习情境

研究生课程实施"不能以完全抽象的、去情境的方式去理解事物,不能将有关某一领域的知识与我们同该领域的交往活动相剥离,更不能使知识的获得游离于知识建构

---

[1] 高尚全,陆琪.互联网创新倒逼制度变革[J].人民论坛,2015(13):57-59.
[2] Commission on the Future of Graduate Education. The path forward:The future of graduate education in the United States[R]. Princeton:Educational Testing Service, 2010: 1.
[3] 王忠伟,陈鹤梅.论研究生培养中的课程创新[J].学位与研究生教育,2006(09):14-17.
[4] 王竹立.新建构主义:网络时代的学习理论[J].远程教育杂志,2011,29(02):11-18.
[5] 罗尧成.研究生教育课程体系研究[M].广东高等教育出版社,2010:102.

的情境"。① 但相关调查表明,我国研究生课程实施过程上存在去情境化的问题,课程学习不能很好地与研究生的科研论文、实践活动相结合。② 可喜的是,"互联网+"为关注情境化学习的课程实施提供了可能,利用互联网可以为研究生学习提供四个不同的场景:创设"情形场",使研究生感知客观事实和相应的知识技能;提供"互动场",实现研究生的自我反思和与他人互动交流;构造"假设场",使得研究生对科研题目进行不同方面的假设,有助于研究生全面综合考虑问题;搭建"验证场",促进研究生对研究假设进行验证和实践。③ 借助互联网平台,关注情境化学习的课程实施可以从以下几方面开展教学活动:① 虚拟体验,主要是要求研究生带着研究问题,在选定的虚拟空间进行探索;② 网络调研,主要是要求研究生选定某一研究领域的相关问题,以调查问卷或门户网站的形式开展网络调查,对调查结果进行统计分析,并形成研究报告;③ 虚拟建构,主要是要求研究生运用自己所掌握的互联网技术,围绕所学的相关内容在互联网上制作相关的学习展示平台;④ 仿真实验,通过 3D 教学模式,设置模拟的实验空间,让研究生在空间中体验实验过程,获得真实的感受,从而更好地提升研究生的科研能力。④

第二节 "互联网+"时代研究生课程资源的重组

以往优质的研究生课程资源只能被高校内部学生所拥有,获取主要在教室与图书馆,"互联网+"使得课程资源获取突破了时间和空间界限,实现了课程资源从专有走向共享,使得研究生可以在全球范围内自主选择教师和课程。

一、课程资源从专有走向共享

一项调查表明,"我国高校研究生培养计划并不能完全满足研究生的学习需求,大部分研究生希望获取其他高校的优质课程资源,但实际情况是,我国高校用于共享的优质课程资源非常有限"。⑤ "互联网+"为研究生优质课程资源的共享创造了有利条件。2001 年,美国麻省理工学院启动了"开放课件"项目,该项目的宗旨就是实现该校优质的课程资源在互联网上免费开放,建立优质资源共享机制。联合国教科文组织于 2002 年采纳了"开放教育资源"这一术语,并希望借助教育信息技术为社会提供开放的教育资源。开放教育资源构建了大学与社会之间的新格局,对高校充分利用国内外的优质

---

① 罗尧成.研究生教育课程体系研究[M].广东高等教育出版社,2010:212.
② 高芳祎.我国研究生课程与教学改革效果的调查研究[J].学位与研究生教育,2012(10):27-31.
③ 李锋,王荣良.基于知识创生螺旋理论的网络学习环境建设[J].中国远程教育,2009(02):70-72.
④ 杨剑飞."互联网+教育":新学习革命[M].知识产权出版社,2016:序言,194.
⑤ 姜楠.优质教育资源共享视野中的研究生培养模式创新研究[D].上海理工大学,2012:27.

教育资源,提升自身教学质量起到了积极的促进作用。① 2002年,欧洲博士理事会(EURODOC)成立,这是一个洲际范围内、以互联网为基础的资源分享平台。该组织利用计算机和网络技术将不同专业、不同地域、不同背景的专家和研究生联结起来。网站平台不仅要对已有的精品课程、图书资源等进行整合,同时还统一发布各高校的学术会议、公开课程等信息,为研究生提供了优质教育资源共享渠道。② 总的来说,"互联网+"使得优质课程资源得以最大范围地共享,为研究生提供了更多自主选择的机会。同时,"互联网+"时代的课程资源共享机制打破了传统的师生关系,研究生与导师之间形成"虚拟共同体",相互分享资源,真正实现优质课程资源的互通共享。

二、课程资源获取突破时间和空间界限

目前,我国部分省市已开始探索和实践研究生优质教育资源的共享机制。比如,近年来上海高校积极探索多种研究生教育优质资源共享的形式与途径,主要有"大学城"模式、"研究生教育创新计划"模式、"学位点资源共享"模式、"三区联动"模式、"联合共建实验室"模式以及"研究生联合培养基础"模式等类型。③ 这些资源共享模式一定程度上满足了研究生对优质课程资源的需求,但并没有完全突破时间和空间界限,"互联网+"可以弥补这一缺陷。"基于因特网创建的优质课程资源共享平台使得资源获取更具主动性,也为研究生带来了个性化的、能真正拥有优质资源的学术环境。"④以往研究生课程资源的获取主要在教室与图书馆,而在"互联网+"时代,研究生只需拥有智能手机、电脑等移动互联网终端,就可以随时随地获取课程资源。"互联网+教育"创造出一种信息共享、相互交流、互动合作的交互式学习环境,从而实现了在线教学、在线管理和在线交互式互动,克服了时间和空间的限制。⑤ 同时,研究生课程资源的进一步研发也因此有了可靠的数据支持,可通过后台技术统计,准确了解学生点击率最高的课程资源、重播率最高的讲座视频片段等,然后将统计数据反馈给课程资源的研发团队,为未来工作的改进提供科学的数据支撑。⑥ 可以看出,"互联网+"时代的资源获取方式不仅是技术手段的科学升级,而且也是思维方式的颠覆转变,这无论是对研究生的课程学习还是对课程资源的进一步开发都起到了积极的促进作用。

---

① 荆全忠,邢鹏."互联网+"背景下高校教学模式创新研究[J].教育探索,2015(09):98-100.
② 罗尧成.优质教育资源共享理念下研究生培养模式改革的思考[J].学位与研究生教育,2013(07):1-6.
③ 田蔚风,冯晖,孙跃东,等.上海高校研究生教育优质资源共享的实践与探索[J].学位与研究生教育,2010(08):22-26.
④ 罗尧成.优质教育资源共享理念下研究生培养模式改革的思考[J].学位与研究生教育,2013(07):1-6.
⑤ 平和光,杜亚丽."互联网+教育":机遇、挑战与对策[J].现代教育管理,2016(1):13-18.
⑥ 赵婧.基于大数据的课程资源建设:趋势、价值及路向[J].课程·教材·教法,2015,35(04):18-23.

第三节 "互联网+"时代研究生课堂教学模式的转变

"互联网+"背景下发展起来的翻转课堂等新型教学方式由传统的"先教后学"变成了"先学后教",实现了教学流程的重构。在"互联网+"时代,新型的混合式学习方式成为未来教育的方向,混合式学习方式是由教师的教向学习者个人自组织学习的回归,教师的责任转变为帮助学生进行自组织学习。"互联网+"时代的大数据分析为研究生多维课程评价的实现提供了技术支撑,通过对学习数据进行深度挖掘,完整勾勒出研究生课程学习的多维状态。

一、教学方式实现教学流程的重构

有学者认为,"教学过程是涵盖了三个领域的过程:探究、理解教材内容的认知过程与知识生成过程;在同别人交往中发现多元见解与感受,学习沟通方式和社会交往的过程;面向自身的自我启发、自我发展的个人成长过程"。[①] 研究生相较于本科生而言,不能仅仅停留在教材内容的认知过程,更要上升发展到沟通交往、自我启发的阶段。在研究生培养阶段,教师的教学方式应该让课堂拥有更多的"留白",在课堂中留下更多的思考余地。学生可以在讨论合作中激发研究兴趣,在师生平等对话中迸发出更多的思维火花。[②]

国内相关调查表明,讲授式教学仍然是目前研究生课程实施中最主要的教学方式。讲授式的教学方式对于部分课程的学习很有必要,因为它可以帮助学生高效率地获取知识,但在实现培养研究生创新能力的课程目标、提升研究生的科研能力、营造"探究场"的学习环境等方面,却有着先天的不足。[③]"互联网+"为研究生课堂教学模式的变革提供了巨大的发展空间。《与大数据同行——学习和教育的未来》中说:"未来的一切教学活动都将围绕互联网进行,教师在互联网上教,学生在互联网上学,信息在互联网上流动,知识在互联网上成型,线下的活动成为线上活动的补充与拓展。"[④]"互联网+"时代出现的翻转课堂等新型教学方式由传统的"先教后学"变成了"先学后教",将大量的课堂时间用于学术问题的探讨,能够有效地培养研究生的问题意识和创新能力,这与强调学术探究的研究生教育相契合。

---

① 金红梅.基于对教学意义重新认识的研究生课程改进思路[J].学位与研究生教育,2008(09):37-41.
② 刘小敏,李佳孝,高敏.研究生课程有效教学的现状与思考[J].中国高教研究,2008(04):45-47.
③ 罗尧成.研究生教育课程体系研究[M].广东高等教育出版社,2010:163.
④ 维克托·迈尔·舍恩伯格,肯尼思·库克耶.与大数据同行——学习和教育的未来[M].赵中建,张燕南,译.华东师范大学出版社,2015:106.

二、学习方式强调自组织学习

研究生学习与本科生学习最大的不同是研究生拥有了更多的自主性与选择权。研究生的成长则主要是通过知识的内化、经验的重构以及实践的强化来实现。[①]"互联网+"时代学习最突出的特点是学生学习方式的转变,更加强调学生的自主性学习,主要体现在以下三方面:首先,学习者完全是自己选修课程;其次,学习变成了协作式、探究式的深度学习;最后,学习过程更加关注自我评价及学员互评,强调学习者自己以及学员之间对学习过程和学习成果的评价。[②] 在"互联网+"时代,混合式学习方式成为未来教育的发展方向。混合式学习方式将传统的课堂学习(线下)与现代网络技术(线上)深度融合。无论是资料的查找还是问题的解决,混合式学习方式带给学生广阔的自我发挥空间,将教育的责任回归个人。所谓将教育的责任回归个人,本质上是以解放和发掘人自身具有的自组织能力和自我发育成长的动力为旨趣,由教师的教向学习者个人自组织学习的回归,教师的责任转变为怎么帮助学生进行自组织学习,而不是关注怎么去教,根本上实现由教向不教的转向。[③] 自组织学习有利于培养学生的自主学习能力,从而实现学生个性化知识结构的构建,而研究生只有具备个性化的知识结构,才有可能成为高素质的创新人才。

三、评价方式从单一走向多维

在传统的研究生课程评价中,教师往往依据学生最后的课程论文、考试成绩以及出勤表现来对研究生的学习情况做出评估。这种单一的课程评价方式虽然操作简单,但无法完整勾勒出研究生课程学习的多维立体状态。"互联网+"时代,研究生教育产生的数据除了可用二维结构进行逻辑表达的结构数据,如数据库中的数据档案、文件等,还包括教学视频、课堂讨论记录、链接信息、往来邮件、网络社交、学术报告等众多半结构化或非结构化数据。[④] 这些数据可以借助"互联网+"时代的大数据分析技术进行深度挖掘,提炼出数据背后的价值,可视化地呈现研究生课程学习的全貌。"互联网+"时代,在线课程学习系统是课程评价从单一走向多维的重要载体。因为研究生在使用在线学习系统过程中会产生海量数据,系统会对研究生的学习行为进行完整的记录。在美国,除了在线学习系统外,班级论坛(Class Forum)、电子档案袋(E-Portfolios)等也

[①] 刘小敏,李佳孝,高敏.研究生课程有效教学的现状与思考[J].中国高教研究,2008(04):45-47.

[②] 本刊编辑部."互联网+"时代引发学习变革[J].中国电力教育,2016(04):14-15.

[③] 谭维智.不教的教育学——"互联网+"时代教育学的颠覆性创新[J].教育研究,2016,37(02):37-49.

[④] 李芬,王战军.基于大数据的研究生教育监测评估研究[J].学位与研究生教育,2016(07):15-19.

是研究生课程评价中经常使用的网络评价工具。① 这些工具的综合运用使得研究生课程评价方式从单一走向多维成为可能。

第四节 "互联网+"时代研究生课程的改革策略

尽管"互联网+"与研究生课程的深度融合是未来研究生教育的发展趋势,但有关研究表明,"互联网+"与课程之间的融合程度还有待加深。② 有学者提出"互联网+课程"要做到三个融合,分别是"互联网+课程内容""互联网+课程教学""互联网+课程分析",其中,第一个融合是"互联网+课程"最本质的融合,但教师对此的关注却远远不够,现有"互联网+课程"的融合还停留在后两个层面,未深入融合的本质即课程内容层面。③ 而教师对互联网与课程教学以及课程分析融合的认识上也存在误区,有很多教师认为互联网与课程教学的整合就是资料与信息的大量搜集,用多媒体课件代替传统板书,过度关注信息处理技术。④ 因此,使"互联网+课程"突破把计算机、网络等当作辅助工具的技术型层面,达到深度层面的融合,这是"互联网+"时代研究生课程所担负的重要使命。

一、树立"互联网+课程"深度融合的理念

"互联网+课程"的融合,不能等同于计算机辅助教学等技术型融合,两者真正的融合更应是在课程内容层面的深度融合,即运用现代信息技术将传统课程的"细胞核"和互联网这一"细胞膜"实现深度交汇融合,在课程理念、课程资源、课程实施、课程评价等方面进行全方位的系统变革,实现研究生课程在信息化时代的战略转型。⑤

在课程理念层面,"互联网+课程"的深度融合要求我们紧密结合互联网自身属性,树立与现代信息技术紧密契合的终身学习、开放学习和动态学习的课程理念等,⑥充分发挥理念对实践的先导作用。在课程资源层面,"互联网+"的时代则要求我们广泛聚合不同渠道的优质课程资源,包括国内外一流大学、社会团体以及网络媒体等,建立研究生课程资源共享平台,从而推动研究生课程建设实现数字化、信息化。在课程实施层

---

① Charles McClintock and Joseph Benoit. Online Graduate Education[R]. Council of Graduate School,2013:24-25.
② 陈一明."互联网+"时代课程教学环境与教学模式研究[J].西南师范大学学报:自然科学版,2016(3):228-232.
③ 科教新报."互联网+课程"要做到三个融合[EB/OL].2017-10-18[2022-11-04].https://epaper.voc.com.cn/kjxb/html/2017-10/18/content_1255303.htm?div=-1.
④ 王周锋."互联网+"课程整合新思路[J].现代职业教育,2017(17):166.
⑤ 蒋维西,杜萍."互联网+课程"理念的内涵、价值与路径[J].教学与管理,2016(31):1-4.
⑥ 蒋维西,杜萍."互联网+课程"理念的内涵、价值与路径[J].教学与管理,2016(31):1-4.

面,"互联网+"时代要求教师在研究生课堂中将在线教育平台中的优质课程资源融入授课过程之中,学生足不出户就能学习到国内外一流大学的优质课程,也可将学习资料提前上传到在线平台,学生提前学习基础性知识,课堂以交流研讨为主,并推动教学服务平台和数字化课程中心等信息系统建设,为研究生课程教学提供信息和技术支持。[1] 在课程评价层面,"互联网+"要求我们借助于在线教育平台及时沟通的特点,改变传统单向度的、沟通较为低效的课程评价方式,学生可随时对授课教师进行评价,反映自身学习诉求,教师可直接收到学生的反馈,了解学生诉求,调整教学内容,也有助于教师快速将学习情况反馈给学生,帮助学生及时认识到学习存在的误区,为实现高效的过程性学习评价提供支持。

二、打造泛在学习资源共享平台

网络课程资源的建设已经从单纯的数字化开发转变为基于泛在学习环境的体系化建设。[2] 泛在学习是在信息技术支持下,任何学习者可以在无缝衔接的学习空间中随时随地获取任何自己所需学习资源,享受无处不在的学习服务的学习形态,内蕴着以学习者为中心的"人人、时时、事事"的泛在性。[3] 泛在学习蕴含着一种新的学习方式和教育理念,而推动泛在学习不仅有助于构建终身学习的学习型社会,[4]也能够真正实现学习和生活的互融,实现寓学习于生活之中,其主要包括三个方面的内涵,即无处不在的学习资源、无处不在的学习服务和无处不在的学习伙伴[5]。因此,高校构建泛在学习资源共享平台打破了时间和空间的限制,为研究生提供了海量的学习资源,并为来自不同高校、不同区域的学习者架构起学术沟通的桥梁。

打造泛在学习资源共享平台一方面要求学校加大教育信息化方面的投入,为研究生获取资源提供移动终端的技术支持;另一方面要求学校创造一个有利于学生泛在学习的数字化校园环境,为学生提供基于情境感知的学习资源与个性化服务功能等软技术支持,教师在研究生的课程教学之中尝试逐步运用与泛在学习特点相适应的学习与教学理论、学习活动与教学策略设计、学习评价方法设计等[6],以此来实现泛在学习逐步融入研究生的课程内容之中,真正实现"互联网+"与研究生课程的深度融合。泛在

---

[1] 中华人民共和国中央人民政府.教育部关于改进和加强研究生课程建设的意见[EB/OL].(2015-01-14)[2022-11-04].http://www.gov.cn/govweb/xinwen/2015-01/14/content_2803991.htm.
[2] 孙姚同.泛在学习环境下成人教育网络课程资源的开发与共享[J].中国成人教育,2015(10):120-123.
[3] 郭璨.从规制到赋能:面向泛在学习时代的本科教学管理制度重构[J].现代教育管理,2022(01):101-108.
[4] 李卢一,郑燕林.泛在学习的内涵与特征解构[J].现代远距离教育,2009(04):17-21.
[5] 杨现民,余胜泉.生态学视角下的泛在学习环境设计[J].教育研究,2013,34(03):98-105.
[6] 杨现民,余胜泉.生态学视角下的泛在学习环境设计[J].教育研究,2013,34(03):98-105.

学习资源共享平台也要求参与者充分建立共享的理念,不仅仅是获取所需资源,更要懂得分享优质资源,除此之外,要想实现平台的长久发展,也要加强对多元化主体所分享资源的监管,真正建立起生态化的、融学习于生活的资源共享平台。

三、建立多路径师生学习共同体

目前,我国研究生与导师之间的互动更多的是通过电子邮件、电话或面对面交流等方式,导师与研究生之间更多的是一种指导与被指导的关系,而没有真正形成学习共同体。我国高校可借助"互联网+"这一"东风"来提高研究生的学习参与和建立与教师、学生等多样化主体的多路径连接关系,师生共建学习共同体。共同体是人类社会学范畴的概念,首先是由德国社会学家斐迪楠·腾尼斯(Ferdinand Tönnies)在《社区和社会》中提出的,"旨在强调人与人之间的亲密关联,特别是形成共同的精神意识以及共同体的归属感和认同感,这个理念要求有交流的存在,而且这种交流,不仅仅是单向的教师讲授、传授的活动,更是双向(师生交流)和多向(师生、师师和生生之间)的交流和共生"。① "互联网+"则为教师、学生之间实现双向和多向的交流提供了便利,将学生与教师紧密融合在一起,形成一个相互依赖的、师生虚拟化的学习共同体。虚拟学习共同体是学习者进行网络学习的全新组织形式,由学习者及助学者共同构成学习共同体,在该共同体中,所有人进行学习交流和沟通,分享学习资源,并在成员之间形成相互影响的人际关系和某种"共同体文化"。②

而基于"互联网+"背景下,利用现代信息技术建立的、与时代特点紧密结合的师生虚拟学习共同体,具有诸多优势。一方面,学习不再是存在于权威和每个学生之间独立的经历,而是实现学生在这种虚拟共同体中共同经验的分享,是一种融入互联网思维和云技术、教学场域更加开放、教学情境更加虚拟、教学资源更加丰富、教学互动更加频繁、群体文化更加多元的教学共同体。③ 另一方面,师生虚拟学习共同体能够实现师生之间的互动始于课堂,又不止于课堂,④并为多主体课后之间的密切交流提供了支撑,为学生创建与授课教师交流、沟通的便捷渠道,也为教师能够及时发布教学信息、进行学习评价提供了平台。共同体突破了时间和空间的限制,为师生之间的交流打造了一个虚拟空间,建立了一个随时随地探讨学问的场所。

四、建立在线开放课程(MOOC)认可机制

MOOC 在 2012 年进入中国以后,就掀起了研究和关注的热潮,我国教育部也大力

---

① 龚放.大学"师生共同体":概念辨析与现实重构[J].中国高教研究,2016(12):6-10.
② 裘伟廷.网络教育中的虚拟学习共同体[J].现代远距离教育,2005(05):69-72.
③ 桑雷."互联网+"背景下教学共同体的演进与重构[J].高教探索,2016(03):79-82+92.
④ 龚放.大学"师生共同体":概念辨析与现实重构[J].中国高教研究,2016(12):6-10.

倡导网络课程的建设,积极引导 MOOC 的发展。① 我国部分高校也正努力探索和开展 MOOC 课程以及在校教育平台的建设。清华大学于 2013 年 5 月 21 日正式加盟美国在线教育平台 edX,成为该教育平台的首批亚洲高校成员之一。上海交通大学、复旦大学于 2013 年 7 月签约 MOOC 平台 Coursera。2014 年 5 月 8 日,网易云课堂与"爱课程网"合作推出的"中国大学 MOOC"项目,上线之初就推出了浙江大学、北京大学、哈尔滨工业大学、复旦大学等 16 所高校的 61 门课程。与此同时,中国还出现了很多自主研发的 MOOC 平台。②

世界三大 MOOC 平台(Coursera、Udacity、Edx)的课程已经覆盖到各个学科领域,基本能够满足各专业研究生的选课需求,其全新的学习方式也能够提升研究生的学习能力,提高研究生课程体系的国际化水平,因此将 MOOC 引入研究生课程体系具有重要价值。③《教育部关于加强高等学校在线开放课程建设应用与管理的意见》中也明确规定:"推进在线开放课程学分认定和学分管理制度创新。鼓励高校制订在线开放课程教学质量认定标准,将通过本校认定的在线课程纳入培养方案和教学计划,并制订在线课程的教学效果评价办法和学生修读在线课程的学分认定办法。"④但目前我国研究生课程体系对 MOOC 学分的认定并没有做出相关的规定,我国高校亟需建立 MOOC 课程的认可机制,加强对学生选修 MOOC 课程的管理。将 MOOC 纳入研究生的课程体系之中,完善现有的研究生培养方案,这是我国研究生课程应对"互联网+"时代来临所做出的积极有效反映。MOOC 课程认可机制的建立,一方面能够提高学生选修 MOOC 课程的积极性,另一方面也能提升学生选修 MOOC 的质量,从而使得 MOOC 真正成为提高我国研究生培养质量的助推剂。

---

① 李凤英,何屹峰,齐宇歆.MOOC 学习者身份认证模式的研究——基于双因子模糊认证和区块链技术[J].远程教育杂志,2017,35(4):49-57.
② 张连成,丁文博,王振兴.研究生 MOOC 试点课程实践——以解放军信息工程大学软件定义网络为例[J].计算机教育,2015(09):104-106.
③ 韩钰,张江龙,陈新.关于将 MOOC 引入研究生课程体系的思考[J].研究生教育研究,2016(5):49-52.
④ 中华人民共和国教育部.教育部关于加强高等学校在线开放课程建设应用与管理的意见[EB/OL].(2015-04-16)[2022-11-04].http://www.moe.gov.cn/srcsite/A08/s7056/201504/t20150416_189454.html.

第八章 21世纪如何进行研究生课程改革?
——研究生课程的问题与变革

研究生教育是国家发展、社会进步的重要基石,其培养质量与我国创新人才培养质量息息相关,直接影响创新型国家的建设。缺少科学合理的课程教学,研究生将难以掌握坚实的基础理论和全面的专业知识,无法完成系统的科研方法训练以及自主学习能力、知识运用能力和前沿追踪能力的培养,甚至会影响研究生创新意识、科学精神和批判性思维的形成,无法满足研究生教育高质量发展的要求。

课程学习是我国学位和研究生教育制度的重要特征,为更好地发挥课程学习在研究生培养中的作用,提高人才培养质量,早在2014年教育部就专门颁发了《关于改进和加强研究生课程建设的意见》。近几年教育部颁发的相关文件中都高度重视研究生课程质量问题,如2020年发布的《关于加快新时代研究生教育改革发展的意见》进一步强调"加强课程教材建设,提升研究生课程教学质量"。2014年至今,近8年过去了,我国研究生课程改革逐步深化,课程体系的建设初见成效,总体的课程质量也不断提升。但博士生教育中的课程学习和学业管理却始终被诟病,"一是当前我国的博士课程设置存在诸多不足,博士生对课程安排的满意度较低,课程教学成效不显著","二是相较于参与科研项目和导师指导,常规化的课程教学作用较为隐默,也易于被忽视"。[①] 所以,进一步推动研究生课程改革进入深水区,当务之急是要完善博士生的课程学习和学业管理制度,加快提升博士生课程的质量。

近年,全国研究生招生中,硕士招生数增长了101.55%,博士招生数增长了83.92%。[②] 不难看出,研究生规模扩张主要还是因为硕士招生人数猛增,而硕士招生的增量主要是在专业学位硕士研究生。2020年专硕招生人数占比已超过60%。教育部印发的《专业学位研究生教育发展方案(2020—2025)》中明确提出,硕士专业学位研究生招生规模扩大到硕士研究生招生总规模的三分之二左右。专业学位硕士研究生招生规模不断扩大,但随之而来的问题是专业学位硕士研究生应如何培养,特别是其课程学

[①] 包志梅.高校课程教学对学术型博士生科研能力提升的影响——基于7719名学术型博士生的调查[J].现代教育管理,2022(03):119-128.

[②] 2021年我国研究生招生规模再创新高[EB/OL].[2022-09-27]. https://baijiahao.baidu.com/s?id=1726095818144086652&wfr=spider&for=pc.

习,专业学位硕士研究生究竟需要什么样的课程学习环境,是新时代研究生课程改革面临的新挑战。

2020年初爆发的新冠疫情在客观上影响了高校学习方式的变化,也推动了我国研究生课程教学模式的转型。但在线教学与线下的课堂教学有相当大的不同,不仅教学环境发生了极大的变化,由同场域集中式的实体环境变为不同场域散布式的虚拟环境;师生关系也有了明显的差异,由零距离面对面的强关系变为远距离隔着冰冷屏幕的弱关系。在这样的情境下,研究生课程如何实施,教师如何教、研究生如何学?研究生的在线课程学习经历是什么样的?需要通过调查研究才能全面了解研究生在线课程学习的质量。

本章将围绕高质量的博士生教育还需要完善哪些课程学习和学业管理制度、专业学位硕士研究生需要什么样的课程学习环境、硕士研究生有什么样的在线课程学习经历三个方面展开讨论。

第一节 高质量的博士生教育还需要完善哪些课程学习和学业管理制度

大学的最本质职能是人才培养,若本科教育是大学的根和本,博士生教育就是大学的脊和梁,博士生教育的质量直接影响国家高层次创新型人才的供给和国家科技竞争的实力。党的十八大以来,研究生教育确立了"服务需求、提高质量"的主线,研究生教育的发展方式开始转向内涵发展,内涵发展是高质量的发展。高质量的博士生教育不仅需要聚焦拔尖创新人才的培养目标、统筹博士生教育的内部结构、协调与外部社会需求的关系,更需要健全的和创新的培养制度保障。

2019年以来,教育部先后下发《关于进一步规范和加强研究生培养管理的通知》《关于进一步严格规范学位与研究生教育质量管理的若干意见》,指出"部分学位授予单位仍存在管理制度不健全"[1],"研究生学习和自我管理主动性还不足,管理制度还不细密,政策举措还不到位,制度执行不够严格、监督管理不够透明"[2]等问题,要求"强化制

---

[1] 中华人民共和国教育部. 教育部办公厅关于进一步规范和加强研究生培养管理的通知[EB/OL]. (2019-03-04)[2022-11-29]. http://www.moe.gov.cn/srcsite/A22/moe_826/201904/t20190412_377698.html.

[2] 中华人民共和国教育部. 国务院学位委员会教育部关于进一步严格规范学位与研究生教育质量管理的若干意见[EB/OL]. (2020-09-28)[2022-11-29]. http://www.moe.gov.cn/srcsite/A22/moe_826/202009/t20200928_492182.html.

度建设与落实","补齐补强质量保证制度体系"①,"全面梳理和健全内部质量保证体系,没有制订相关制度的必须立即制订,已经制订的制度要根据实际情况的新变化新要求及时依规修改"②。

高质量的博士生教育究竟还需要完善哪些课程学习和学业管理制度呢?

一、建立课程开设的准入和退出制度

课程学习是博士生培养中至关重要的一环,是增强博士生学习力、研究力和发展力的智能引擎。目前,博士生课程的质量是迫切需要予以关注的问题。课程质量的保证在于完善和严格的课程准入与退出制度。但就大多数培养单位而言,博士生课程的开设与审查制度基本处于缺失状态,现有的课程开设与审查方式极为简单,基本是教师自主开设,院系报学校研究生院备案。大学内部基本没有专门的组织和制度负责课程开设与审查的管理、指导或监督。除非开课教师自己提出,否则所设课程亦不会退出。制度的缺失不免导致博士生课程的开设随心所欲、鱼目混珠,严重影响课程应有功能的发挥。

建立课程开设的准入和退出制度,一是要健全博士生课程的审查制度,院系应成立课程委员会或教学指导委员会,或发挥学术委员会的作用,加强对所开设课程的审查,依据人才培养方案和学生课程评价的结果,提出课程准入和退出的审查意见。二是由研究生院聘请相关领域的专家,成立课程审查小组,对博士生课程进行最终审查。三是加强校级课程审查机构的建设,发挥学校课程委员会或教学指导委员会在博士生课程开设与审查过程中的作用,积极吸纳校外人员参与课程的定期审查工作,全面提升研究生课程质量。

二、建立跨学科课程修读制度

我国的博士生课程无论在结构上还是内容设置上总体都比较单一,跨学科性不强。21世纪以来,科学问题和社会问题日益复杂化,科技的发展在不断分化的同时更不断走向综合,科技和社会创新越来越多地发生在学科交叉领域,随着对高端复合型人才需求的急剧增长,博士生培养中跨学科课程体系建设逐渐成为一种全球化教育现象。尽管教育部2014年颁发的《关于改进和加强研究生课程建设的意见》中就明确提出,要"重视课程体系的系统设计和整体优化""科学设计课程分类,根据需要按一级学科设置课程和设置跨学科课程",但实际的课程设置中,跨学科课程尚是凤毛麟角。

---

① 中华人民共和国教育部.国务院学位委员会教育部关于进一步严格规范学位与研究生教育质量管理的若干意见[EB/OL].(2020-09-28)[2022-11-29].http://www.moe.gov.cn/srcsite/A22/moe_826/202009/t20200928_492182.html.

② 中华人民共和国中央人民政府.教育部办公厅关于进一步规范和加强研究生培养管理的通知[EB/OL].(2019-02-26)[2022-11-29].http://www.gov.cn/zhengce/zhengceku/2019-10/21/content_5442848.htm.

为促进博士生教育的高质量发展，培养更多具有交叉学科背景和创新能力的高素质人才，大学应加快跨学科高水平博士生课程的建设。首先，可以借鉴世界一流大学跨学科人才培养的经验，基于前沿交叉学科研究院、跨学科社会科学研究中心、博士研究生跨学科拔尖创新人才培养实验区或类似机构与平台，设立相应的跨学科课程。其次，人才培养方案中提高博士生选修跨学科课程的学分，要求和指导博士生跨专业选修其他院系开设的相关课程，以此补充和强化跨学科的知识与方法。最后，设立专项经费引导和支持更多教师开设跨学科课程，为本专业和外专业的博士生提供广泛的跨学科课程选修机会，更好地满足博士生对跨学科知识的诉求。

三、建立专业游学或轮转学习制度

科学综合化、技术智能化、经济国际化、社会信息化的发展要求培养博士生成为高端复合型人才，"复合"指内涵知识、能力和思维等方面的有机融合，高端则意味着不仅在某个专业领域有相当的能力和素质，而且在相关知识技能上亦达到一定的广度和深度。所以，从20世纪末开始，越来越多的世界一流大学在博士生的培养中建立起专业游学或轮转学习制度。专业游学制度包括国内游学和国外游学，围绕相关主题，以短期游学项目或交换生计划的方式，促进博士生的国内外交流与合作，提升博士生的学科专业水平、组织协调能力、沟通技巧以及跨文化能力，锻炼思维的开放性、创新性；轮转学习制度即理工科博士生的实验室轮转制度，理工科博士生在选择论文指导教师之前，通常需要在多个实验室轮流做实验，跟随不同导师进行轮转学习、工作和研究，实验室轮转学习不仅极大地提高了博士生的科研能力，也有助于博士生广泛获取处理专业问题的经验和智慧，获得专业技能、动手能力、领导能力等方面的锤炼，促进专业水平和综合素质的发展。

我国博士生的培养仍囿于传统的学科和大学中心的知识生产模式，恪守狭窄的专业学术领地、深厚的专业理论基础以及博士论文本身的创新性，所培养的是各个学科的"守护人"。培养模式上的因循守旧导致21世纪以来出现博士生教育质量的危机。

深化博士生教育的改革，培养高端复合型人才，需要建立专业游学或轮转学习制度。专业游学制度方面可有两种路径，相互补充，实现全覆盖。一条路径是国际高水平大学或同类高校游学，以科研合作项目、师生互派项目等为抓手，为博士生构建参与国际学术交流的平台，开阔博士生的国际视野，提高其国际学术交流能力，同时扩大高校的国际学术影响力；另一条路径是国内高水平大学或同类高校游学，以科研合作项目、学术交流项目以及社会实践项目等为抓手，为博士生构建参与国内学术交流的平台，扩大博士生的学术交流机会，丰富其科研和学习体验，锻炼社会实践能力。轮转学习制度方面也可有两种路径：一是理工科博士生的实验室轮转，在多个分支领域，跟随不同导师和PI团队进行轮转学习和研究；二是人文社科博士生的科研团队轮转，在相关专业领域，跟随不同导师团队进行轮转学习和交流。

四、建立职业发展能力提升制度

根据吉本斯(M. Gibbons)等人的研究,当下的知识生产方式出现了重大变化,由模式Ⅰ演变为模式Ⅱ,知识生产越来越多地在"应用情境中"围绕具体问题进行,且越来越具有"跨学科性",即"最终解决办法的形成通常会超越任何单一的学科。它将是跨学科性的"[①]。在新的知识生产模式下,博士生教育的质量观也悄然发生变化,社会用人单位越来越看重博士生的项目研究能力、问题解决能力、团队领导能力、知识迁移能力等。随着知识生产模式的转型,我们需要重新思考博士生的人才培养目标。传统上,博士生教育的宗旨是培养学术研究人才。但由于学术内外劳动力市场的综合作用,博士到学术界之外就业的比例越来越高,博士就业的多元化成为世界性的趋势,博士研究生教育与传统上学术职业之间的联系正在逐渐解耦。[②]

面对知识生产模式Ⅱ的挑战,适应博士就业的多元化趋势,大学在博士生教育中建立职业发展能力提升制度是当务之急,要为那些希望在学术界外就业的博士生提供所需技能的学习和训练。其一,实施博士就业状况跟踪调查和博士毕业生技能需求的雇主定期调查,以便确切地掌握博士就业的去向和特点,并及时了解社会用人单位对博士毕业生技能需求的变化。其二,设立职业能力提升项目,针对性地进行沟通能力、团队合作、项目管理等可迁移技能的训练。其三,全面实施"四助"体系:教学助理(TA),负责某门课程教学的辅助工作,如问题讨论或课后实验;研究助理(RA),负责部分相关研究的辅助工作,如数据收集、数据分析;研究生助理(GA),负责协助管理人员进行研究生事务管理的辅助工作;研究生研究助理(GRA),负责研究生论文及与学位获得相关的辅助工作。其四,加强与企业、政府等校外多方力量的协作,多部门联合培养博士生,联合培养不仅能提高博士生培养精准度,促进博士毕业生在政府和工商业界就业,也可进一步刺激工商业界对博士人才的需求。其五,将对博士生职业素养的培养纳入人才培养方案,明确由专人(教授们可轮流担纲)负责为求职的博士生提供指导和服务,如指导怎样准备申请材料,如何进行面试和与未来的雇主谈判,帮助准备试演,指导交往礼仪与规范等。

五、建立逐级分流考核与淘汰制度

目前,中国博士生数量已跃居世界第一,但其质量仍与世界教育强国相差甚远。有竞争才有未来,有淘汰才有质量。2017年,教育部、国务院学位委员会印发的《学位与研究生教育发展"十三五"规划》明确提出"加大分流退出力度,建立健全博士研究生分

---

① 迈克尔·吉本斯,卡米耶·利摩日,等.知识生产的新模式:当代社会科学与研究的动力学[M].北京大学出版社,2011:4-5.
② 沈文钦,王东芳,赵世奎.博士就业的多元化趋势及其政策应对——一个跨国比较的分析[J].教育学术月刊,2015(02):35-45.

流退出激励机制"。① 随后,北京大学、清华大学等14所高校开展分流淘汰制的试点。近几年,越来越多的高校也开始意识到分流淘汰制度对博士生教育质量保障的重要作用,先后采取相关实际行动,如"近30所高校公布了超过1300名硕博研究生的退学名单,其中包括清华大学、复旦大学、中国人民大学等知名高校"。② 然而,从各高校分流淘汰实施的具体情况来看,效果并不尽如人意。由于诸多原因,该制度存在"空心化"的现象,其最终分流淘汰的主要还是就读时间超期的博士生,而并非在培养过程中不合格的博士生。这不是分流淘汰制度的目标与功能所在。

分流淘汰制度是以全面质量管理为理念、以过程控制为本的制度。全面质量管理体现管理工作中的全过程、全人员、全组织、多方法的特点,秉持预防为主、不断改进和为顾客服务的思想。过程控制为本意味着超越目标管理存在的静态性和结果性局限,使管理过程更具动态性与可控性。实施分流与淘汰制度的目的是在培养过程中为博士生提供合理有效的选择,以帮助其实现多样化发展,从而真正促进博士生的人才培养。所以,淘汰学生并不是直接的目的,而是分流后可能的结果之一。换言之,基于全面质量管理理念,博士生分流应是逐级的,其退出或淘汰不仅是一个结果,更是一个过程,此管理制度的旨归是真正保障和提高博士生教育质量。

建立逐级分流考核与淘汰制度,首先要细化培养过程。博士生培养过程有丰富的内涵,不只有资格考核、学位论文,完整的培养过程包括入学适应、课程学习、学术报告会、资格考核、学位论文撰写、预答辩、学位论文评审、学位论文答辩与授予学位8个方面。其次,应紧紧抓住培养过程中的关键节点进行逐级分流考核与淘汰。质量杠杆原理告诉我们,越是靠近产品的输出口,质量改进的成效就越有限。因此,博士生培养过程中的8个方面中,靠近产品输出口的预答辩、学位论文评审等基本已是生米煮成了熟饭,尽管亡羊补牢犹未为晚,但毕竟有的结果已经形成。所以,远离毕业出口的入学适应、课程学习、学术报告会、资格考核是培养过程中更为关键的节点,从这些节点开始就需要逐级分流考核与淘汰。入学适应考核即对博士生入学一年期间综合素质和科研能力进行考查,不合格的可以直接予以分流退出;课程学习考核即对博士生课程修习情况的考核,包括课程出席、课程参与、课程作业、课程考试等,考核不合格可终止后期培养,酌情进行分流退出处理;学术报告会考核即一方面考核学业修读过程中博士生是否按规定完成听学术报告会的次数,另一方面考核博士生按规定在本院系或本专业所做2—3次年度报告的质量,考核不合格则酌情进行分流退出处理;资格考核即对博士生课程学习、研究能力、学术成果和综合表现等的考核,考核不合格可给予1—2次再考核

---

① 中华人民共和国中央人民政府.教育部印发《学位与研究生教育发展"十三五"规划》的通知[EB/OL].(2017-01-17)[2022-11-29].http://www.gov.cn/xinwen/2017-01/20/content_5161660.htm.
② 中国经济网.超1300名研究生被清退!其中包括清华、复旦、人大等知名高校学生[EB/OL].(2020-01-17)[2022-11-29].https://baijiahao.baidu.com/s?id=16559559513741069888&wfr=spider&for=pc.

的机会,仍不合格的就予以淘汰。最后,不同学科专业、不同博士生类型在培养目标、培养模式等方面各有不同,因此逐级分流考核与淘汰制度的实施需要因地制宜,因人而异,区别对待。此外,教育要以人为本,分流淘汰不是为了完成任务。逐级分流考核与淘汰需要有科学的评价标准,同时还要做好博士生分流退出的善后保障工作。

六、建立多元化学术创新成果评价制度

多年来,各高校都将发表一定数量和级别的学术论文作为博士生毕业的必要条件或者说是"硬指标",符合要求的论文发表成为许多博士生毕业之际挥之不去的痛楚甚至梦魇。多项调查研究表明,论文发表是博士生延期毕业的重要影响因素之一。如有研究指出,"博士生发表科研论文的数量和质量,均对其按期完成学业有非常显著正向影响","博士生发表高水平论文每增加1篇,延期完成学业发生比降低12.8%"[1]。还有研究发现,"超过60%的博士生延期毕业的原因与发表学术成果要求有关。一部分博士生虽然撰写学位论文较为顺利,但因为未达到学校规定的发表学术成果要求而无法在规定学习年限内毕业,还有一部分博士生把主要精力放在发表学术论文等成果要求方面,却又影响了学位论文的撰写工作,也无法在规定学习年限内毕业"[2]。

博士生培养中过于强调毕业前的论文发表,一方面给博士生带来极大的心理负担,论文发表不容易、科研竞争压力大、生活作息无规律,让很多博士生沮丧、绝望,出现精神问题。另一方面,"唯论文"也助长了学术不端风气,导致科研浮躁和学术乱象的滋生。在毕业、就业、生活的多重压力下,有的博士生为了毕业,不择手段地进行论文剽窃、数据造假、一稿多投,以图顺利完成"硬指标",蒙混过关"混文凭"。

习近平总书记在全国教育大会上做出"破五唯"的指示,敲响了完善高校学术评价制度的警钟,也对深化博士生教育改革指明了方向。博士生学术水平的评价也需要破"唯论文",建立多元化学术创新成果评价制度。一是摒弃对论文数量的要求,激励博士生大胆开展原创性和前沿性研究,学术评价更加注重科研成果本身的价值性和创新性。这也是博士生教育的本质之所在,"可以这样说,博士学位获得者的基本素养就是要展现出在创新、独立进行批判性思考和提出深刻质疑等方面的学术发展"[3]。二是对博士生的学术评价可不限定于"发表论文",也可以提供更多其他形式的创造性成果,如报告、专利、发明等。三是博士生学术水平的评价不搞一刀切,在满足"学位论文审查合格"作为答辩申请条件的前提下,各培养单位可因学科特点而异,提出更具针对性的对博士生学术创新成果评价的要求。

---

[1] 李海生.博士研究生延期完成学业的影响因素分析[J].复旦教育论坛,2019(3):52-59.
[2] 绳丽惠.博士生延期毕业现象:影响因素与治理策略[J].学位与研究生教育,2019(6):60-64.
[3] 克里斯·戈尔德,乔治·沃克.重塑博士生教育的未来[M].上海交通大学出版社,2015:122.

第二节 专业学位硕士研究生需要什么样的课程学习环境

随着首届全国研究生教育大会的召开,新一轮研究生教育改革正式启动,全面落实研究生教育大会会议精神,推动专业学位硕士研究生教育高质量发展更加具有紧迫性。目前,我国专业学位硕士研究生(本节以下简称专硕)在整个研究生招生数中的占比已达 51.75%[①],大力发展专硕教育已成为我国研究生教育发展的必然趋势。如何在招生规模不断扩大的基础上进一步提升专硕培养质量,成为当前亟待思考与解决的重要问题。优质课程学习环境的创建是提高专硕培养质量的基础性和关键性问题,因此,本节将围绕专硕需要什么样的课程学习环境、专硕课程学习环境的现状与问题、如何改进专硕课程学习环境三个主题进行梳理与分析。

一、专业学位硕士研究生课程学习环境的价值

(一) 助推专业学位研究生培养模式变革

目前全日制专硕的培养模式一般是三段式培养,即课程学习、专业实践和学位论文写作。课程学习作为研究生教育的基础环节,其建设质量对研究生知识架构、创新思维、实践能力的形成有着举足轻重的作用。[②] 然而,因为各种因素的综合作用,专业学位研究生培养模式与学术学位研究生培养模式趋同化的现象始终存在,影响了专业学位研究生的培养质量,专业学位研究生培养模式需要扎根于专业学位研究生教育特色与需求进行系统性改革。课程作为专业学位培养模式的基础性和关键性环节,是专业学位研究生培养模式变革的首要突破点。因此,如何遵循专硕教育的规律,科学构建与高层次应用型人才培养相适应的课程学习环境,既是一个值得研究和探讨的重要课题,也是当前深化专硕培养模式变革的重要和紧迫任务。[③]

(二) 促进专业学位研究生质量发展

已有研究显示,专硕在培养实践中,存在或定位模糊、特色不彰,或虽已明确方向进行了顶层设计,但底层实施错位等问题,这势必会影响专业学位研究生教育的质量。[④] 课程

---

① 中华人民共和国教育部. 2019 年教育统计数据[EB/OL]. (2020-06-10)[2022-12-06]. http://www.moe.gov.cn/jyb_sjzl/moe_560/jytjsj_2019/.
② 蔡小春,刘英翠,熊振华. 全日制专业学位研究生项目式实践课程的创新探索[J]. 学位与研究生教育,2018(04):20-25.
③ 刘国瑜. 专业学位硕士研究生课程体系建设之省思[J]. 研究生教育研究,2016(03):81-84.
④ 刘红. 专业学位研究生课程建设:知识生产新模式的视角[J]. 中国高教研究,2015(03):36-40.

学习是我国专硕教育制度的重要特征,是保证和提高专硕教育质量的必备环节,在专硕培养中发挥着不可替代的作用。为此,需从课程学习将专硕作为高层次应用型人才的培养落到实处,促进专业学位研究生质量发展。

(三) 加速高层次、应用型人才培养

虽然我国专业学位研究生教育发展迅猛,但专业学位研究生培养模式与学术学位研究生培养模式雷同,在课程设置、实践能力和培养等方面不符合专业学位研究生教育的规律。课程是实现人才培养目标的主渠道,专业学位研究生课程学习环境是否满足专硕需求,直接关系到能否实现培养适应社会需要的应用型高层次的专业学位教育发展战略目标。因此,遵循专业学位研究生教育的规律,科学构建与专硕人才培养相适应的课程体系,构建满足专硕需求的课程学习环境,是当前加速高层次、应用型人才培养的重要路径。①

二、专业学位硕士研究生课程学习环境的现状与问题

基于已有专业学位研究生相关研究成果以及专硕课程学习环境的需求调查,围绕课程满意度、课程基本要素等论述专硕课程学习环境的现状与问题。

(一) 专业学位硕士研究生课程学习环境的现状

通过梳理 2017—2021 年我国研究生满意度调查中有关专业学位研究生课程教学满意度的相关数据(见表 8-1),发现专业学位研究生对于课程教学的满意度尚可,满意度(包括非常满意、比较满意)基本维持在 70% 左右。从近 5 年变化趋势来看,专业学位研究生课程教学满意度略有提升,但变化趋势不明显。

表 8-1 2017—2021 年专业学位研究生课程教学满意度　　　　单位:%

满意度	2017 年	2018 年	2019 年	2020 年	2021 年	均值
非常满意	30.3	27.9	33.1	34.3	30.0	31.1
比较满意	39.6	40.7	37.9	46.3	46.4	42.2
一般	22.9	23.8	22.4	16.0	19.3	20.9
不太满意	5.5	5.8	5.1	2.7	3.2	4.5
非常不满意	1.8	1.8	1.5	0.7	1.1	1.4

资料来源:周文辉,黄欢,付鸿飞,刘俊起.2017 年我国研究生满意度调查[J].学位与研究生教育,2017(09):41-47.周文辉,黄欢,付鸿飞,刘俊起.2018 年我国研究生满意度调查[J].学位与研究生教育,2018(08):33-41.周文辉,黄欢,牛晶晶,刘俊起.2019 年我国研究生满意度调查[J].学位与研究生教育,2019(07):5-12.周文辉,黄欢,牛晶晶,刘俊起.2020 年我国研究生满意度调查[J].学位

---

① 汪霞.研究生课程层次性设计的改革:分性、分层、分类[J].苏州大学学报(教育科学版),2019,7(04):55-64.

与研究生教育,2020(08):28-36.周文辉,黄欢,牛晶晶,刘俊起.2021年我国研究生满意度调查[J].学位与研究生教育,2021(08):11-20.

2022年全国研究生满意度调查中,学位与研究生教育杂志社、北京理工大学研究生教育研究中心将专业学位研究生课程调查内容进一步细化。调查发现专业学位研究生对课程学习经历的满意度在65%以上,具体而言,专业学位研究生对教师授课责任心、教师教学水平的满意度相对较高,分别为82.6%、81.1%。但专业学位研究生对课程体系合理性和课程实践性的满意度偏低,满意度分别为69.1%和66.6%(见表8-2)。

表8-2 2022年专业学位研究生对课程学习经历的满意度

课程学习经历	满意度/%	均值	中位数	标准差
课程实践性	66.6	3.83	4.00	1.055
课程体系合理性	69.1	3.87	4.00	1.042
教师教学水平	81.1	4.12	4.00	0.966
教师授课责任心	82.6	4.15	4.00	0.963
教师课业反馈	79.1	4.08	4.00	0.975

资料来源:周文辉,黄欢,刘俊起,赵金敏.2022年我国研究生满意度调查[J].学位与研究生教育,2022(08):21-27.

由上述调查结果可以推断,专硕对于其课程学习环境的满意度尚可,但仍有很大的提升空间。为此,找准专硕对于课程学习环境的诉求,立足问题与诉求进行有针对性的改进显得十分重要。以下将围绕专硕课程学习环境的问题进行分析与阐述。

(二) 专业学位硕士研究生课程学习环境的问题

虽然调查问卷通常面向专硕发放,但由于问卷编制主要倚重于客观题数据的采集和分析,专硕心底真正的意见与建议常常被忽略,无法全面深入地反映专硕的体验与需求。因此,课题组采用主客观题相结合的方式对两所高校的专硕群体进行了调查。[①] 数据分析方法主要包括量化数据分析和质性文本分析两种。不同学科专硕意见的差异性检验也是本研究工作的一部分,具体的考察方式有两种。首先,采用单因素方差分析对相应的客观题数据进行差异性检验;其次,对各学科在某种意见上的"相对提出率"(相对提出率=提出某种意见的某学科专硕比例/参与调查的某学科专硕比例)进行计算,目的是尽量消解调查对象在学科数量上的不同带来的影响,通过比较相对提出率在一定程度上同样可以反映不同学科专硕在某个意见上的差异性;最后,将两种考察方式所得到的结果进行对照。

---

① 师悦,汪霞.专业学位硕士研究生需要什么样的培养环境——基于硕士生意见调查的实证研究[J].中国高教研究,2021(11):35-41.

1. 问题焦点:课程设置缺乏实践性、前沿性等

按照专硕的意见提出频次,对专硕课程学习的问题焦点进行呈现,通过梳理发现专硕认为课程学习环境的问题主要集中在以下几个方面。

(1) 理论课程过多,实践性课程缺乏

专硕认为目前培养过程中理论课程过多,实践性课程缺乏,和学术学位研究生未进行分类培养,不利于实践能力的培养。诉求焦点主要集中在增加实践性课程,例如,"提高实践课程比重""在课程设置上更加注重与实践的结合""增加实践类课程"。这与已有研究结论保持一致,例如有学者通过调查发现,专业学位研究生对本专业课程设置觉得一般、比较不满意、不满意的比例高达71.0%,而不满意的原因主要在于课程体系中专业课程设置太少、实践课程太少。[1]

(2) 课程内容老旧、拼盘化、不够系统性

通过对专硕意见的梳理发现,课程的内容老旧、拼盘化、不够丰富、缺乏系统性等质量问题是其所述问题的另一焦点,如有专硕指出"现在研究生课程质量太低,对学生几乎没有帮助,和生产实践脱节,和科研前沿脱节""进行课程改革,对老旧内容进行更新,得跟上时代的发展方向""拼盘课学生真正能够深入学习的东西很少,我们选择的余地也很少,两年下来感觉自己专业课方面的知识在不断退步,希望学校能在课程设置上面多花点心思""建议院系能够为本专业设置更加系统的课程"。这也与已有研究保持一致,已有研究发现目前专硕课程并未体现前沿性,专硕对课程前沿性的满意度仅为57.2%,仅有60.6%的专硕认为课程对"了解学科前沿"有帮助。[2] 早在2012年,王俊、耿有权等研究者通过大规模调研也发现了这一结论。[3][4] 这说明10年来专硕课程内容老旧等问题一直存在,不能满足专硕对课程学习的需要。

(3) 选课制度有待完善

关于"选课系统"的意见也相对较多,例如,"个人认为目前研究生培养最大的短板是选课系统不完善,没有选修非本专业课程的任何途径,选课系统没有与学校系统对接,想要了解其他专业甚至是本专业其他年级的课程只是旁听也会很艰难","希望为专硕提供更健全的选课体系","使其选课等方面不受限制"。通过数据分析发现,专硕对选课制度的平均满意度仅为3.42(5点量表)。这与已有研究也不谋而合,已有研究发

---

[1] 张东海,陈曦.研究型大学全日制专业学位研究生培养状况调查研究[J].高等教育研究,2011,32(02):83-90.

[2] 周文辉,陆晓雨.专业学位硕士研究生课程教学现状及改革建议——基于研究生教育满意度调查的分析[J].研究生教育研究,2014(06):60-64.

[3] 王俊,刘若泳.全日制专业学位硕士研究生教学现状调查与分析——以武汉七所"211工程"高校为例[J].学位与研究生教育,2012(07):18-22.

[4] 耿有权,彭维娜,彭志越,等.全日制专业学位研究生培养模式运行状况的调查研究——基于全国14所重点高校问卷数据[J].现代教育管理,2012(01):103-108.

现我国高校的课程管理信息化建设仍然十分落后,主要体现在两个方面。[1] 第一,选课系统使用感差。在学生使用调查中80%以上的高校选课系统表现并不理想,其中甚至包括很多985高校的选课系统。主要原因首先可能在于高校对于选课系统用户使用感的重视程度不够,选课系统每学期使用一次,部分高校从成本角度考虑不希望选课系统占用过多硬件资源,导致服务器性能不够优秀;其次,大部分高校的选课系统更新缓慢,高校人数在扩招,但技术无法跟进。第二,优质课程无法实现网络共享。高校的优质课程向来是选课的稀缺资源,在优质课程选课规则上,有的高校采用先到先得的标准,也有的高校采用抽签选择的标准。学生难以选到适合的、符合个人专业发展及个性需求的课程,选课余地较小。[2]

2. 原因分析:重理论轻实践,不符合专硕培养定位

专硕对实践性课程的诉求最为强烈的原因可从以下两点进行解释。一是专硕的培养定位是高级应用型人才而非学术型人才,但目前的课程设置明显与培养定位不符。例如,有专硕指出:"本专业现在的许多课程设置及其内容还比较偏学术,重理论轻实践,不符合专硕的定位,希望可以优化改善。"二是不同于以往的在职攻读非全日制专业学位的教育方式,目前全日制专业学位学生的来源多为应届本科毕业生。数据统计发现,样本数据中应届本科生生源占比高达79.6%。此类学生往往具有良好的理论基础,但缺乏相关工作和实践经验,实践性课程作为补充其实践经验的基础环节,其价值不言而喻。

3. 学科差异:人文学科对于实践性课程的诉求更为强烈

与"课程设置"相关的客观题是本专业课程安排以及各类课程的满意度(见图8-1),

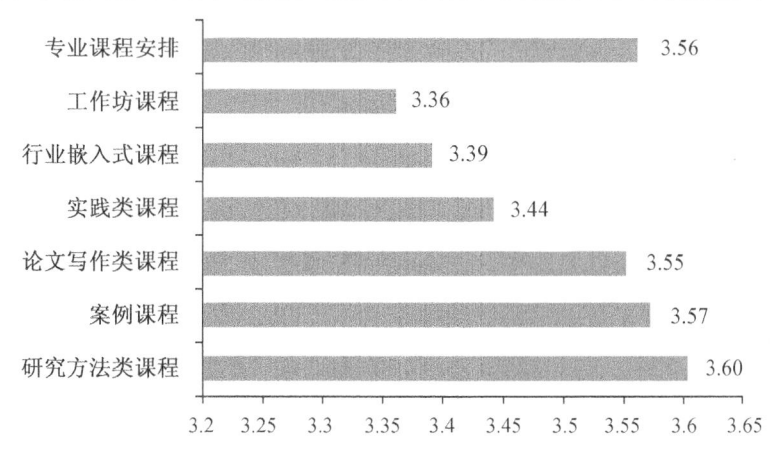

课程类型	满意度得分
专业课程安排	3.56
工作坊课程	3.36
行业嵌入式课程	3.39
实践类课程	3.44
论文写作类课程	3.55
案例课程	3.57
研究方法类课程	3.60

图8-1 本专业课程安排以及各类课程满意度得分均值图

---

[1] 蒋兰陵.高校信息化自主建设研究[J].中国高校科技,2018(10):95-96.
[2] 徐天伟,宋雅婷,段崇江.基于协同过滤的个性化推荐选课系统研究[J].现代教育技术,2014,24(06):92-98.

可以看出,专硕对于专业课程安排的满意度一般(均值为 3.56),就具体课程类型来看,专硕对于工作坊课程、行业嵌入式课程以及实践类课程满意度较低,与上文所得结论基本一致。

在课程安排以及实践课程满意度的学科差异上,根据统计检验结果,不同学科专硕的课程安排、实践课程满意度得分差异均达到显著水平($F=5.63, P=0.001<0.05$;$F=6.27, P=0.000<0.05$)。并且,整体而言人文学科对于课程安排、实践课程的满意度均处于最低水平。对"课程设置"意见的相对提出概率计算结果也显示(表 8-3),人文学科专硕在课程设置上的意见提出概率最高。这说明人文学科专硕在课程设置方面有着更强烈的诉求。

表 8-3 "课程设置"意见提出概率的学科差异

学科	人文学科	社会学科	理科	工科
相对提出率	2.75	1.38	0.46	0.32

三、专业学位硕士研究生课程学习环境的构建

(一) 优化课程设置,加强实践性课程建设

课程设置是培养目标的具体体现。[1] 教育部在《关于做好全日制硕士专业学位研究生培养工作的若干意见》中指出,专业学位研究生课程设置要以实际应用为导向,以职业需求为目标,以综合素养和应用知识与能力的提高为核心。[2] 但从目前的情况看,专硕课程设置中实践环节所占比重小,专硕对于实践性课程的需求较为强烈。课程实践性的缺失不利于专硕对未来职业的准备,也背离了专业学位的培养目标,可能会使专业学位研究生教育陷入既没有明显的专业学位特色,学术性又不及学术型研究生的尴尬境地。对此,院校应优化课程设置,创设有利于提升专硕实践能力的学习环境,进一步加强实习实践类课程,提高此类课程的课时比例和学习要求。在课程内容的选择上需相对弱化理论内容[3],因为目前专硕生源以应届本科生为主,其理论基础无论从专硕自身的基础,还是从学校拥有的条件和优势来看都是有保障的。所以相比而言,实践能力的提升更为迫切。具体而言,可以通过推进培养单位与行业企业共同制定培养方案,共同开设实践课程,推进设立用人单位"定制化人才培养项目"等方式进行。例如上海

---

[1] 李章泉,王洪松.突出专业学位特色优化教育硕士的课程设置[J].学位与研究生教育,2000(05):30-33.

[2] 中华人民共和国教育部.教育部关于做好全日制专业学位研究生培养工作的若干意见.[EB/OL].(2009-03-19)[2022-12-06]. http://www.moe.gov.cn/srcsite/A22/moe_826/200903/t20090319_82629.html.

[3] 周文辉,陆晓雨.专业学位硕士研究生课程教学现状及改革建议——基于研究生教育满意度调查的分析[J].研究生教育研究,2014(06):60-64.

交通大学机械与动力工程学院通过借鉴密歇根大学、普渡大学等高校的项目式课程教学方式,构建了具有中国特色的专业学位研究生项目式实践课程,破解了专硕与学硕课程的同质化难题。[1]

(二)更新课程内容,增加课程学习前沿内容

课程的"前沿性"是研究生课程本身应该具备的特征,是指研究生课程内容体现学术上的先进性、高端性、创新性,是科学或学科最新成果在课程内容上的展现。[2] 然而调查发现,专硕课程学习过程中课程内容老旧、与前沿知识脱节问题较为突出,课程学习内容亟待进一步更新。具体而言,可通过着力打通高校与产业界的沟通渠道等方式引入课程前沿知识,首先,鼓励高新技术产业机构参与专硕课程建设,因为"在新技术的应用过程中,那些敏锐地关注着技术前沿的人,总可以找到最优化的解决方案迅速实现技术的推广和进步"。[3] 其次,高校可通过组织导师与专硕深入高新技术产业实践基地考察调研,让学生身临其境地学习和感受。[4] 最后,还可多渠道组织人力资源编写前沿性课程学习内容,不断追踪知识技术前沿并及时把学术前沿成果反映在专硕课程中,以培养紧跟学科发展和行业动态的高层次应用型人才。

(三)优化选课制度,进一步完善选课系统

近年来,随着我国大学规模的不断扩大,学生人数的不断增长,学分制管理模式得以全面推行。[5] 而作为学分制核心的选课制却依然存在诸多问题。[6] 例如本次调查发现,专硕选课制度有待进一步完善、自由度有待进一步提升。随着专硕规模的扩张,建立一个符合专硕选课需求的高效合理的选课系统与平台已刻不容缓。学生自主选课就是允许学生在学校规定范围内,根据自身的兴趣、志向和条件自主选择学科大类、专业、专业方向模块、课程、教师、学习方式,自主安排学习进程等。[7] 选课制的主体是课程,没有一定数量的可供学生选择的课程就无所谓选课制。[8] 因此,学校应该给予专硕更

---

[1] 蔡小春,刘英翠,熊振华.全日制专业学位研究生项目式实践课程的创新探索[J].学位与研究生教育,2018(04):20-25.
[2] 张广斌,陈向明.研究生课程内容研究:价值、选择与组织——基于我国研究生课程现状调研的分析[J].学位与研究生教育,2011(10):23-30.
[3] 打通高教界和产业界的沟通渠道[J].中国高等教育,2011(12):63.
[4] 耿有权,彭维娜,彭志越,等.全日制专业学位研究生培养模式运行状况的调查研究——基于全国14所重点高校问卷数据[J].现代教育管理,2012(01):103-108.
[5] 冯琳,刘涛.学分制下高等学校排课系统研究[J].黑龙江高教研究,2008(09):70-71.
[6] 刘台照.选课制面临的问题及其对策[J].国际商务(对外经济贸易大学学报),1999(02):48-51.
[7] 张维,王存宽.基于学生自主选课制的实践反思[J].中国大学教学,2011(10):58-60.
[8] 宣华,郭大勇,顾佩.学分制下学生选课管理的研究与实践[J].清华大学教育研究,2005(S1):151-155.

多的选课自主权,打通文、理、工科各专业之间的学科限制,允许学生根据自己的能力、需要和兴趣跨校区、跨院系、跨专业、跨年级进行选课,实行全校课程通选;高校要充分发挥校内外资源整合的作用,提供多样的、广泛的课程;对于公共基础课程,可以建立授课教师基本信息公示制度,学生根据自己的兴趣爱好选择自己喜欢的教师,给学生充分的选择空间;高校对于选修课程体系的构建,需要认真调查学生的学习需求,提高选修课开设的趣味性、时代性和先进性,更好地服务高校高素质人才的培养目标。[①] 通过以上措施,为专硕学习自由提供权利保障,使学生个性化需求得到较大的满足,从而提高选课效率和学生选课的满意度。

第三节 硕士研究生有什么样的在线课程学习经历

为全面、客观、准确地反映 2020 年上半年江苏省硕士研究生的学习状态,课题组对江苏省在读硕士研究生开展课程学习经历调查。[②] 考虑到 2020 年完成在线课程学习的 2019 级学生目前为全日制硕士二年级研究生,因此,此次调查针对这一群体开展。硕士研究生在线课程学习经历调查主要从基本信息、学习平台、课程教学、课程收获和满意度等五方面开展,最终得到有效问卷 5 923 份。在性别构成上,男生有 2 512 名(42.41%),女生有 3 411 名(57.59%)。在学位类型上,学术学位硕士生有 2 880 名(48.62%),专业学位硕士生有 3 043 名(51.38%)。在就读院校构成上,就读于"一流大学"建设高校的研究生有 725 名(12.24%),就读于"一流学科"建设高校的研究生有 2 761 名(46.61%),就读于普通院校的研究生有 2 437 名(41.14%)。

一、在线学习平台使用情况

在线学习平台是在线课程开展的基础。本节主要通过调查 2020 年上半年研究生使用学习平台的类型、稳定性、易用性、有用性和资源等方面来了解研究生在线课程学习平台的使用现状。

(一) 学习平台类型

在学习平台类型上,89.31%的研究生表示使用最频繁的在线平台为腾讯会议,其次为 QQ(44.79%),而钉钉(21.56%)、Zoom(17.66%)、微信(16.46%)和学校自建平台(14.05%)的使用频率相对较低(图 8-2)。

---

① 王金兰.高校学生参与教学管理的思考[J].教育理论与实践,2016,36(15):27-28.
② 调查问卷的编制过程中借鉴了国内相关学者公开发表的问卷题项,具体内容详见:汪雅霜,王雅晶.江苏研究生在线课程学习经历调查问卷维度与题项来源报告[R].南京大学课程与教学研究所,2021.

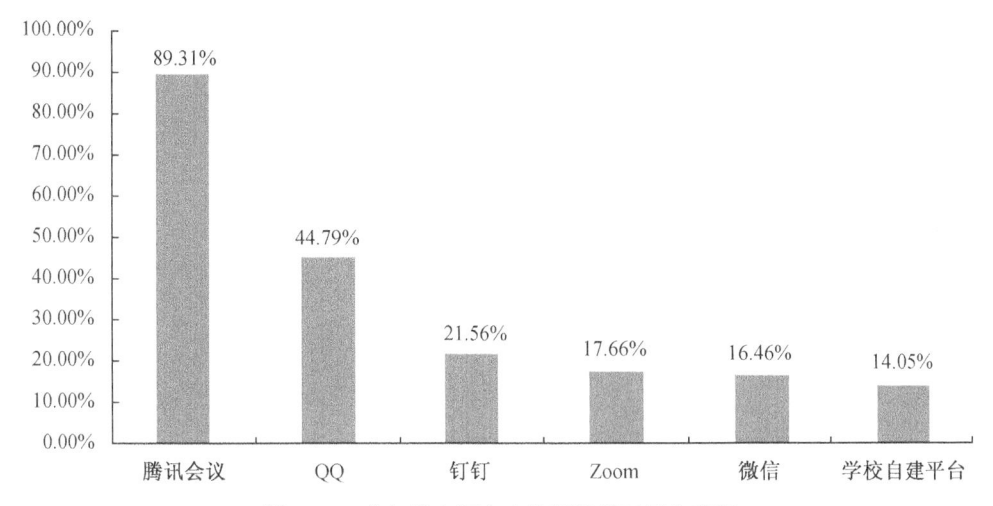

图 8-2　参与调查研究生使用的学习平台类型

(二) 学习平台稳定性

86.17%的研究生表示在线学习平台能较好地支持自己与老师和同学进行语音和视频的交流。从不同研究生群体来看,学术学位硕士生(86.08%)与专业学位硕士生(86.26%)的认可度较为一致(图 8-3)。

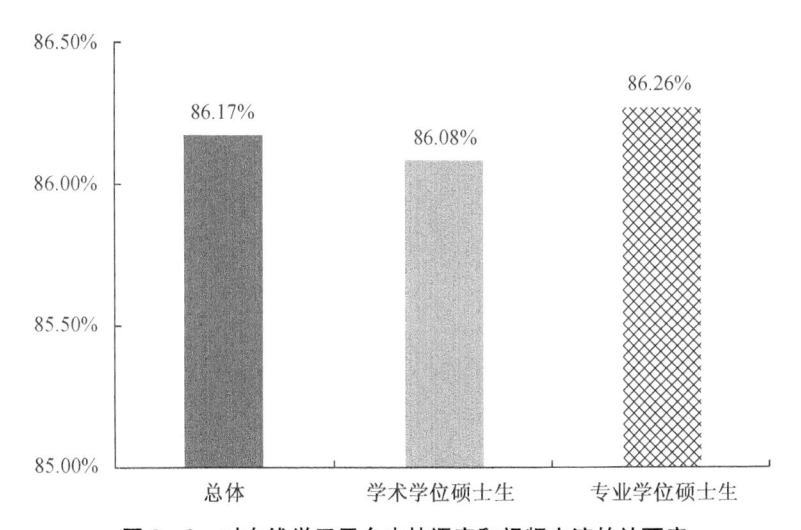

图 8-3　对在线学习平台支持语音和视频交流的认可度

85.51%的研究生表示在线学习平台运行稳定,支持大班级上课。从不同研究生群体来看,相较于学术学位硕士生(84.62%),专业学位硕士生(86.36%)的认可度更高(图 8-4)。

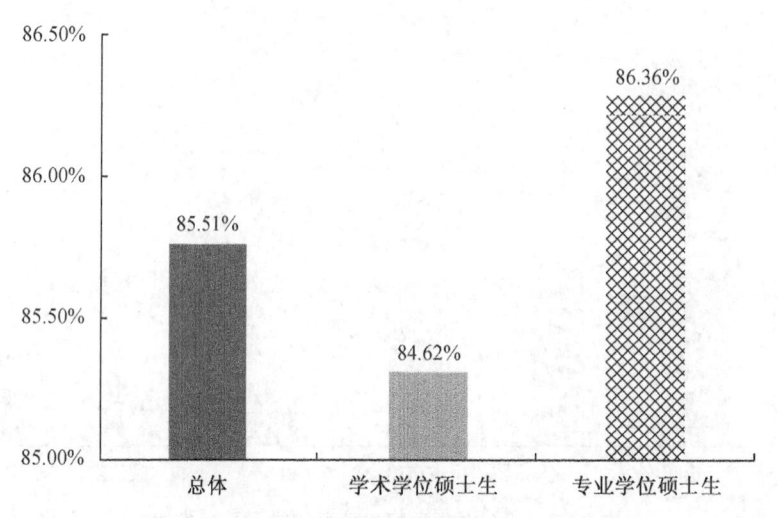

图 8-4 对在线学习平台支持大班级上课的认可度

(三) 学习平台易用性

86.76%的研究生表示在线学习平台的使用方法清晰可理解。从不同研究生群体来看,学术学位硕士生(86.22%)与专业学位硕士生(87.28%)的认可度较为一致(图 8-5)。

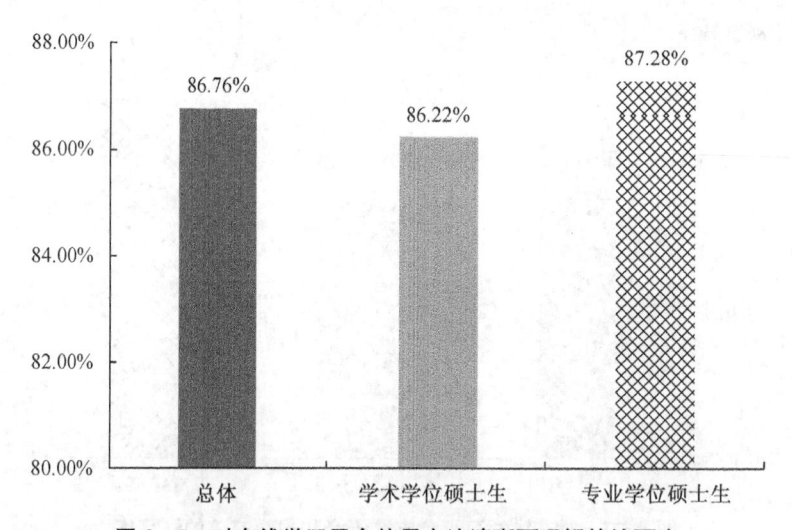

图 8-5 对在线学习平台使用方法清晰可理解的认可度

85.87%的研究生表示自己可以很方便地在在线学习平台上查找信息。从不同研究生群体来看,学术学位硕士生(85.63%)与专业学位硕士生(86.10%)的认可度较为一致(图 8-6)。

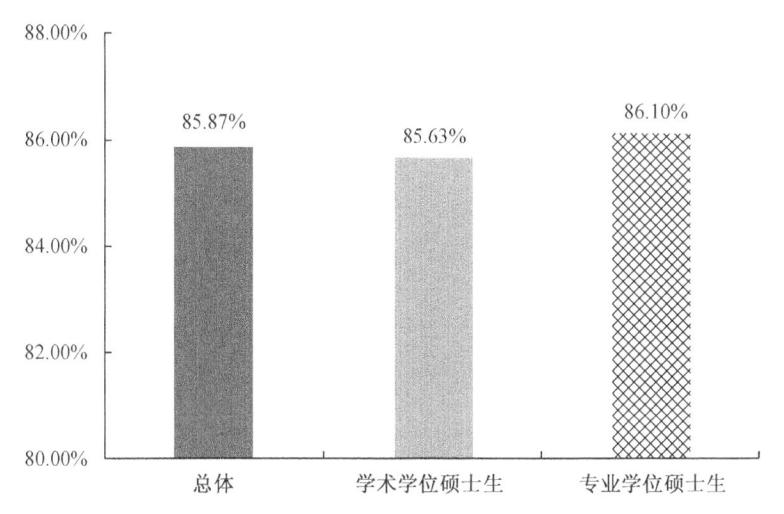

图 8-6 对在线学习平台方便查找信息的认可度

(四) 学习平台有用性

79.12%的研究生表示在线学习平台能提高自己的课堂表现。从不同研究生群体来看,相较于学术学位硕士生(77.88%),专业学位硕士生(80.28%)的认可度更高(图8-7)。

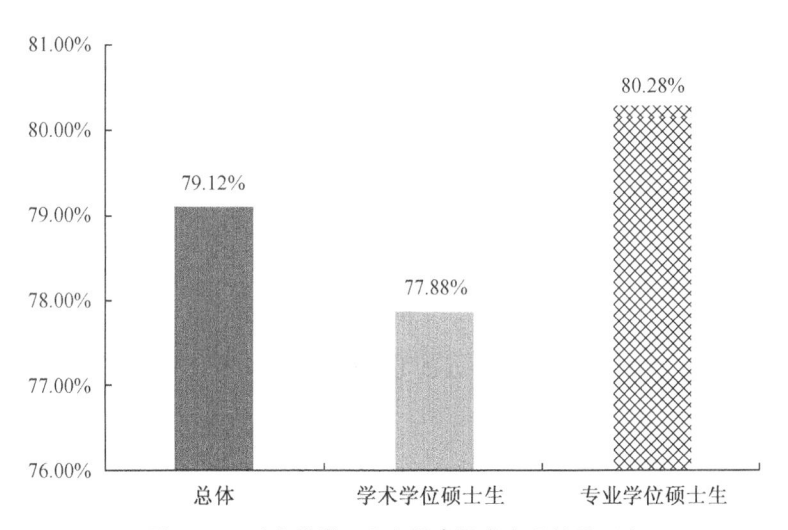

图 8-7 对在线学习平台提高课堂表现的认可度

81.07%的研究生表示在线课程平台能促进自己有效学习。从不同研究生群体来看,相较于学术学位硕士生(79.48%),专业学位硕士生(82.58%)的认可度更高(图8-8)。

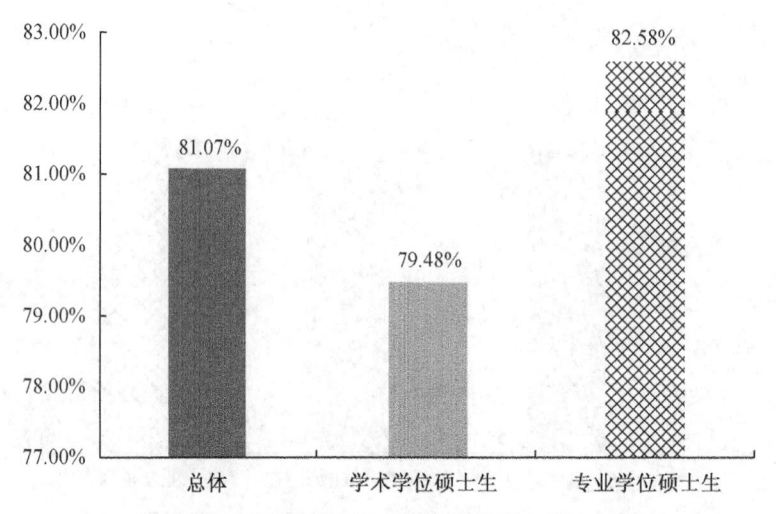

图 8-8　对在线学习平台促进有效学习的认可度

(五) 学习平台资源

87.91%的研究生表示在线课程平台能方便地下载和上传资料。从不同研究生群体来看,学术学位硕士生(87.81%)与专业学位硕士生(88.01%)的认可度较为一致(图8-9)。

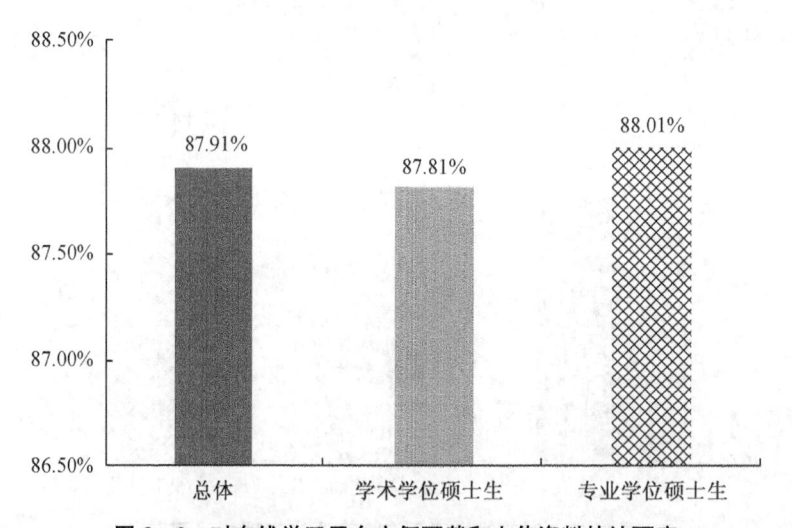

图 8-9　对在线学习平台方便下载和上传资料的认可度

85.65%的研究生表示在线课程平台提供的学习资料促进了自己对课程内容的理解。从不同研究生群体来看,相较于学术学位硕士生(84.65%),专业学位硕士生(86.59%)的认可度更高(图8-10)。

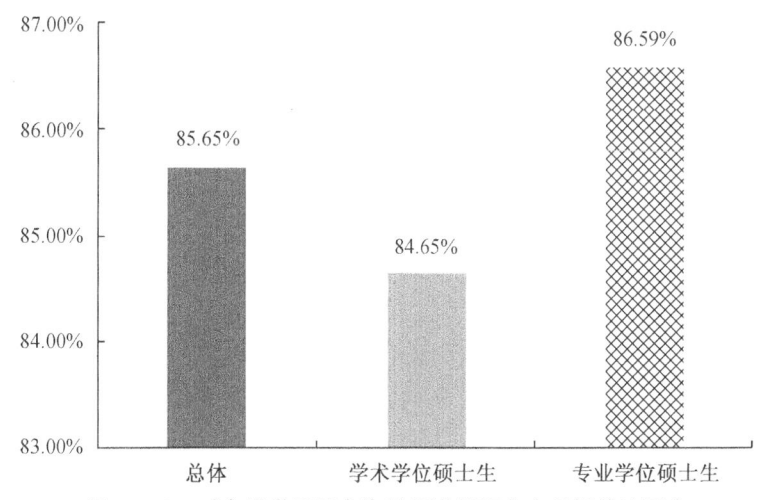

图 8-10　对在线学习平台资料促进课程内容理解的认可度

总的来说,硕士生最频繁使用的在线学习平台为腾讯会议。硕士生对在线学习平台稳定性、易用性、有用性和资源的评价较高。相较于学术学位硕士生,专业学位硕士生对学习平台的认可度更高。

二、在线课程教学实施情况

教学是课程实施中最重要的环节。本节主要从课程目标、教师教学、课堂互动、学习投入、课堂管理和考核方式等方面来考察研究生在线课程教学的实施状况。

(一) 课程目标

90.01%的研究生表示在在线课程中,教师清楚地讲解了课程目标和要求。从不同研究生群体来看,学术学位硕士生(89.79%)与专业学位硕士生(90.21%)的认可度较为一致(图 8-11)。

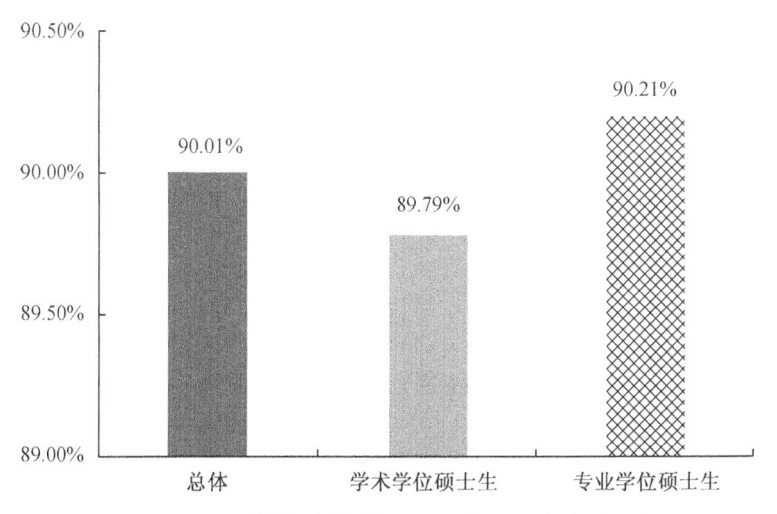

图 8-11　对教师清楚讲解课程目标和要求的认可度

89.60%的研究生表示在在线课程中,教师清楚指明了学习的重点。从不同研究生群体来看,学术学位硕士生(89.62%)与专业学位硕士生(89.58%)的认可度较为一致(图8-12)。

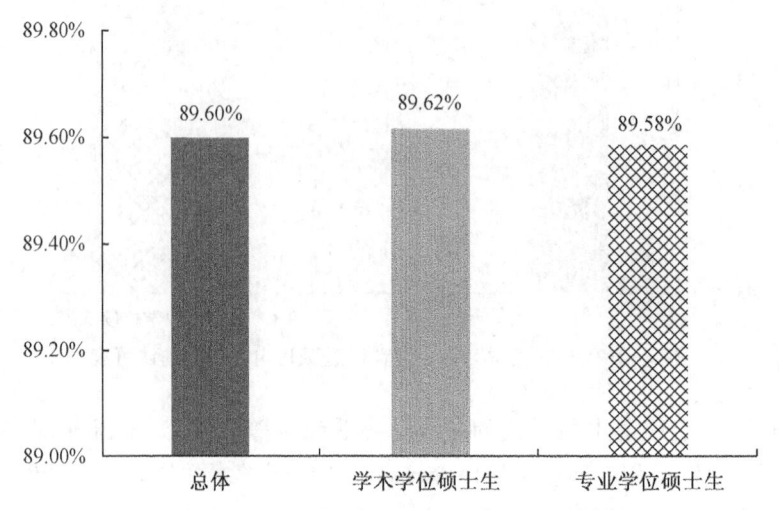

图8-12 对教师清楚指明学习重点的认可度

(二) 教师教学

88.01%的研究生表示在在线课程中,教师的教学内容理论与实际相结合。从不同研究生群体来看,学术学位硕士生(87.43%)与专业学位硕士生(88.56%)的认可度较为一致(图8-13)。

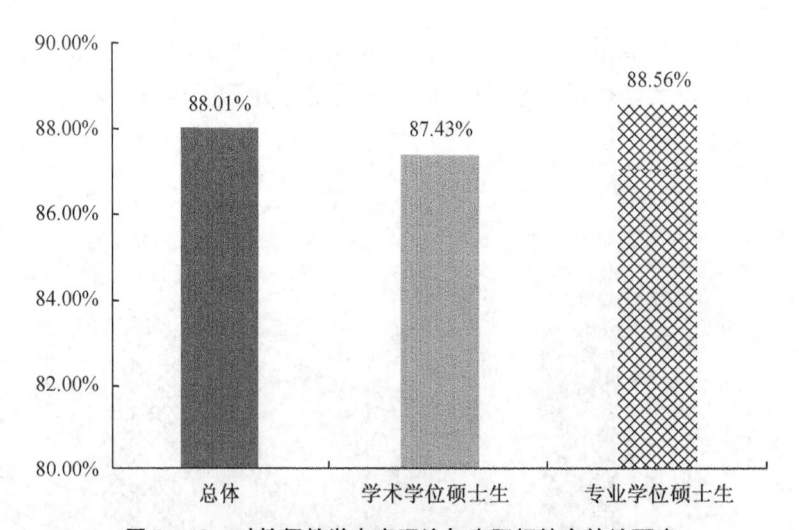

图8-13 对教师教学内容理论与实际相结合的认可度

88.64%的研究生表示教师能针对在线教学的特点设计和组织教学。从不同研究生群体来看,学术学位硕士生(88.16%)与专业学位硕士生(89.09%)的认可度较为一致(图 8-14)。

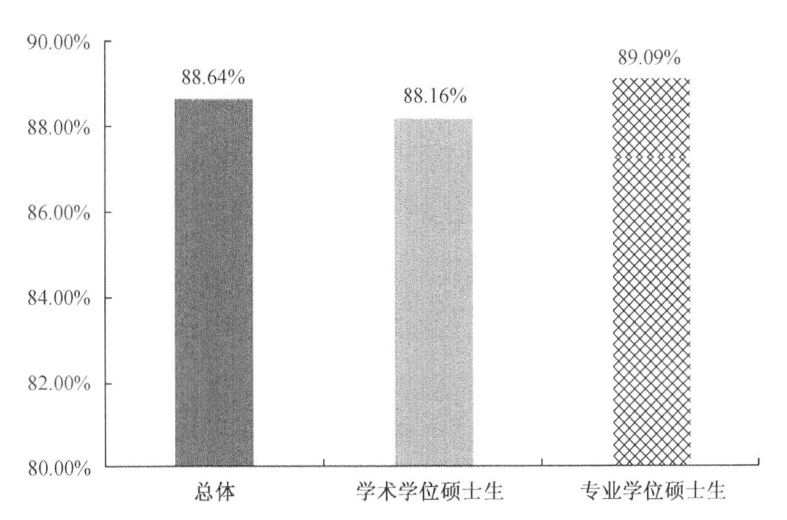

图 8-14 对教师针对在线教学特点设计和组织教学的认可度

从授课方式来看,研究生在线课程最常采用的授课方式为直播(83.44%),其次为线上互动研讨(77.31%),较少采用 MOOC(47.85%)和录播(46.26%)。从不同研究生群体来看,学术学位硕士生表示在线课程最常采用的授课方式为直播(83.65%)和线上互动研讨(77.81%),较少采用的授课方式为 MOOC(44.17%)和录播(42.92%)。专业学位硕士生表示在线课程最常采用的授课方式同样为直播(83.24%)和线上互动研讨(76.83%),较少采用的授课方式同样为 MOOC(51.33%)和录播(49.42%)(图 8-15)。

而研究生表示最有效的授课方式为直播+录播(34.90%)。从不同研究生群体来看,学术学位硕士生表示直播(34.31%)授课方式最有效,专业学位硕士生表示直播+录播(35.82%)授课方式最有效(图 8-16)。

(三)课堂互动

89.33%的研究生表示教师使用多种方式与学生互动(如留言板、文本、音频或视频聊天)。从不同研究生群体来看,学术学位硕士生(88.75%)与专业学位硕士生(89.88%)的认可度较为一致(图 8-17)。

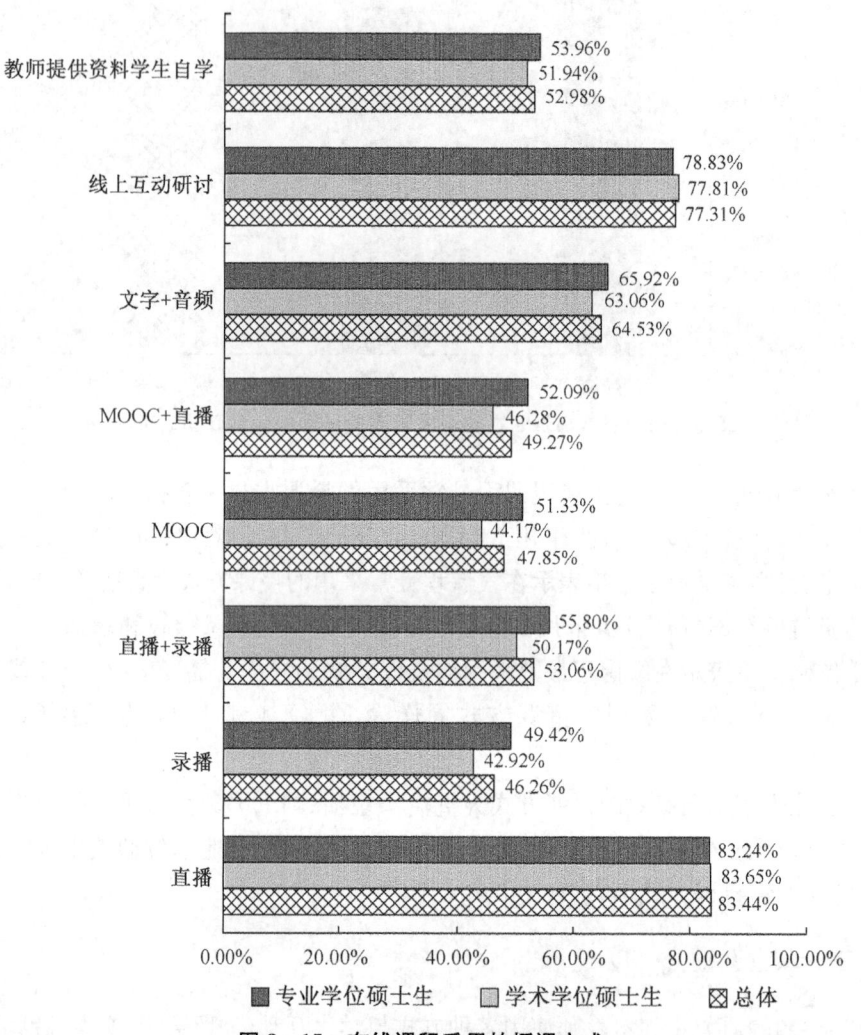

授课方式	专业学位硕士生	学术学位硕士生	总体
教师提供资料学生自学	53.96%	51.94%	52.98%
线上互动研讨	78.83%	77.81%	77.31%
文字+音频	65.92%	63.06%	64.53%
MOOC+直播	52.09%	46.28%	49.27%
MOOC	51.33%	44.17%	47.85%
直播+录播	55.80%	50.17%	53.06%
录播	49.42%	42.92%	46.26%
直播	83.24%	83.65%	83.44%

图 8-15 在线课程采用的授课方式

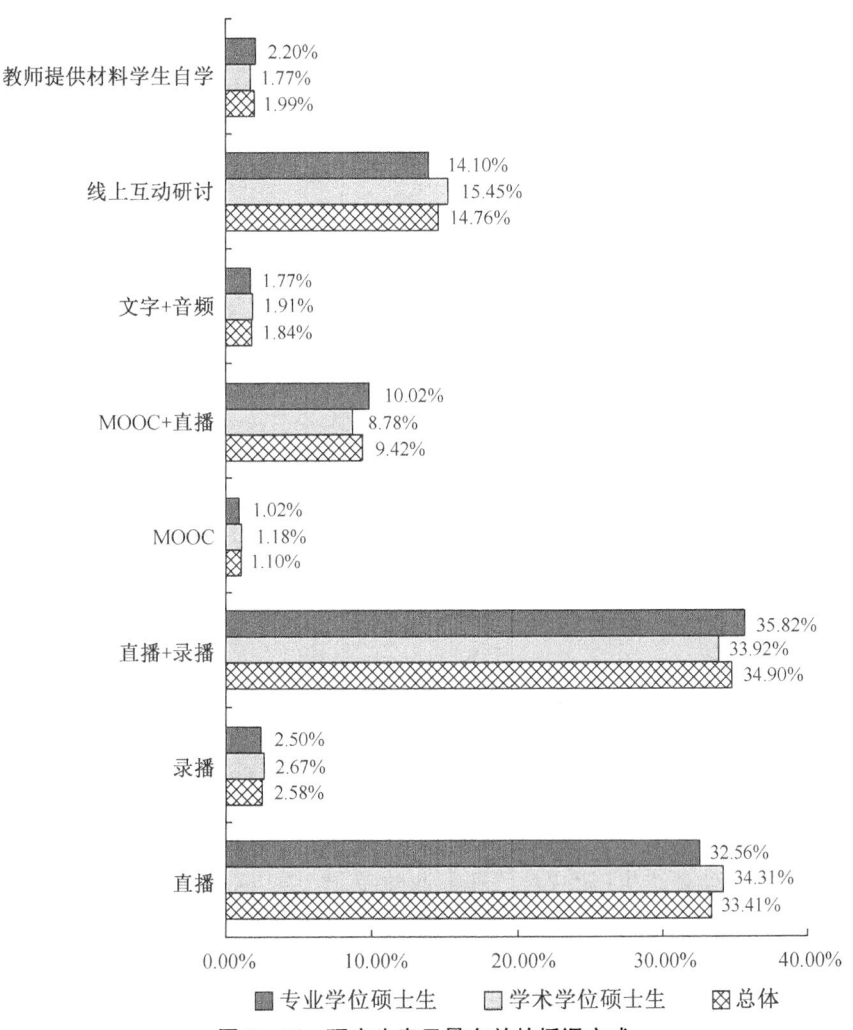

第八章　21世纪如何进行研究生课程改革?

图 8-16　研究生表示最有效的授课方式

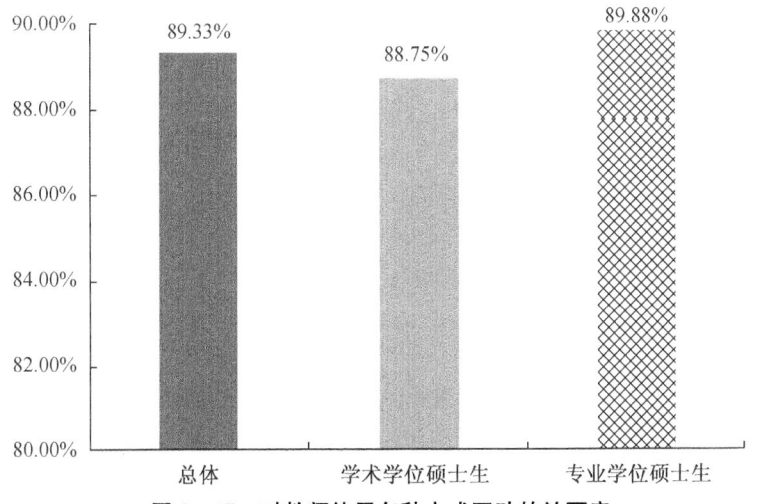

图 8-17　对教师使用多种方式互动的认可度

87.83%的研究生表示学生能使用在线工具进行合作,完成案例学习、小组项目等。从不同研究生群体来看,学术学位硕士生(87.19%)与专业学位硕士生(88.43%)的认可度较为一致(图8-18)。

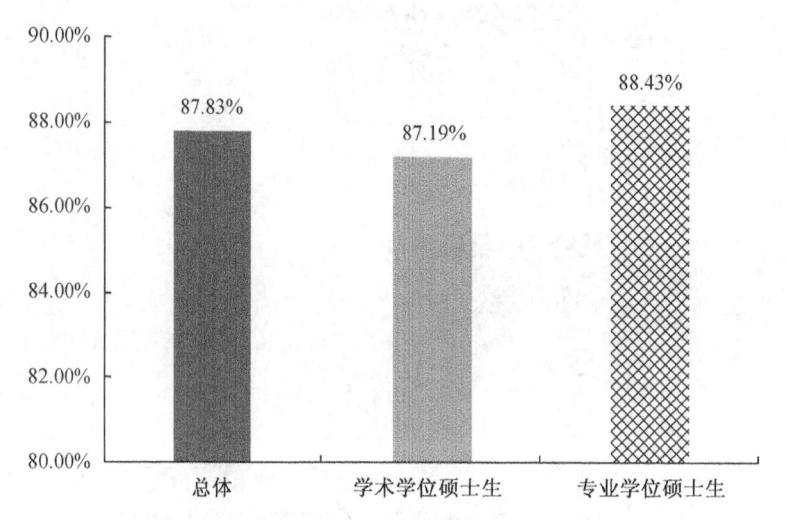

图8-18 对学生使用在线工具进行合作的认可度

(四) 学习投入

93.06%的研究生表示自己能遵守在线课程的纪律,从不迟到早退。从不同研究生群体来看,学术学位硕士生(92.74%)和专业学位硕士生(93.36%)的认可度较为一致(图8-19)。

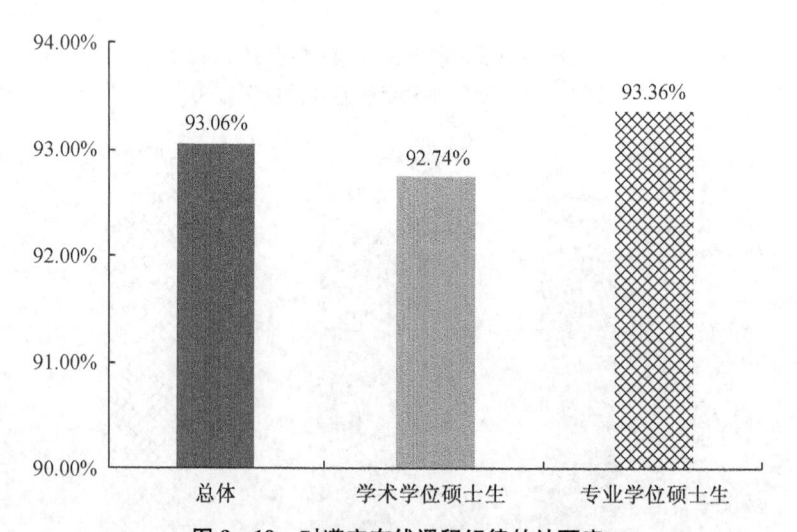

图8-19 对遵守在线课程纪律的认可度

89.79%的研究生表示自己能合理安排学习时间。从不同研究生群体来看,学术学位硕士生(88.65%)与专业学位硕士生(90.86%)的认可度较为一致(图8-20)。

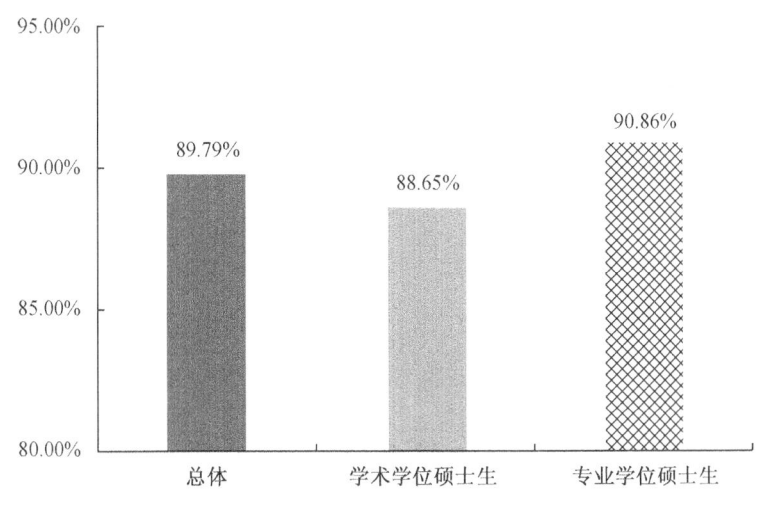

图 8-20 对合理安排学习时间的认可度

72.45%的研究生表示自己经常在课后与老师交流。从不同研究生群体来看,相较于学术学位硕士生(69.58%),专业学位硕士生(75.16%)的认可度更高(图8-21)。

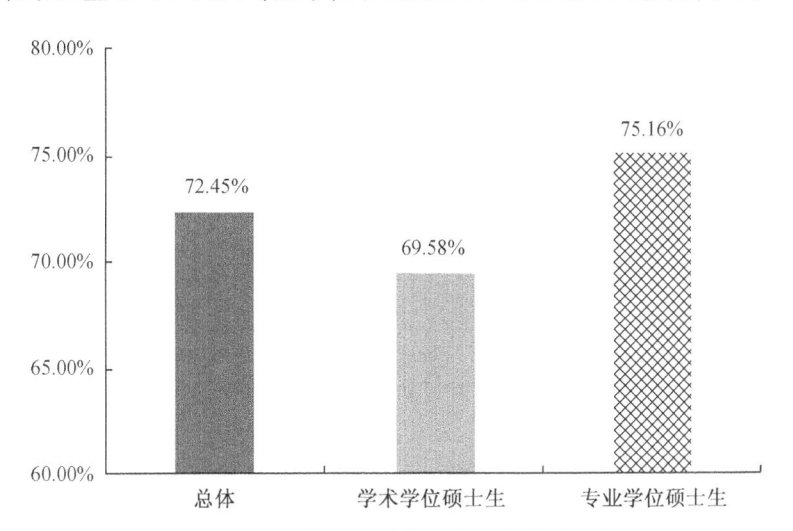

图 8-21 对课后经常与老师交流的认可度

75.87%的研究生表示自己经常在课上发表自己的观点。从不同研究生群体来看,相较于学术学位硕士生(73.82%),专业学位硕士生(77.82%)的认可度更高(图8-22)。

86.59%的研究生表示自己读了额外的材料来了解更多与在线学习内容相关的知识。从不同研究生群体来看,相较于学术学位硕士生(85.63%),专业学位硕士生(87.51%)的认可度更高(图8-23)。

84.30%的研究生表示自己在完成作业时尝试融合不同学科的观点。从不同研究生群体来看,相较于学术学位硕士生(83.06%),专业学位硕士生(85.47%)的认可度更高(图8-24)。

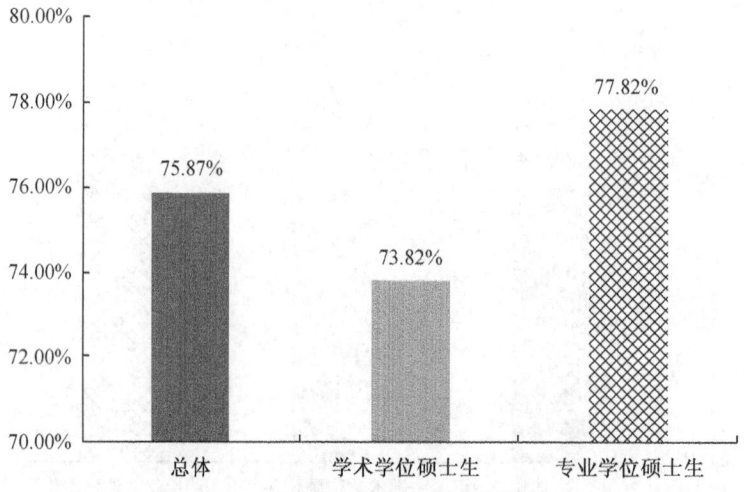

图 8-22 对经常在课上发表观点的认可度

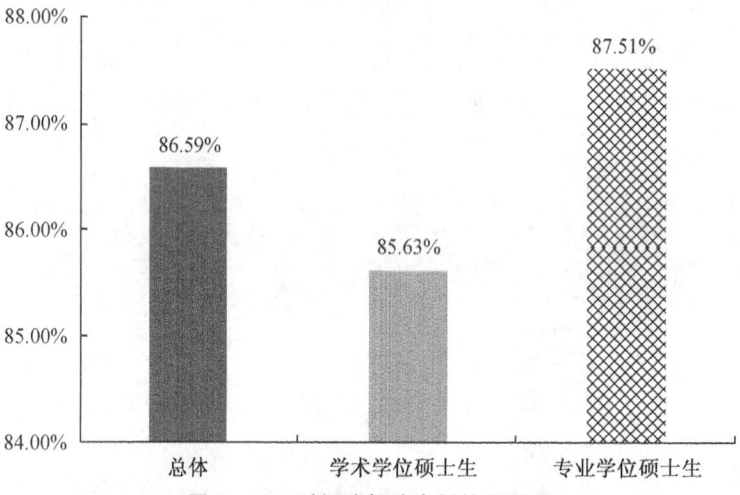

图 8-23 对阅读额外资料的认可度

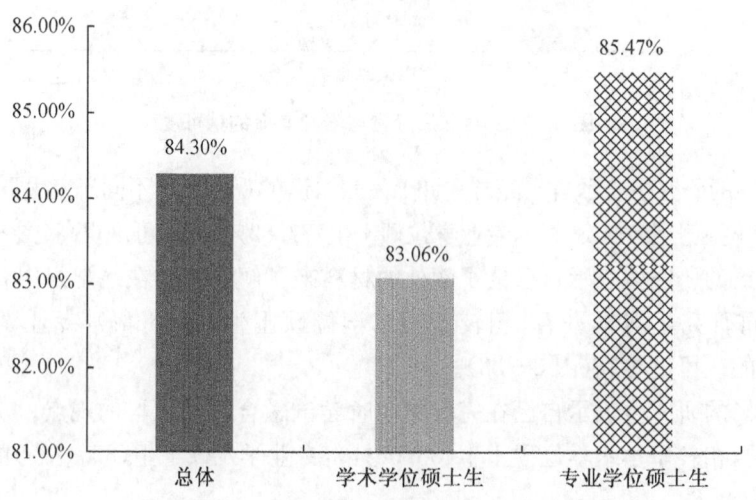

图 8-24 对尝试融合不同学科观点的认可度

(五) 课堂管理

90.44%的研究生表示教师通过课堂测试、随机点名、弹幕等方式监管学生的学习状态。从不同研究生群体来看,学术学位硕士生(90.00%)与专业学位硕士生(90.86%)对教师课堂管理方式上的认可度较为一致(图8-25)。

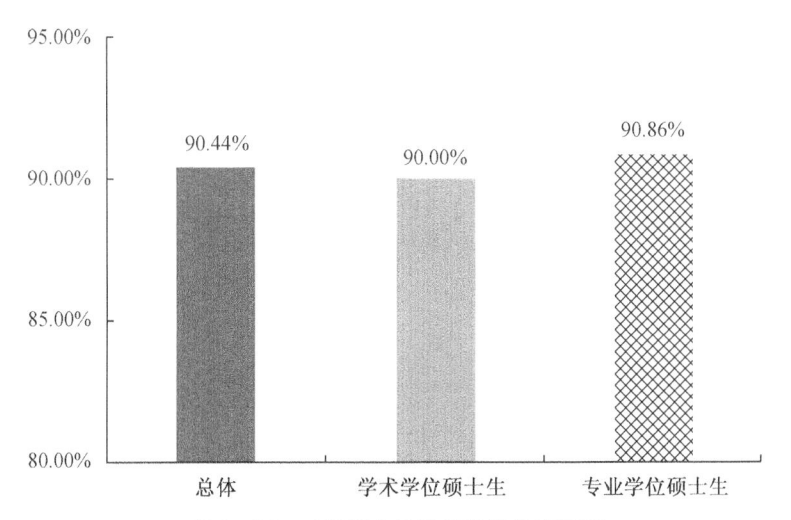

图8-25 对教师在线课堂监管的认可度

89.13%的研究生表示教师以学习公告、课程提醒邮件等方式督促学生学习。从不同研究生群体来看,学术学位硕士生(88.47%)与专业学位硕士生(89.75%)对教师督促学生学习方式的认可度较为一致(图8-26)。

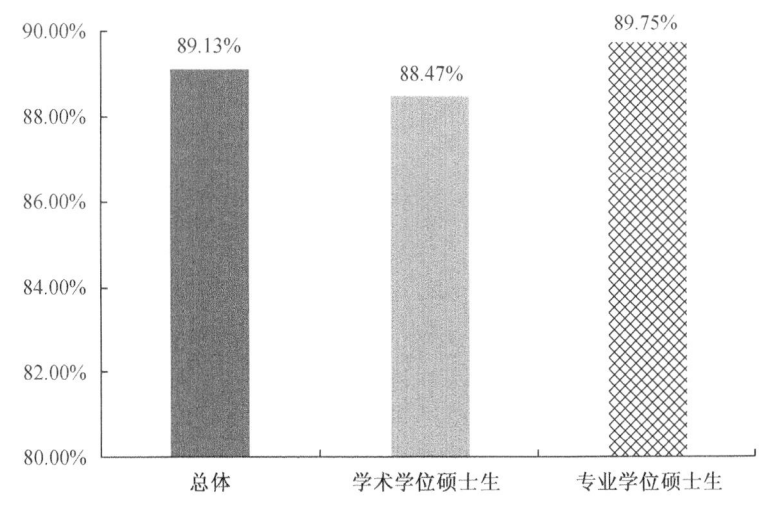

图8-26 对教师督促学生学习的认可度

(六) 考核方式

86.85%的研究生表示在线课程的学习评价能较好地反映自己的学习情况。从不同研究生群体来看,相较于学术学位硕士生(85.56%),专业学位硕士生(88.07%)的认可度更高(图8-27)。

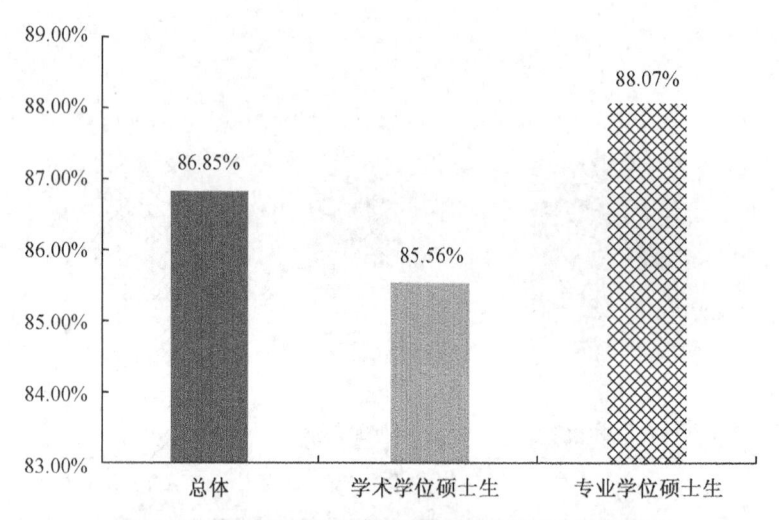

图8-27 对在线课程评价反映自己学习情况的认可度

85.83%的研究生表示在线课程无论是对理论还是对实践操作都有很好的考核方法。从不同研究生群体来看,相较于学术学位硕士生(84.20%),专业学位硕士生(87.38%)的认可度更高(图8-28)。

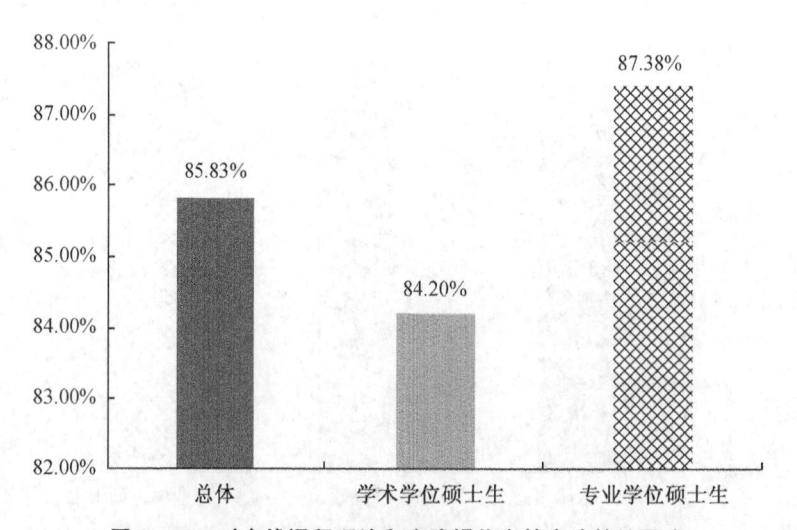

图8-28 对在线课程理论和实践操作考核方法的认可度

在线课程考核方式为期末论文或研究报告(75.55%)、课堂汇报(71.70%)和平时个人作业(71.37%)的较多,考核方式为随堂考试(50.84%)和档案袋或电子档案袋

(45.67%)的较少。从不同研究生群体来看,学术学位硕士生课程最常采用的考核方式为期末论文或研究报告(76.18%)、课堂汇报(72.22%)和平时个人作业(71.18%),较少采用的考核方式为随堂考试(48.44%)和档案袋或电子档案袋(42.05%)。专业学位硕士生课程最常采用的考核方式为期末论文或研究报告(74.96%)、平时个人作业(71.54%)和课堂汇报(71.21%),较少采用的考核方式为随堂考试(53.11%)和档案袋或电子档案袋(49.10%)(图8-29)。

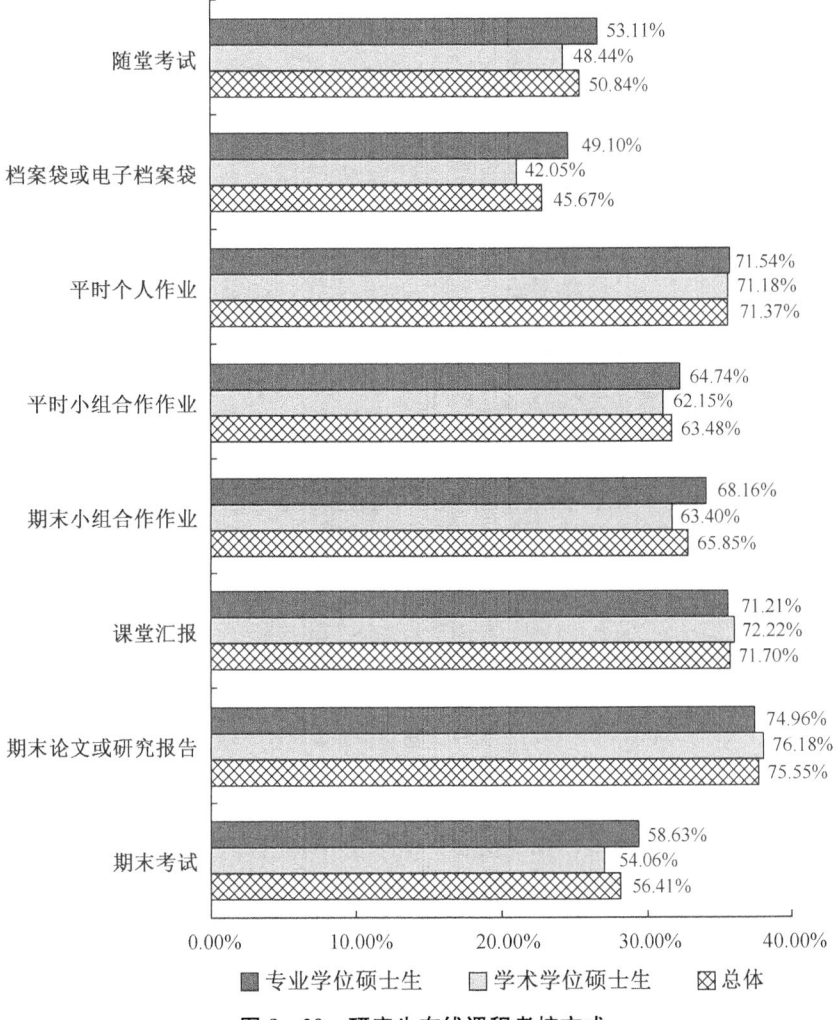

考核方式	专业学位硕士生	学术学位硕士生	总体
随堂考试	53.11%	48.44%	50.84%
档案袋或电子档案袋	49.10%	42.05%	45.67%
平时个人作业	71.54%	71.18%	71.37%
平时小组合作作业	64.74%	62.15%	63.48%
期末小组合作作业	68.16%	63.40%	65.85%
课堂汇报	71.21%	72.22%	71.70%
期末论文或研究报告	74.96%	76.18%	75.55%
期末考试	58.63%	54.06%	56.41%

图 8-29 研究生在线课程考核方式

研究生表示最有效的考核方式为期末论文或研究报告(46.01%)。学术学位硕士生(46.81%)和专业学位硕士生(45.25%)的认可度较为一致(图8-30)。

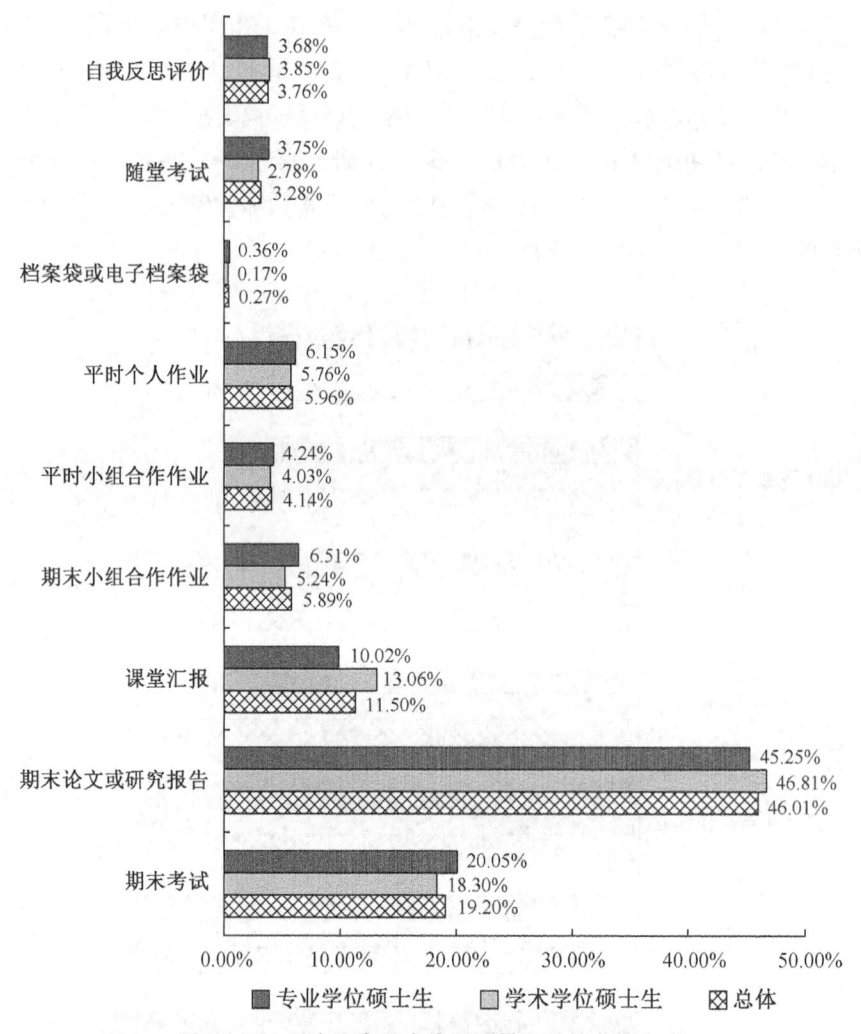

考核方式	专业学位硕士生	学术学位硕士生	总体
自我反思评价	3.68%	3.85%	3.76%
随堂考试	3.75%	2.78%	3.28%
档案袋或电子档案袋	0.36%	0.17%	0.27%
平时个人作业	6.15%	5.76%	5.96%
平时小组合作作业	4.24%	4.03%	4.14%
期末小组合作作业	6.51%	5.24%	5.89%
课堂汇报	10.02%	13.06%	11.50%
期末论文或研究报告	45.25%	46.81%	46.01%
期末考试	20.05%	18.30%	19.20%

图8-30 研究生表示在线课程最有效的考核方式

总的来说,研究生对在线课程的课程目标、教师教学、课堂互动、课堂管理和考核方式的评价较高。但研究生对自身的学习投入,尤其是经常在课后与老师交流、在课堂上发表自己的观点等互动性学习投入方面的评价较低。相较于学术学位硕士生,专业学位硕士生对课程教学的认可度更高。

三、在线课程学习收获

课程收获是研究生通过课程学习后对自我能力提升的感知,是课程质量的重要表现。

(一)总体情况

研究生表示通过在线课程学习,从数据库中检索信息的能力、使用软件处理信息的能力和辨别筛选信息的能力提升较大,撰写学术论文的能力、研究设计能力和实践操作能力提升较小(图 8-31)。

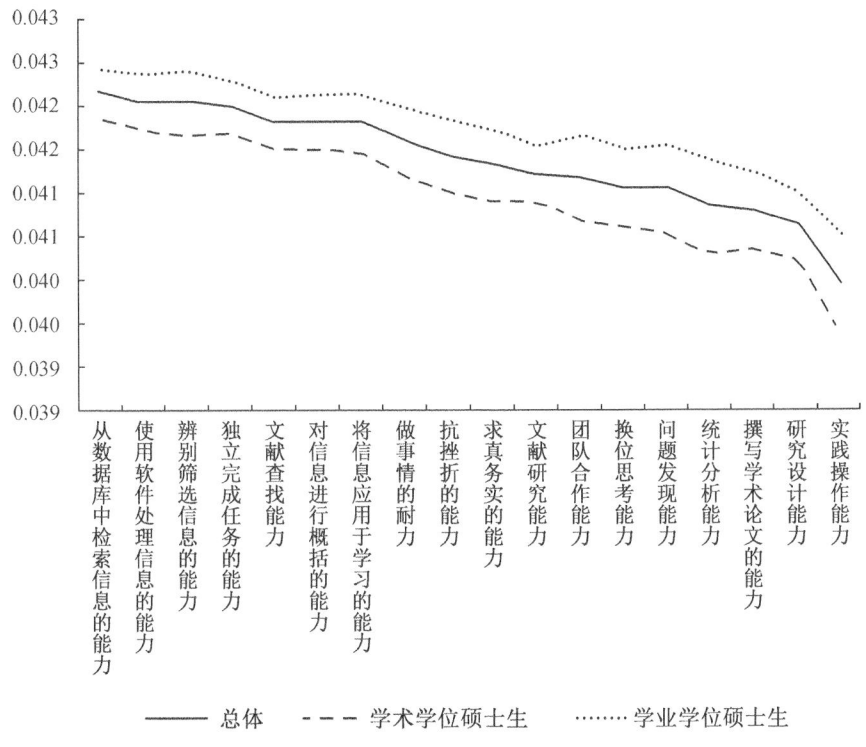

图 8-31 研究生在线课程学习收获情况

(二) 群体差异分析

从不同群体来看,学术学位硕士生表示通过在线课程学习,从数据库中检索信息的能力、使用软件处理信息的能力和独立完成任务的能力提升较大,统计分析能力、研究设计能力和实践操作能力提升较小(图 8-31)。专业学位硕士生表示通过在线课程学习,从数据库中检索信息的能力、使用软件处理信息的能力和辨别筛选信息的能力提升较大,撰写学术论文的能力、研究设计能力和实践操作能力提升较小。

总的来说,研究生表示在线课程学习对信息素养(从数据库中检索信息的能力、使用软件处理信息的能力)的提升程度较大,对专业能力(研究设计能力和实践操作能力)的提升程度较小。相较于学术学位硕士生,专业学位硕士生感知的能力提升程度更高。

四、在线课程满意度评价

满意度是反映研究生教育质量的重要指标之一。本节从在线学习平台、教师在线平台使用能力、教师课堂监管能力、教师教学、在线课程互动、在线学习效果、整体在线课程学习经历七个方面来了解研究生满意度现状。此外,本节还将了解以后研究生对采用线上或线上+线下教学方式学习的意愿。

(一) 在线学习平台满意度

83.81%的研究生对在线学习平台满意。从不同群体来看,相较于学术学位硕士生(82.47%),专业学位硕士生(85.08%)的满意度更高(图8-32)。

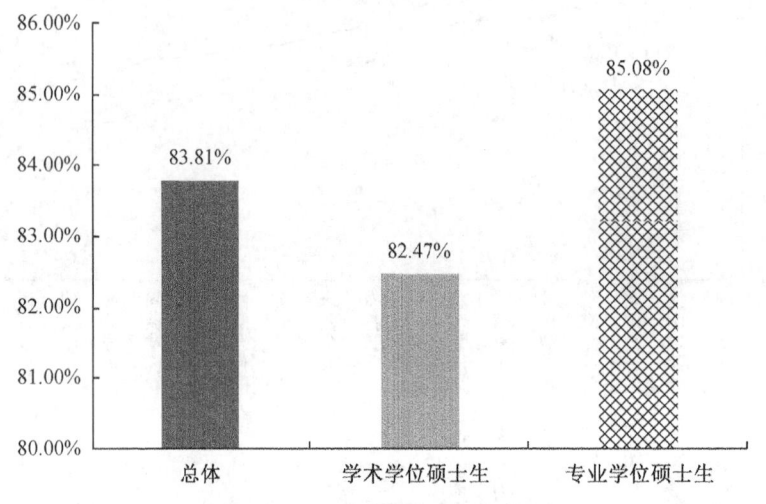

图8-32 在线学习平台满意度

(二) 教师在线平台使用能力满意度

85.29%的研究生对教师在线平台的使用能力满意。从不同群体来看,相较于学术学位硕士生(84.10%),专业学位硕士生(86.43%)的满意度更高(图8-33)。

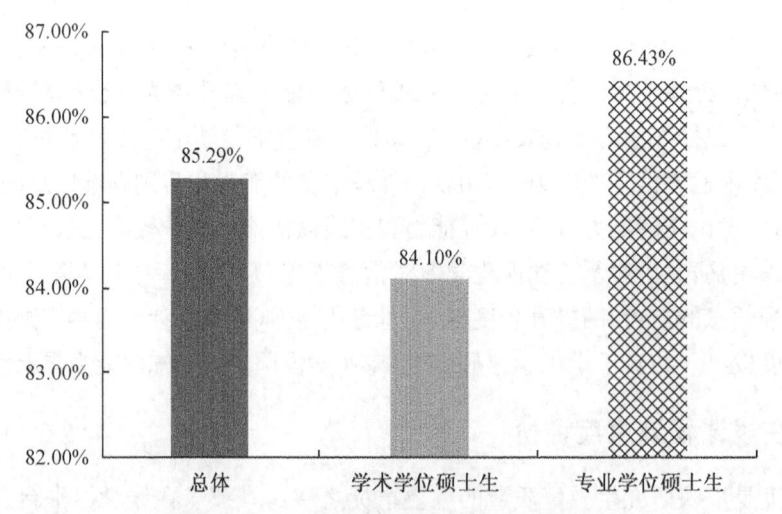

图8-33 教师在线平台使用能力满意度

(三) 教师课堂监管能力满意度

85.11%的研究生对教师课堂监管能力满意。从不同群体来看,相较于学术学位硕士生(83.58%),专业学位硕士生(86.56%)的满意度更高(图8-34)。

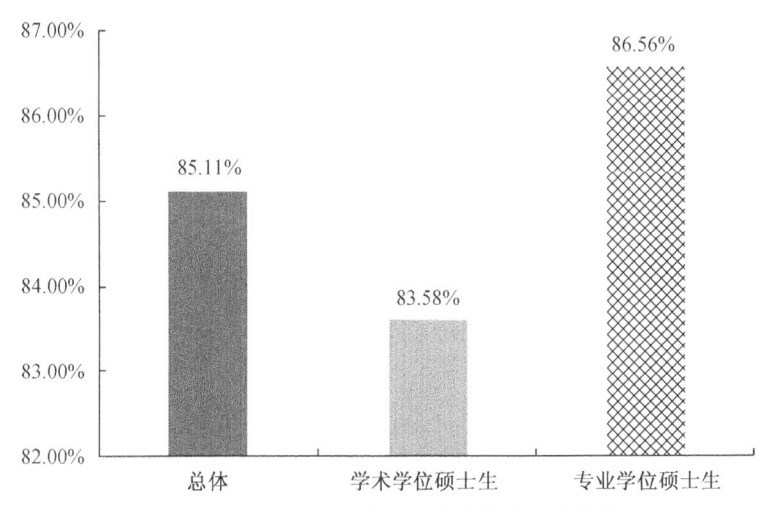

图8-34 在线课程教师课堂监管能力满意度

(四) 教师教学满意度

86.68%的研究生对教师教学满意。从不同群体来看,相较于学术学位硕士生(85.73%),专业学位硕士生(87.58%)的满意度更高(图8-35)。

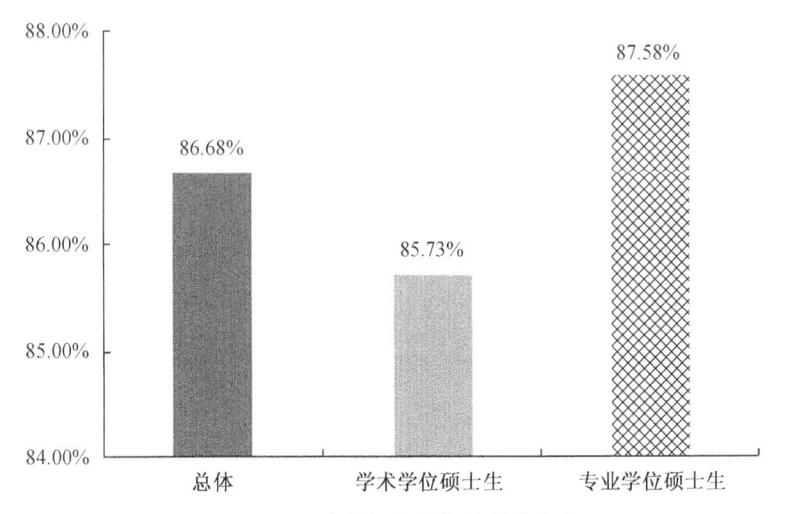

图8-35 在线课程教师教学满意度

(五) 在线课程互动满意度

84.89%的研究生对在线课程互动满意。从不同群体来看,相较于学术学位硕士生(83.61%),专业学位硕士生(86.10%)的满意度更高(图8-36)。

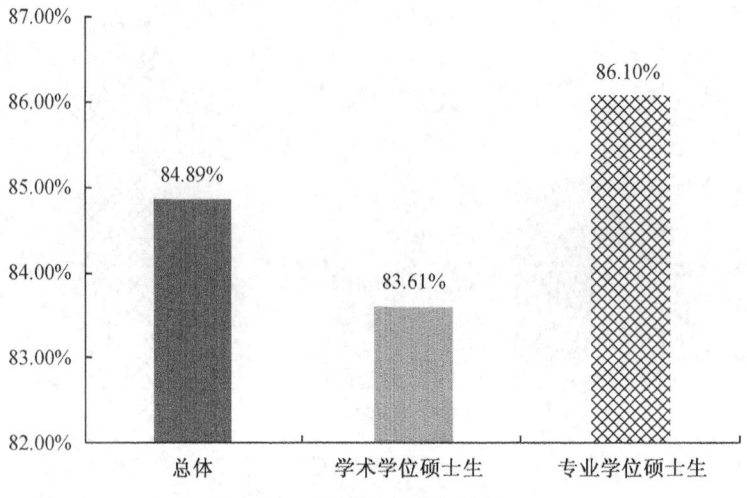

图8-36 在线课程互动满意度

(六) 在线学习效果满意度

82.61%的研究生对自身在线学习效果满意。从不同群体来看,相较于学术学位硕士生(80.63%),专业学位硕士生(84.49%)的满意度更高(图8-37)。

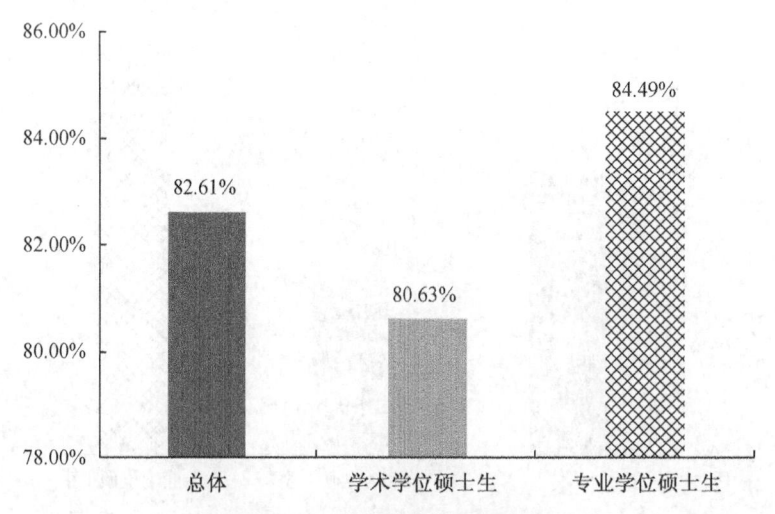

图8-37 在线学习效果满意度

(七) 整体在线课程学习经历满意度

84.72%的研究生对整体在线课程学习经历满意。从不同群体来看,相较于学术学位硕士生(83.16%),专业学位硕士生(86.20%)的认可度更高(图8-38)。

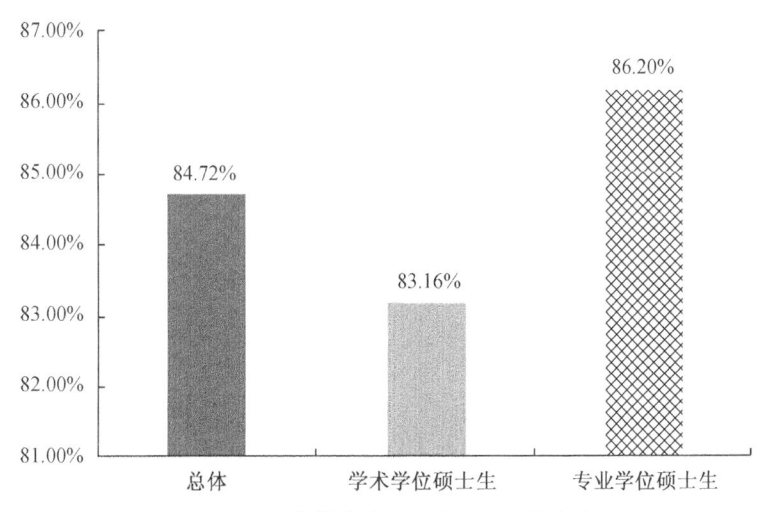

图8-38 整体在线课程学习经历满意度

(八) 采用线上教学方式学习的意愿

56.53%的研究生表示以后愿意继续采用线上教学方式学习。从不同群体来看,相较于学术学位硕士生(53.37%),专业学位硕士生(59.51%)的意愿更高(图8-39)。

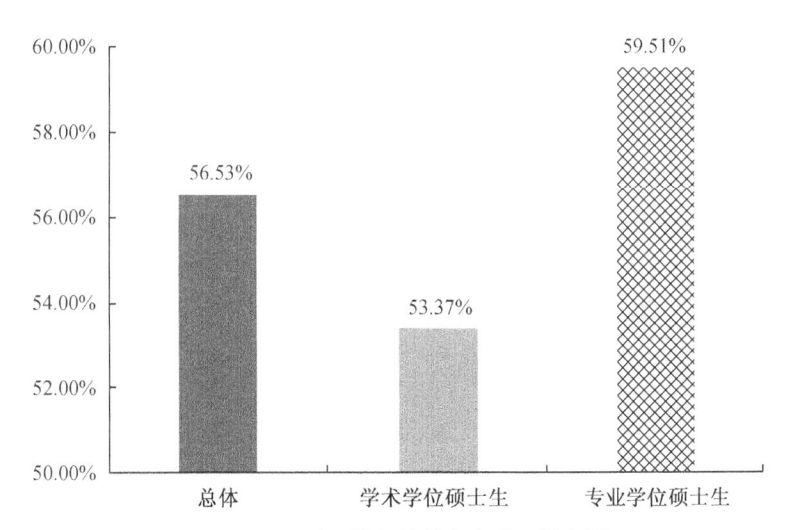

图8-39 采用线上教学方式学习的意愿

（九）采用线上＋线下教学方式学习的意愿

68.55％的研究生表示以后愿意采用线上＋线下教学方式学习。从不同群体来看，相较于学术学位硕士生(66.04％)，专业学位硕士生(70.92％)的意愿更高(图8-40)。

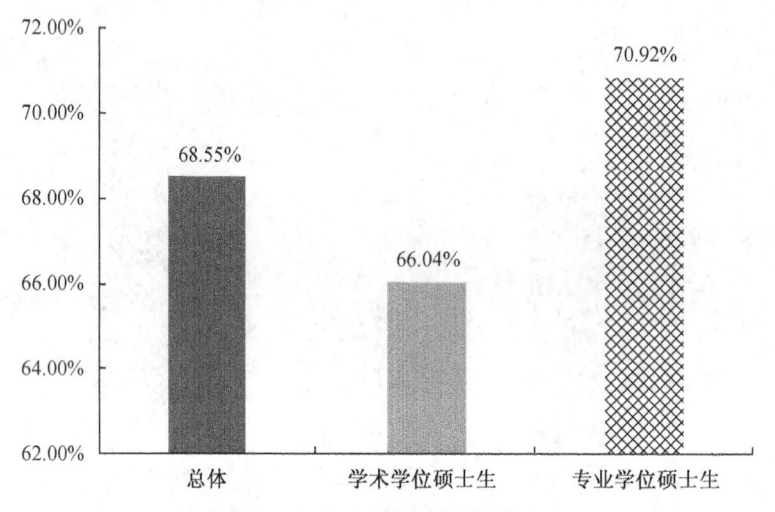

图8-40 线上＋线下学习意愿

总的来说，研究生对在线学习平台、教师在线平台使用能力、教师课堂监管能力、教师教学、在线课程互动、在线学习效果和整体在线课程学习经历有较高满意度。相较于学术学位硕士生，专业学位硕士生的满意度更高。在今后的学习中，专业学位硕士生也更愿意采用线上或线上＋线下的教学方式学习。

后 记

自1978年恢复研究生教育以来,我国研究生教育经历了跨越式的发展,实现了自主培养高层次人才的战略目标,成为具有全球影响的研究生教育大国。然而,当前我国研究生教育的质量与其肩负的重要科技、经济和社会使命相比,与国际高水平研究生教育相比,仍然存在明显差距。课程学习是我国学位和研究生教育制度的重要特征,是保障研究生教育质量的必要环节,在研究生培养过程中起到基础性的支撑作用,为更好地发挥课程学习在研究生培养中的作用,提高人才培养质量,早在2014年教育部就专门颁发了《关于改进和加强研究生课程建设的意见》。近几年,教育部联合国家发展改革委以及财政部颁布的相关文件进一步强调了课程建设在当前研究生教育背景下的重要性。如2020年发布的《关于加快新时代研究生教育改革发展的意见》进一步强调"加强课程教材建设,提升研究生课程教学质量"。如何从课程建设入手,切实提高研究生的培养质量,为加快"双一流"建设、为支撑创新驱动发展、为实现中华民族伟大复兴作出新的更大贡献,将是未来一段时间研究生教育改革与发展的重要任务。

作为一项聚焦于我国研究生课程改革的课题,本书基于现实问题与对策探究两条主线,围绕研究生课程的八大关键问题,即:(1)"双一流"和"双创"背景下研究生课程如何建设?(2)研究生课程为什么不受重视?(3)研究生课程为何缺乏层次性?(4)研究生课程为何常因人设课?(5)研究生导师如何指导学生?(6)如何保障研究生课程学习的质量?(7)研究生课程如何应对"互联网+"的挑战?(8)21世纪如何进行研究生课程改革?通过理论溯源、研究综述和实证调查三大途径,对研究生课程的现状与问题进行了系统的梳理和分析,以期对我国研究生课程的改革与发展提供政策参考和实践指南。

本书是集体智慧的结晶和多方努力的成果。框架制定和文本审稿工作由南京大学课程与教学研究所所长汪霞教授以及中国教育科学研究院副院长刘贵华教授负责。具体撰写分工如下:第一章由刘贵华、宗晓华负责;第二章由吕林海负责;第三章由汪霞、孟照海负责;第四章由孙俊华、孟照海负责;第五章由操太圣、张海军负责;第六章由杨素红、张海军负责;第七章由汪雅霜负责;第八章由汪霞、汪雅霜、师悦负责。全书统稿工作由汪霞、师悦负责,编写组成员共同参与书稿的校对工作。

  受限于编写组的人力与水平,本书难免存在疏漏与不当,敬请读者批评指正。

编写组
2022 年 12 月 12 日